『委员通道』上的中国故事

本书编委会 编

中国文史出版社

图书在版编目（CIP）数据

“委员通道”上的中国故事 / 本书编委会编 . —北京：中国文史出版社，2024.3

ISBN 978-7-5205-4606-5

Ⅰ . ①委… Ⅱ . ①本… Ⅲ . ①中国人民政治协商会议—工作—文集 Ⅳ . D627-53

中国国家版本馆 CIP 数据核字（2023）第 257351 号

责任编辑：卢祥秋　薛未未
特邀编辑：李晨阳

出版发行：中国文史出版社
社　　址：北京市海淀区西八里庄路 69 号院　邮编：100142
电　　话：010-81136606　81136602　81136603（发行部）
传　　真：010-81136655
印　　装：北京新华印刷有限公司
经　　销：全国新华书店
开　　本：787mm × 1092mm　1/16
印　　张：28.75
字　　数：365 千字
版　　次：2024 年 3 月第 1 版
印　　次：2024 年 3 月第 1 次印刷
定　　价：98.00 元

目 录

第一辑　直击“委员通道”

经济建设

科学技术

法治中国

教育强国

医疗卫生

文化艺术

生态文明

社会保障

港澳台侨

第二辑　委员说通道背后的故事

第三辑　记者眼中的“委员通道”

第一辑

直击“委员通道”

- 经济建设
- 科学技术
- 法治中国
- 教育强国
- 医疗卫生
- 文化艺术
- 生态文明
- 社会保障
- 港澳台侨

最忆热干面的香味儿

第十三届全国政协委员，中国民间商会副会长，武汉高德红外股份有限公司党委书记、董事长　黄立

时间：2019年3月13日
全国政协十三届二次会议
第三场『委员通道』采访活动
地点：人民大会堂一层中央大厅北侧

湖北广电融媒体新闻中心记者：

据我了解，今年两会您带来的几份提案都是关于民营经济发展的。作为一家民营高科技企业的创始人，20年来，您也一直坚持走自主创新之路，让中国的人工智能千里眼走向世界。请问，支撑民营企业走到今天的力量来自哪里？走向未来的动力是什么？

黄　立：

关于这个问题，我想可能每一个民营企业家都在心里面无数次地问过自己。这股力量到底来自哪里？它肯定不是天上掉下来的，也不是随随便便敲锣打鼓能够得来的，它是我们千辛万苦地苦干实干而来的。

说到这里，我想起来一个场景。有一次我跟我们公司的研发团队一起，为了攻克一个技术难关，连续地加班，好不容易突破以后，我满怀疲惫离开实验室。出来的时候天还没有亮，外面下着雪，我就看见街角落里有一个早点摊儿，一对小夫妻在那个地方忙活着，雪花飘落在他们的身上，空气里面弥漫着武汉很好吃的热干面的香味儿。那幅场景让我特别感动，到现在也忘不了。所以我想，其实每个人都在为自己的梦想努力着、奋斗着。当然，我觉得支撑我们民营经济走到今天、不断前行的根本的力量，来自我们身后有一个伟大的祖国。中国光谷是我的梦想开始的地方，它坐落在美丽的武汉。武汉这个城市，非常地令人振奋，也是一个非常神奇的城市，这个地方鼓励创新，鼓励冒险，还特别容忍失败，每一天都有很多的年轻人在这个地方开始他们的梦想。

刚才您提到的这个千里眼，其实也就是我们高德公司20年以来非常专注、持之以恒地耕耘、突破的一项高新技术。在这一方面，以前我们国家比较落后，我们花了20年的时间一直专心致志在这个方面，也完全实现了自主可控，拥有了我们自己的知识产权和我们自己的芯片，并且达到了国际的先进水平。这项技术非常神奇，它在完全没有光线的情况下，甚至有雾的情况下，还可以看到十几公里以外的场景。并且因为它的温度、灵敏度、分辨率非常高，所以当时在非典的时候，为控制高温人群的流动和非典的防控立下了汗马功劳。这项技术还可以应用到很多很多的方面，比方说汽车的夜间驾驶、自动驾驶，刷脸支付，物联网，智能家居，消防、电力、公安等领域，当然还可以用于国防。

刚才您提到未来，我认为，如果没有创新，是不会有未来的。所以只要我们持之以恒，只要我们有一口气，坚定不移，坚持自主创新，心无旁骛，聚焦实业，聚焦自主创新，就一定能够实现我们的梦想。同时，也能够为这个社会多作一些贡献，特别是为生我们、养我们的这个国家，做一些实实在在的事儿。

冰雪冷资源，变成热产业

第十三届、十四届全国政协委员，吉林省人民政府副省长，民盟中央常委、民盟吉林省委主委　杨安娣

时间：2020年5月24日

全国政协十三届三次会议

第二场『委员通道』采访活动

地点：人民大会堂新闻发布厅

中国妇女报记者：

在常态化疫情防控条件下，如何促进旅游产业发展和助力当地经济发展受到关注。作为来自长春的全国政协委员，我们想听听您对吉林利用冰雪资源优势促进旅游产业发展有哪些看法。

杨安娣：

冰雪作为一种生态资源，古已有之。但千百年来，它带给北方人民更多的是“苦寒”，所以东北人习惯“猫冬”。东北的旅游业长期以来难有突破性大发展，也是苦于不能很好地解决冬季旅游问题。2016 年 3 月，习近平总书记强调冰天雪地也是金山银山，冰雪产业开启了新的天地。正是从这一年起，吉林人开始真正地去认识雪、了解雪，同时也知道了原来世代相伴的雪不再仅仅是季节的记忆。吉林的雪是什么样的呢？我这么跟大家说吧，吉林的雪飘在空中是美景，挂在枝头是雾凇，落在手里是可以从指缝间滑落的粉末状的，也就是传说中的粉雪，是的，粉雪是滑雪爱好者们的挚爱。吉林地处世界冰雪黄金纬度带，是世界三大粉雪基地之一，另外两个是阿尔卑斯山脉和北美的落基山脉。

吉林的雪是真好，可是怎样才能把白雪换成白银？实事求是地讲，四年前不只是在吉林省，就是在全国也没有一个标准的或者是普适性的范例可以遵循。但是因为我们有了这样一份资源底气，所以吉林人立足旅游，却又突破旅游，走出了一条以冰雪旅游为本体，以冰雪体育为基础，以冰雪文化为引领，以冰雪装备制造、冰雪商贸、冰雪交通、智慧冰雪、冰雪人才等为支撑的“3+X”的全产业链发展新路。现在的吉林，高品质的雪场，超过百万人次的滑雪度假区，还有以冰雪为轴心的各类关联产业和新业态，提供了更多的就业创业机会，促进了冰雪市场的繁荣和区域经济的发展，冰雪这个“冷资源”终于变成了“热产业”。

大家都知道，今年的雪季，雪是格外好，直到4月下旬，我们全省多地还持续下起了鹅毛大雪，那种景象，就是雪与桃花一处开，分外妖娆。但是突如其来的疫情，也让我们深深领略了什么叫作“望雪兴叹”，特别是对于做好了充足准备要迎接旺季最高峰的冰雪企业来说，冲击无疑是巨大的。但冰雪儿女也有着冰雪精神，我们当地一家滑雪度假区的老总在当时曾经说过这样一句话，他说：“企业的利益永远排在国家利益之后。”也正因为如此，我们坚信，伟大的企业都是冬天的孩子；我们更加坚信，伟大的事业总是千锤百炼，历经风霜。最后说一句话，今天有幸与大家相逢于初夏，但其实我更希望能够有缘与大家相约冰雪。我非常欢迎各位朋友在冬季到吉林，滑粉雪、泡温泉、赏雾凇、观冬捕、品朝鲜族美食、过关东大年。

每一个人都是伟大时代的创业者

第十三届全国政协委员，红杉资本全球执行合伙人，红杉中国创始及执行合伙人　沈南鹏

时间：2021年3月7日
全国政协十三届四次会议
第二场『委员通道』采访活动
地点：人民大会堂新闻发布厅

光明日报全媒体记者：

您是创业投资领域的全国政协委员，长期以来一直在从事创业投资工作，目前国内的创业风潮方兴未艾，请问您是如何看待创业以及当下的创业环境的？

沈南鹏：

我曾经是一位创业者，过去的十几年一直在做创业投资。有两个问题很关键：什么是创业？在中国创业的底气来自哪里？

创业的本质，就是用大情怀做实事，创造真价值。创立一家企业，做大做强当然是创业。夫妻开店，网络直播，是创业。外卖小哥也是创业者。兢兢业业的科研人员，在农村基层的扶贫干部，都是为伟大时代而奋斗的创业者。

我们投资了一家全国的连锁店，它的总部在湖北。一个“80 后”的店主在武汉封城的时候决定留下，因为客户跟他讲：“幸好你这个便利店开着。”确实，一个骑手一天就能够覆盖 100 个家庭。那么 100 个家庭就有了菜可以吃，就可以不用出门，所以在这一刻，便利店卖的不仅仅是菜，送的也不仅仅是货，而是递送了温暖和希望。当然也有很多担大任、创大业的。有一家新药公司，2019 年它的肿瘤特效药进入了全国医药目录。这样的话，一个肿瘤患者以前要花 20 万元、30 万元人民币去买国外的特效药，现在花 2 万元、3 万元，就能够吃到同样质量的国内的特效药，给大量的患者带去了生存的希望。有不少物流企业，不仅在抗疫期间勇敢逆行，而且用数字化的手段抗疫情、保民生。钟南山院士和他的团队捐赠了 100 个呼吸机，物流公司仅用了一天时间，就快递到武汉的各个医院，我们非常为之骄傲。

创业不在大小，关键是能够帮到需要帮助的人，尤其是普通的老百姓。创业者担当的是责任，创造的是希望。这就是创业的精神。

在中国创业的底气来自哪里呢？非常简单，我们生长在这个时代，长在这片热土上。过去的一段时间，我跟许多国内外的投资同行交流，大家有一个强烈的共识，那就是做多中国——Long China。确实，在 2020 年，中国是全世界唯一一个经济正增长的主要经济体。中国有完善的创业体系，有巨大的市场，同时有勤奋的大众，这些让全球的投资人印象深刻。各地政府都在推出孵化器和引导基金，也有相应的鼓励政策，鼓励高科技企业，让年轻人今天的创业更加容易。2019 年中国推出了科创板，让一批优秀的科创企业能够更早地进入资本市场，也让普通的老百姓共同来分享新经济发展的红利。

习近平总书记说过，以恒心办恒业。所以我们也会长期在这片热土上投资，支持创新、创业。当然，我们希望有更多的好政策出台，包括人才、资产权保护、市场准入等等。我们相信，在中国经济的发展新阶段，会有更多的企业从幼苗长成参天大树。我们作为创业者背后的创业者，会一路陪伴他们成长。

深圳的“时代特产”是企业家

第十二届、十三届全国政协委员，深圳市工商业联合会主席，研祥高科技控股集团有限公司董事局主席，广东省工商业联合会（总商会）主席（会长） 陈志列

时间：2021年3月7日

全国政协十三届四次会议

第二场『委员通道』采访活动

地点：人民大会堂新闻发布厅

经济日报记者：

我们知道自改革开放以来，深圳的发展注入了不竭的动力。您作为来自深圳的企业界委员，我想请问您，在您眼中深圳的改革开放故事是怎样的？也想请您谈一谈，在改革开放之中，无数的企业家投身到了创业大潮中，他们是如何在改革开放大潮中勇立潮头，不断创新的。

陈志列：

我来自广东省深圳市南山区的粤海街道，研祥集团是这个“网红街道”里众多的高科技企业之一。去年的10月14日，习近平总书记在我们深圳经济特区建立40周年庆祝大会上指出，深圳是改革开放后党和人民一手缔造的崭新城市，是中国特色社会主义在一张白纸上的精彩演绎。就拿我来说，1991年我刚到深圳的时候，身上只有500块钱，今天研祥集团是中国企业500强。所以我发自内心地想说，没有改革开放就没有深圳，没有深圳就没有研祥，我们民营企业家就是党的改革开放好政策的见证者、受益者，当然，也是感恩者！

大家都知道，做民营企业难，做高科技民营企业，难上加难。因为要创新，就要先人一步，就必须投入先人两步，但是创新失败的概率远远地大于守旧。改革开放让我们深圳的土特产早就不是荔枝了，现在深圳的土特产是企业家。

有一年，我去拜会国外一个著名城市的市长，我们一行抵达的时候是周四。对方说：“周五市长的时间已经排满了，见你们最快要到下周一。”我就说：“周六和周日行吗？”对方说：“那是市长的私人时间。”到了下周一，这位有着经济学家和律师头衔的市长突然就抛出来一个新问题，他说：“陈先生，你今天要用一个我从来没有听过的理由，来解释为什么中国经济的发展速度比西方国家要快。”我回答：“其中一个原因就是中国的公务员没有私人时间，他们周六和周日也在工作。”其实我是想说，这就是中国走向富强的动力所在。我们广东深圳的民营企业有那么多是做高科技的，其中一个重要原因就是企业家们知恩图报。他们听党话，跟党走，不犹豫。他们敢喝“头啖汤”。他们走科技自立自强的道路，已经尝到了甜头。他们自信：“中华民族不比谁差！”

沂蒙精神传承红色血脉

时间：2022年3月10日
全国政协十三届五次会议
第三场『委员通道』采访活动
地点：人民大会堂新闻发布厅

第十三届全国政协委员，翔宇实业集团有限公司董事长　林凡儒

中央广播电视总台央视记者：

我们知道沂蒙精神是中国共产党人精神谱系的伟大精神之一。您来自沂蒙山区，又是民营企业家，您觉得在新时代民营企业如何更好地传承和践行沂蒙精神呢？

林凡儒：

我是土生土长的沂蒙人，在沂蒙精神的感召下成长起来。

什么是沂蒙精神呢？1947 年孟良崮战役打响后，为配合部队快速渡过汶河，32 名沂蒙妇女拆下自家门板，用自己的身体当桥墩，架起了一座火线桥。沂蒙人民拥军支前，推小车、抬担架、纳鞋底、架桥梁，最后一口粮做军粮，最后一块布做军装，最后一个儿子送战场。400 万沂蒙儿女中，就有 120 万人参军支前，10 万人血洒疆场，铸就了水乳交融、生死与共的沂蒙精神。

我从小就听沂蒙人民讲爱党拥军的故事，沂蒙精神在我脑里深深地扎下根。1986 年，我开办了一家小商店，风里来，雨里去，拿货、送货全是骑三轮车。30 多年来，由一家小商店发展成为一家现代化医药企业集团，收购了在沂蒙革命根据地发展起来的红色老字号仁和堂药店。企业发展中也遇到一些困难，在沂蒙精神的感召下，我们拒绝躺平，迎难而上，2021 年实现营业收入逆势增长，还被评为中国民营企业制造业 500 强。

今年山东出台十大创新战略，把科技研发创新放在首位，更加坚定了我们发展的信心。成绩的取得归功于党的关心，归功于改革开放的好政策。民营企业如何走得稳、走得远？回首过去，我正是听党话、感党恩、跟党走，才有了今天。相信这也是千千万万个民营企业家共同的心声！沂蒙精神蕴含的家国情怀激励着我们报效国家、回报人民。

2020年，新冠疫情暴发，正值春节假期，我们提前召回员工，开足马力，加班加点生产退烧止咳药。得知湖北黄冈、孝感疫情形势严峻，急需药品，大年初六，我们用16个小时，星夜兼程，把满载沂蒙人民爱心的药品无偿地捐赠给了一线。蒙山高，沂水长，沂蒙人民心向党，沂蒙精神代代传。在新时代的长征路上，我们要继续弘扬好沂蒙精神，争取更大荣光。

“一带一路”是一条惠及世界的幸福路

第十三届全国政协委员，中联重科股份有限公司党委书记、董事长兼首席执行官　詹纯新

时间：2022年3月10日

全国政协十三届五次会议

第三场『委员通道』采访活动

地点：人民大会堂新闻发布厅

中国国际电视台 CGTN 记者：

“一带一路”倡议为我国装备制造业走出去带来了巨大机遇，您所在的企业也把握机遇，积极参与。您认为中国装备制造企业应该如何将自身优势转化为与“一带一路”各国的务实合作，共同构建人类命运共同体？

詹纯新：

“一带一路”倡议为世界繁荣发展提供了一条新的路径，也为企业合作共赢搭建了一个新的平台。

作为“一带一路”建设的参与企业，我们在“一带一路”沿线打造了多个研发制造基地和贸易平台，我们的产品覆盖了沿线 87 个国家和地区。这些产品在当地为各种工程服务，有的是水电、核电、道路、桥梁等基础设施工程，有的是商业、文化类的标志性工程。比如孟加拉国的“梦想之桥”、斯里兰卡的南亚第一高楼、埃及的非洲第一高楼等等。在这个过程中，我们还在海外并购了六家企业，并购中，我们既讲包容，又讲规则；既讲责任，又讲效率；既讲相对独立，又讲管理的统一。按照这个原则，我们对被并购的企业没有裁员，没有更替管理团队，甚至没有派管理者。但是大到企业的战略预算，小到文具纸张的成本，都纳入了我们的管理体系中，运行有序规范。目前，这些企业发展良好。

2021 年海外新冠疫情严重，但是我们主要的企业收入同比增长超过了 30%。他们为当地解决就业，增加税收，得到了当地政府和工商界的高度认同，这体现了共商、共建、共享。

在这些实践中，我们认识到，中国装备制造业要将自己的优势转化为在“一带一路”上与各国的务实合作，共同构建人类命运共同体，就要进一步本土化，尊重当地的规则，深入和当地的文化融合，共同面向未来。

中国连续 8 年新能源汽车产销量世界第一

第十届、十一届、十二届、十四届全国政协委员，中国民间商会副会长，浙江吉利控股集团董事长　李书福

时间：2023 年 3 月 4 日
全国政协十四届一次会议
第一场『委员通道』采访活动
地点：人民大会堂新闻发布厅

中央广播电视总台央视记者：

我们知道在全球减碳的大背景下，中国汽车工业正凭借新能源汽车的表现在实现弯道超车，在您看来，未来国产新能源车应该如何发力才能更具竞争力？

李书福：

新能源汽车，通常是指锂离子电池的汽车、氢燃料电池的汽车，或者使用人工合成的、可循环利用能源的发动机汽车，中国在这些方面发展得都很好。

中国是世界上最大的新能源汽车的生产国、消费国，也是世界上规模最大的、出口量最大的汽车出口国。中国去年出口了新能源汽车 67.9 万辆，同比增长了 120%，而且中国连续 8 年新能源汽车的产销量是全世界第一的。

中国的新能源汽车工业发展具有几个特点：第一，战略非常清晰，方向很明确，目标也很具体；第二，执行推广实施非常严格，很有序，管理得很好；第三，中国的新能源汽车始终围绕着绿色、环保、节能、可持续这样一个生态链的体系性的建设。

具体来讲，跟大家分享两个例子：第一，我们中国的新能源汽车的整个循环利用再制造能力现在不断地提升；第二，锂离子电池回收再利用的能力很强，现在大家很关心这个东西对环境有污染，我们中国的锂离子电池的回收再利用水平是很高的，镍和锂的回收率超过 95%。所以整个中国的新能源汽车是在一个循环再利用、绿色环境保护再生的系统里面循环，非常绿色环保。

由于中国的新能源汽车规模不断扩大，技术、质量不断提高，成本却在不断地下降，所以用户的消费体验会越来越好。现在中国每年投放市场的新能源汽车产品很多，琳琅满目，而且每年都出现了一些爆款的新能源汽车产品，排队都买不到。我也建议大家去选购中国生产的新能源汽车产品。

中国的新能源汽车为什么有这么好的表现？主要就是中央决策的英明、方向的清晰，还有政府以及中央有关部委采取的政策措施非常的精准、有力、到位。比方说，大家买新能源汽车，有补贴，可以上绿牌，免征购置税，等等。这些优惠的政策促进了中国新能源汽车以及产业链核心技术的不断突破和成熟发展。中国新能源汽车有今天这样的发展也得益于社会各界、各有关方面的支持、帮助和关心，还有全国政协委员也多年参与中国新能源汽车的调研，参与新能源汽车发展的一些规划。

总而言之，中国新能源汽车的明天会越来越好，我们很有信心，我们的天空将会变得更加蔚蓝，空气质量将会变得越来越好。

共建“一带一路”体现中国格局和担当

第十三届、十四届全国政协委员，商务部国际贸易经济合作研究院院长　顾学明

时间：2023年3月4日

全国政协十四届一次会议

第一场『委员通道』采访活动

地点：人民大会堂新闻发布厅

中国新闻社记者：

今年是“一带一路”倡议提出十周年，中国对外开放不断取得新的成就，使“一带一路”成为深受国际欢迎的公共产品和合作平台，请问您，这十年来共建“一带一路”取得了哪些积极成效？

顾学明：

这个问题很好，也很重要，这也是目前国际社会普遍关注的问题之一。对外开放是我们国家的基本国策，新时代以来，我们以自贸实验区建设为抓手，在制度创新方面不断取得新突破，以共建“一带一路”为依托，在国际合作方面不断开辟新路径。这不仅是我国高水平开放生动实践的具体写照，同时还为世界经济的发展提供了新机遇。

回首这十年，“一带一路”建设始终保持着旺盛的活力。我们已经与151个国家、32个国际组织签署了200多份共建“一带一路”的合作文件。我们与沿线国家的货物贸易额翻了一番，对沿线国家的直接投资增长了80%。世界银行的报告显示，到2030年，“一带一路”倡议有望帮助全球760万人摆脱极端贫困，使3200万人摆脱中等或者中度贫困。

我作为一个长期从事开放研究的工作者，对“一带一路”的研究应该说还是有一些基础的了解，所以了解了一些故事，这就使我深切地感受到，共建“一带一路”回应了时代命题，彰显了中国理念，体现了中国格局、中国担当、中国贡献。

这让我想起了一件在中非公共卫生合作计划下，一家中国企业在非洲国家马里投资建设药厂的事儿。这是西部非洲第一家现代化的药厂，随着它的量产，马里这个国家不仅结束了药品只能依靠进口的历史，还使得药品市场价格大幅度下降，同时还带动了上下游相关产业的发展。如今这家药厂的本土化用工率已经达到了 90% 以上，同时这家药厂还实现了对周边八个国家的药品出口。这极大地缓解了西部非洲地区药品短缺问题，同时也赢得了当地民众的广泛赞誉。

我有幸在工作中接触到了大量的类似这样的既惠民生又促进共同发展的故事。这些使我也深刻地感受到，共商、共建、共享的理念已深入人心，也使我坚信共建“一带一路”是造福全人类的伟大事业。当前国际形势错综复杂，人类面临着诸多共同挑战。国际社会需要寻求更强的政治互信、更好的合作机制、更多的互联互通。

“一带一路”倡议源于中国，但机会和成果属于全世界。展望未来，前景光明，我们的任务依然艰巨。这就需要我们更加努力推动共建“一带一路”走深走实，高水平开放行稳致远，为构建人类命运共同体、完善全球治理，不断贡献中国智慧、中国方案。

做有温度的民营企业家

第十四届全国政协委员，中华全国工商业联合会副主席，奇安信科技集团董事长　齐向东

时间：2023年3月7日
全国政协十四届一次会议
第二场『委员通道』采访活动
地点：人民大会堂新闻发布厅

科技日报记者：

过去三年受新冠疫情等因素的影响，一些企业在发展时遇到了不小的挑战，现在疫情的影响正渐渐消退，想请问您对于中国民营企业的发展前景怎么看？当前企业干事创业的劲头如何呢？

齐向东：

我国民营经济经过改革开放40多年的发展，已经成为社会主义市场经济的重要组成部分，成为推动经济发展的生力军，在稳增长、增就业、惠民生、促创新、推动共同富裕等方面发挥着重要的作用。

过去三年多，新冠疫情持续反复，给经济发展带来了很多困难。民营企业，尤其是中小微企业经营压力巨大，挑战前所未有。在党中央坚强领导下，支持民营企业发展的一贯方针得到贯彻，为民营经济营造更好发展环境的要求扎实落地。从营造良好的舆论氛围到优化营商环境，从加强金融支持到持续减税降费，从加强产权保护到构建亲清的政商关系，一系列疏堵点、缓痛点、破难点的政策措施，有效地回应了社会关切和民营企业的期盼，大大提振了民营企业的发展信心。

就拿减税降费来说，2022年全年新增减税降费和退税缓税缓费超过4.15万亿元。民营企业、中小微企业都真切地感受到了这种支持和帮助。在这样的发展环境下，千千万万的民营企业克难奋进，勇毅前行，在疫情期间，包括我们在内的一大批民营企业努力做到不减薪、稳岗位、稳就业、保供应、保民生，为经济恢复发展保存了实力，创造了条件。

昨天习近平总书记在民建和工商联界别看望政协委员时发表重要讲话，我们民营企业家认真学习，深刻领会，深受鼓舞，我们创新、创业、谋发展的干劲更足了。

这种干劲来自党和国家对民营企业的支持和鼓励。党的二十大进一步旗帜鲜明地提出促进民营经济发展壮大，政府工作报告也进一步明确，把“两个毫不动摇”作为今年经济工作发展的重要任务。这彰显了党和国家支持民营经济发展的坚定决心，也必将激励广大民营企业家继续把企业做大、做优、做强。

这种干劲还来自中国经济充满韧性的坚实底盘。我们有社会主义市场经济的体制优势，有空间巨大的市场优势，有体系完善的产品生产优势，有不断跃升的创新优势。这为民营企业的发展提供了广阔的空间和难得的机遇。

这种干劲还来自改革开放 40 多年不断淬炼出来的企业家精神。正是因为有这种精神的存在，我们广大民营企业家才勇于担当，敢为人先，逢山开路，遇水搭桥，不断谱写发展的新篇章。

走在中国式现代化的大道上，我们要放开手脚，轻装上阵，专心致志搞发展，我们要办社会需要的企业，做有温度的企业家。

中国消费市场正一路向好

第十三届、十四届全国政协委员，中华全国工商业联合会常委，月星集团董事局主席　丁佐宏

时间：2023年3月11日
全国政协十四届一次会议
第三场『委员通道』采访活动
地点：人民大会堂新闻发布厅

经济日报记者：

中央经济工作会议提出，要把恢复和扩大消费摆在优先位置。春节以来消费恢复的势头不错，您如何看待今年消费市场的前景？有什么建议？

丁佐宏：

2020 年以来，我国经济领域，包括消费行业因受疫情的影响遭受了不小的冲击。国家及时出台了一系列促进消费的好政策，有力地稳住了市场一直向好的基本面。兔年的春节，我国的交通系统共发送旅客 2.62 亿人次，同比去年上涨了 71.2%。我认为，人流就是信息流，信息流就是消费流。

今年春节的小年夜，我们上海的商场举办了一个由中外客商和广大消费者一起互动的广场过年包饺子的活动。活动非常热闹，也非常成功。这时发生一个小插曲，一位来自斯里兰卡的朋友一直拽着我的手，到他在我们商场的展位前，说要跟我合个影，拍个照，留个念。我问为什么，他说：“我要把这张照片发回斯里兰卡，要告诉我的家人和朋友，我们的产品进入了中国市场，我还要用现场感告诉他们，中国的消费能力太强了，市场太大了，这么晚还有这么多人在购物、在消费。”当时，我特别激动，也特别自豪，中国的市场确实潜力巨大，前景广阔。

今年以来，我们各商场的数据显示，零售、服装、鞋帽、家具、家电等实体销售强势反弹，特别是餐饮、娱乐等线下的服务性消费也是一路向好。我们有些商场、有些业态，出现了一铺难求的现象。就这几天，我在两会期间，还收到不少这样的利好消息，包括我们在新疆喀什的表现也不错。这证明什么呢？这证明国家及时出台好政策，像及时雨一样，来得太及时，已经起作用了。春暖花开了，像长江和黄河的水一样，市场也开始暖起来了。

中国有 14 亿人口，本身就有着巨大的消费市场，像汪洋大海一样，消费永远在，市场永远在，人们对幸福美好生活的追求永远在。随着营商环境的不断优化，市场主体活力的不断释放，老百姓的腰包和口袋不断地鼓起来了。我相信消费市场会一路向好，越来越好。我也坚信，消费市场的活力，一定能够为我国的经济发展添砖加瓦。我也请你们相信我和月星集团的所有员工，以及我所涉足的商会的所有会员，一定为人们美好幸福生活的追求做合格的“店小二”。

税收是共和国的血脉

时间：2023年3月11日
全国政协十四届一次会议
第三场『委员通道』采访活动
地点：人民大会堂新闻发布厅

第十四届全国政协委员，国家税务总局江西省税务局党委书记、局长　范扎根

中国税务报记者：

现在社会各界对税收是越来越关注了，大家关心交了多少税，也关心交的税用到了什么地方。您是一名税务人，请讲一讲税收在取之于民、用之于民方面具体发挥着怎样的作用。

范扎根：

税收是共和国的血脉，在国家治理中具有基础性、支柱性、保障性作用，既关乎国家前途命运，又关乎人民切身利益，所以全社会都很关心税收从哪里来、到哪里去这个话题。

在现代生活中，税收来源于我们每一个人的劳动和创造。纳税人依据各自不同的收入水平和负担能力在为国家作贡献。比如记者朋友们手里的照相机、摄像机，买的时候就负担了增值税，大家每月收入超过一定标准要缴个人所得税。

新中国成立以来，国家税制历经几轮优化调整。但无论税制怎样调整，税收在“取”的这头始终坚持人民至上，饱含民生温度，对困难企业和中低收入群众给予照顾。比如受疫情等因素影响，这几年一些企业生产经营非常困难。为此，国家出台了一系列退税减税缓税优惠政策，税务部门又快又稳，精准落实。就在我来北京之前，赣南老区一家冶金材料企业的负责人高兴地对我说，去年他们收到1500多万元留抵退税款后，更新了设备，稳住了用工。今年前两个月势头非常好，300多名工人又忙了起来，工资也比去年多了。据统计，仅留抵退税一项，去年国家就拿出了2.46万亿元。这些真金白银的政策支持，解了企业的燃眉之急，更重要的是，提振了发展信心。

相比于税收从哪里来，人们可能更关心税收用到了哪里。大家知道，税收主要是为了满足人民群众的公共需要，国家用它去办事关全局和长远的大事、要事。比如巩固国防、发展科技、修建高铁、抗震救灾等等。税收除了办大事，还用于保障民生实事，解决老百姓的急难愁盼问题。春节前，我到江西省乐安县厚坊村调研乡村振兴工作，见到了残疾村民易辉明和他老伴儿，攀谈中老两口拿出了他们的社保卡，说去年通过这张卡，享受到了政府补贴 9800 多元，包括残疾人生活补贴、低保等等。老易还说：“现在手里有了闲钱，心里不慌，党和国家想着咱们呢！”

据我了解，截至去年底，江西省政府为全省居民换发了 4700 多万张社会保障一卡通。如今老表们乘车、就医、旅游、借书都可以直接刷这张卡，而且 100 多种补贴项目也是通过这张卡直达百姓。税收一头连着国计，一头连着民生，作为税务工作者我们深感使命光荣，责任在肩，必须牢记初心，兢兢业业做好每项工作，向党和人们交上优异的履职答卷。

只要肯动脑子，哪有过不好的日子

时间：2023年3月11日
全国政协十四届一次会议
第三场『委员通道』采访活动
地点：人民大会堂新闻发布厅

第十四届全国政协委员，共青团十九届中央书记处书记（兼职），安徽省六安市金寨县花石乡党委政法委员、人武部部长　余静

农民日报全媒体记者：

党的二十大首次提出要加快建设农业强国，加快建设农业强国与全面推进乡村振兴一脉相承。那想请问您，自全面推进乡村振兴以来，大湾村有着怎样的变化？您认为在这个过程中，大湾村的信心和底气又来自哪里？

余　静：

我来自大别山革命老区安徽省六安市金寨县花石乡大湾村，我是一名基层干部。在大湾村八年，让我体会最深的是农村发展最大的底气来自党的好政策。有个好支部，党员带头干，村民干劲足。

2016 年 4 月 24 日，是我和大湾村老百姓终生难忘的日子，习近平总书记来大湾村考察，和我们面对面拉家常、算收入，嘘寒问暖，让我们备受鼓舞。七年来，我们牢记总书记的嘱托，村党组织带着党员冲在前、苦在前，带着村民一起干。昔日的贫困村，现如今也是旧貌换新颜。大湾村地处高寒山区，有种茶制茶的传统。茶叶品质虽好，但因为地方偏僻，很多村民只能自产自销，形成不了品牌，更卖不上价格。为此，我们新建了一座现代化茶厂，还引进了龙头茶企。不仅解决了全村茶叶加工销售的难题，还为村民提供了很多就近就业岗位。同时，我们也带动发展了小香薯、蜜业等多项特色产业。

立足当地实际，我们努力把生态优势转化为发展优势，让绿水青山变成金山银山，明确山上种茶、家中迎客、红绿结合的发展思路，渐渐蹚出一条茶旅融合发展的致富路子。依托国家级自然保护区马宗岭的绿色资源和大别山红色旅游资源，我们建起了大湾十里漂流、大别山农耕民俗文化展览馆等项目，引导群众发展民宿和农家乐。2022 年，我们接待游客 35 万人次，旅游综合收入达 5000 多万元。近年来，大湾村的发展势头越来越好，老百姓的发展劲头也越来越足。我们村的村民王新云40岁刚出头，看上去有点儿腼腆，但是他很有想法，也有闯劲。八年前外出返乡，就将自家两间破旧的房子翻建成三层小楼，是村里第一个开农家乐吃旅游饭的贫困户，也是第一个将农家乐翻新升级并带动周边妇女务工的脱贫户，更是村里第一批拿到讲解员证的乡村导游之一。他时常跟游客说的话让我特别有感触，他说：“这么好的年头，只要你肯动脑子、愿动身子，哪有过不好的日子？”

如今，走进大湾，闻着茶香，处处是景，行走在逐步实现共同富裕的大道上，我们既是受益者、践行者，还要继续做好实干者、奋斗者。听说我来北京参加全国两会，乡亲们托我捎句话：我们的生活越来越好了，请总书记放心，我们一定会把大湾村建设得更美、更好。

点亮国际陆海贸易新通道沿线万家灯火

第十四届全国政协委员，广西壮族自治区国际博览事务局党组书记、局长，中国—东盟博览会秘书处秘书长　韦朝晖

时间：2023年3月11日
全国政协十四届一次会议
第三场『委员通道』采访活动
地点：人民大会堂新闻发布厅

中国外文局中国报道记者：

今年是国际陆海贸易新通道建设的第六年，您认为六年来国际陆海贸易新通道建设取得了哪些成效？给我国西部地区和东盟国家都带来了哪些实惠？

韦朝晖：

我所工作的中国—东盟博览会是中国—东盟重要的开放平台。中国—东盟关系成为推动构建人类命运共同体的生动例证。东博会已成功举办19届，超过40个国家的110多万客商参展参会，服务了惠及20亿人口的中国—东盟自由贸易区，带动了陆海新通道等重大项目建设，为各国企业和人民创造了发展新机遇。

大家知道，随着中国—东盟自贸区建设走深走实，东盟国家的热带水果、食品饮料、家居用品等在中国热销。中国的智能装备、绿色家电等深受东盟采购商青睐。这都得益于东博会的举办以及在东博会上茁壮成长的陆海新通道。陆海新通道于2017年启动实施，它位于我国西部地区腹地，北接丝绸之路经济带，南连21世纪海上丝绸之路，协同衔接长江经济带，不仅是贸易往来的物流通道，更是促进产业融合的经济走廊。

一位新加坡华侨一直想把东盟商品卖到中国，但苦于运费贵、运输周期长而难以如愿。陆海新通道开通后，总体运费下降了三成，运输周期缩短了7天至13天。这位华侨随即联合投资建设了中新南宁国际物流园、中国—东盟特色商品汇聚中心，顺利把3000多种东盟商品带入中国市场。

目前，陆海新通道运输网络已覆盖全球119个国家和地区的393个港口，是连接中国与东盟时间最短、服务最好、价格最优的贸易通道。借助这条通道，东盟商品在广西北部湾港上岸，迅速由日夜穿梭的海铁联运班列发往广阔的中国大市场。借助这条通道，广西新能源汽车、重庆笔记本电脑、贵州茶叶、宁夏葡萄酒、新疆坚果等这些东、西部地区的中国产、中国造产品，走向东盟乃至世界。

可以说，乘着政策的东风，高水平共建陆海新通道是西部地区扩大开放、融入双循环的快车道，也是助力西部老百姓的致富道，为沿线万家灯火增添更多欢声笑语。

今年是全面贯彻党的二十大精神的开局之年，东博会迎来第20届，我们将推动陆海新通道深化合作，共同造福世界，共享美好未来。

载人航天已开启空间站建造任务

第十三届、十四届全国政协委员，中国首飞太空第一人，中国载人航天工程副总设计师　杨利伟

时间：2018年3月3日

全国政协十三届一次会议

第一场『委员通道』采访活动

地点：人民大会堂一层中央大厅北侧

中央电视台央视网、央视新闻移动网记者：

我们知道中国航天近些年的每一次发射、每一次进步，都会引起全国甚至全世界的瞩目，能不能请您给我们介绍一下今年中国航天会有哪些新的重大举措呢？

杨利伟：

大家都知道，随着去年在十九大之前，我们的空间实验室任务圆满结束，我们的工程全面地转入了空间站的建造阶段，这也标志着中国的载人航天全面进入了空间站这个新的时代。

众所周知，经过中国航天人 25 年的艰苦努力，我们也突破和掌握了航天的天地往返、航天员出舱以及交会对接这三大基本技术，应该说我们具备了建造空间站这种能力。在今年，虽然我们没有发射任务，但是我们整个的科研任务，包括空间站的建设还是非常关键的一年。我们今年的空间站的核心舱，要由初样阶段向正样阶段进行转换，其他舱段也会进行初样阶段的研制和生产，当然这个运送空间站的新型的火箭，也会进入试样阶段的研制和生产。我们的整个任务还是非常艰巨的。

载人航天与人有关系，随着空间站的建造，我们对人也有很多新的变化，今年我们会选拔第三批航天员。这一次的选拔和以往两次有很多的不同。第一，选拔的数量会发生一些变化。我们以前的飞行任务都是在一年到两年或者两年到三年有一次发射，将来我们的空间站建造期间和运营期间，每年要有至少两次的发射。这样需要的航天员数量会更加的多，所以这次我们的选拔从数量上比第一次和第二次都要增加。第二，选拔航天员的种类也发生了变化。我们前两次的航天员都是以驾驶员为主体来选拔的，随着工程的需要，这一次不单单要选拔驾驶员，还要选拔飞行工程师，对我们的空间站进行建造以及维护、维修。还要选拔载荷专家，因为我们的空间站是一个国家级的太空实验室，需要科学家进行大量的实验，所以还要招载荷专家。第三，招收的范围也发生了变化。大家都知道，以前我们的航天员都来自空军的飞行员，这一次不单单从空军的飞行员当中选拔，还要面向社会的相关领域进行选拔。比如说在相关的工业部门、科研院所，以及相关的一些大学进行选拔。当然了，这次选拔不单单选拔男性航天员，还要选拔女性航天员。

我们经常讲新的时代是奋斗者的时代，那在这里我也真诚地希望，同时也邀请更多有志于航天以及勇于拼搏的青年朋友加入到这个队伍当中来，把我们国家建设为航天强国，无愧于新时代的召唤。

构建天地一体化量子保密通信网络

第十二届、十三届、十四届全国政协委员，中国科学院院士，九三学社中央副主席，中国科学技术大学常务副校长　潘建伟

时间：2018年3月3日
全国政协十三届一次会议
第一场『委员通道』采访活动

地点：人民大会堂一层中央大厅北侧

中国日报社记者：

我知道您是享誉全球的量子物理学家，也被称作“量子之父”，想请问您，量子信息技术的发展会对中国的经济和百姓生活带来哪些方面的影响？

潘建伟：

量子信息技术到底有什么用呢？我可以举两个例子。实现信息的安全的传输是自古以来几千年的人类的梦想，但是历史的经验告诉我们，一种好的加密技术，随着后来大家能力的提高，总是可以加以破解。所以我们的信息安全，每天都遭受了很大的威胁。但是量子通信，它在原理上可以提供一种不能破解不能窃听的信息的安全的传输方式，所以它在国防、政务、金融等方面，甚至在我们每天的比如银行转款、我们个人的隐私的保护方面，都可以起到比较好的作用。

除此之外，还有一种比较有意思的应用就叫量子计算。我可以举个例子，如果说我们能够操纵 100 个粒子的话，在某些特定问题的求解方面，它的计算能力就可以达到目前全世界计算能力的总和的 100 万倍，所以它是一个非常强大的计算的工具。可以解决一些传统经典计算机所解决不了的问题，比如说气象预报、药物设计，还有一些物理材料的设计等等。

在国家的高度重视和大力支持下，我们国家在这方面是非常有特色的。比如说在量子保密通信方面的研究，我们在国际上是处于全面领先的地位。除此之外，我们的量子计算方面也是非常有特色，在国际学术界牢牢地占据了一席之地。其实去年我们有一些比较好的成果，比如说“墨子号”成功完成它的相关的科研任务，京沪干线的全线开通。通过后续的 5 年到 10 年的努力，我们希望能构建一个天地一体化的量子保密通信网络，来保护千家万户的信息的安全。在量子计算方面，我们去年也发布了全球首台光量子计算的原型机。我们希望能够通过 3 年到 5 年的努力，大概能够实现 50 个比特的相关操纵，那它的计算能力在某些特定问题的求解上，就可以媲美我们目前最好的经典的超级计算机。当然这个领域国际的竞争也非常激烈，令我们非常振奋的是，党中央对这方面高度重视，在“十三五”规划的时候，专门提出来要在量子信息科技领域实施重大科技项目，同时也会组建新型的国家实验室。所以我们希望能够把全国的相应的科技力量集中在一起，协同创新，我们非常有信心能够继续领跑世界，做出一些好的工作。

“复兴号”为世界高铁商业运营树立新标杆

第十三届、十四届全国政协委员，中国铁道科学研究院首席工程师　赵红卫

时间：2018年3月3日
全国政协十三届一次会议
第一场『委员通道』采访活动
地点：人民大会堂一层中央大厅北侧

经济日报中国经济网记者：

我们知道高铁是中国经济的一张亮丽的名片，我想问一下赵红卫委员，未来我国铁路动车组的方向是什么，会给生活带来什么变化？

赵红卫：

春节刚刚结束，我想可能有不少的媒体朋友都是乘坐“复兴号”高铁回家和返程的。2017年，由中国国家铁路集团有限公司牵头组织研制的“复兴号”动车组正式上线，它具有完全自主的知识产权，在世界处于先进水平。这个动车组在京沪线以时速350公里投入运营，为世界高速铁路商业运营树立了新的标杆。正如习近平总书记在2018年新年贺词中所描绘的那样，“复兴号”奔驰在祖国广袤的大地上。

关于大家普遍关心的未来动车组的发展方向，我想一方面我们会朝着系列化的方向发展。目前我们的研发团队正在基于时速350公里“复兴号”的基础上，研制250公里和160公里的自主化的动车组的系列化平台，我们将适应不同的运行环境和不同的地质条件、不同的速度等级的要求。大家知道2月28号京雄城际铁路开工了，我们也会根据京雄铁路的运输要求，在“复兴号”的基础上研制相应的动车组。

另外一个方面，动车组还会朝着智能和绿色的方向发展。我们会按照中国国家铁路集团有限公司关于打造智能京张精品工程的要求，同时兼顾2022年冬奥会的要求，研制京张智能高铁动车组，我们会在更加节能、更加环保的新技术和新材料方面，继续应用。另外我们还会在这个动车组上实现自动驾驶功能。也就是说，从列车启动加速到减速停车，司机只要按一个按钮就都可以完成了。我们还会推出智能出行等一系列的服务，不断地满足广大人民群众对于多样化的高品质的出行需求。我们作为铁路科技工作者，将践行新时代新使命，在交通强国、铁路先行中作出新贡献！

人工智能将成中国经济推动力

第十二届、十三届全国政协委员，百度创始人、董事长兼首席执行官　李彦宏

时间：2018年3月15日
全国政协十三届一次会议
第三场『委员通道』采访活动
地点：人民大会堂一层中央大厅北侧

法制日报法制网记者：

李委员，去年您乘坐无人驾驶汽车上了北京五环，并且为此吃到了罚单。之后，百度公布了无人车量产计划，请问这一计划目前的进展如何？普通的民众什么时候才能够坐上无人车？另外，在您看来，除了无人车，人工智能还会给我们的生活带来哪些改变？

李彦宏：

说实话，无人车上五环的事情引起的关注度比我想象的要大很多，原来觉得这个只是面向开发者的一种演示，后来没想到无论是媒体还是公众，都对这件事情非常关心，包括这次两会期间，很多记者也都在问我与无人车相关的问题，应该说这是问得最多的一个问题。我也看到了工业和信息化部部长苗圩也被问到同样的问题：无人车什么时候会变成现实？因为得到了这么多人的关心和期待，所以我们也有更大的动力把这件事情尽早地做出来、做好。苗部长说大概要 8 年到 10 年我们才能够看到无人车的量产或者说变成现实。但是我会更乐观一些，我觉得会更早。

当然，这是一个渐进的过程，比如说像今年，我们大概就会推出一款小规模量产的叫作阿波龙的车，是跟金龙客车合作的，是一个小巴车。它就是没有方向盘、没有驾驶位的这么一款车。初期会在封闭的道路上，或者是比如说像景区、码头这些相对受限的道路上来运营。从明年开始，我们会跟一些主流的车厂合作，会有家用轿车出现。当然一开始，从明年也好，后年也好，它会是一个高度自动驾驶的状态。所谓高度自动驾驶，就是它还不能够在任何情况下在开放道路上完全不需要人，但是在很多常见的路况下已经是可以自动驾驶了，比如说从北京开车到上海，只要开上五环或者开上高速公路，就不用管了，你就可以吃着火锅唱着歌儿。一直到上海之后呢，车会提醒说你现在需要接管，需要下高速了。这样的状况，大家很快就会看到。再有个三五年的时间，我相信在完全开放的道路上，能够替代司机的无人驾驶的车就会出现。

汽车工业有将近100年的历史，应该说从来没有碰到过今天像人工智能、像无人驾驶带来的这种挑战。前些天我看到李书福在讲，未来全球，传统厂商大概只有两到三家能够生存下来。但是我觉得他说这个话，可能没有考虑到开放平台的存在。人工智能技术，现在很多很多的公司都是通过开放平台来向社会公开和共享的。像在自动驾驶这个领域，阿波罗就是一个开放平台，目前已经有90多家车厂和其他合作伙伴加入了这个项目，所以我觉得未来因为有了这种开源和开放，最先进的技术可以被几乎每一个车厂立即获得，我也相信未来这些车厂不仅很多能够生存下去，应该也能够给我们消费者提供更多的选择。

刚才还问其他领域会不会也有影响，我认为人工智能是一个堪比工业革命的大的革命，它会在很多很多领域都给我们带来非常不一样的体验。从去年开始，大家可以看到智能音箱已经开始进入人们的生活了，过去音箱只是一个小家电，今天它可以跟你对话，你可以问它今天最高温度是多少，你可以问它贵州茅台的股价现在怎么样了。很快还有带屏的音箱会出现，你可以问它杨利伟长什么样啊。你可以跟它说，最火的电视剧现在给我播一播。这样的东西我们过去无法想象的，今后也会越来越多，所以我觉得中国未来20年到50年，经济的成长重要的推动力之一应该就是人工智能。非常期待我们能够在这里头成为一个正面的推动的力量。

基础研究是建设现代化强国的“加油费”

第十三届全国政协委员，固体力学专家，中国科学院院士，清华大学工程力学系教授、博士生导师　杨卫

时间：2018年3月15日
全国政协十三届一次会议
第三场『委员通道』采访活动
地点：人民大会堂一层中央大厅北侧

广电总局传媒杂志社记者：

3 月 5 日李克强总理在政府工作报告中提到强化基础研究和应用基础研究，您长期从事这方面的工作，请您谈一谈基础研究与创新驱动有什么样的关系，以及我国在这方面的发展空间和问题症结在哪儿。

杨　卫：

在创新驱动发展的新时代，只有科技强才能国家强，只有基础强才能科技强。这已经是创新驱动发展的金科玉律。

对我们国家来讲，基础研究不仅仅是创新驱动发展的源头，也有可能成为创新驱动发展的短板。这是因为基础研究有三个特点：第一个特点是人才培养的周期长，不能拔苗助长；第二个特点是从基础研究到经济社会应用的链条长，很难用短期的绩效来评估；第三个特点是因为基础研究的探索性、可预见性差，所以不能按照设定的计划来发展基础研究。因此，必须稳定地、长期地呵护基础研究的发展，使之不成为 2050 年我国建设现代化强国的短板。

党的十八大以来，我们国家的基础研究的发展应该说是非常迅速的。我们国家现在的学术产出已居世界第一，我们的学术影响力也跃居世界第二，我们的学术产出的质量，也达到了世界上的平均水平，可角逐国际大奖的成果逐渐开始出现，呈现了一个从数量到质量同步发展的好的趋势。因此我向国家建议一定要进一步加大对基础研究的投入，增加基础研究占整个 R&D 的比例。从目前的 5% 左右增加到 8%—10%，这是我们建设社会主义强国的“加油费”。

中华民族奔月之梦正在一一实现

第十三届全国政协委员，中国工程院院士，中国探月工程总设计师　吴伟仁

时间：2019年3月3日
全国政协十三届二次会议
第一场『委员通道』采访活动
地点：人民大会堂一层中央大厅北侧

中央广播电视总台央视记者：

您是中国探月工程的总设计师，我们大家都知道，嫦娥四号和玉兔二号现在就在月球的背面，而且在 3 月 1 号刚刚自主唤醒，所以大家都非常关注，尤其是玉兔二号这只小兔子在月亮上状态怎么样？在进行什么样的工作呢？

吴伟仁：

最近大家都非常关心中国的探月工程，尤其是我们嫦娥四号和玉兔二号。由于月球的自转和公转的周期问题，月面上总是有连续 14 天的黑夜。这个时候温度降到了零下 190 多度，这是任何元器件、电子部件都不能忍受的温度，因此我们只能让它处于休眠状态，以便安全地度过月夜。前几天两器都自动唤醒，进入了工作状态，目前状态良好。现在进入第三个月昼了。我们对着陆区的地形地貌的探测任务已经完成了，下面，玉兔号正在向我们涿鹿县的西北方向前进。这个月昼的地理状况不太好，路上坑比较多，路况不好，障碍也多，但是请大家放心，我们会保证它的安全。

我们前几个月取得了很多科学数据，这些科学数据，我们最近准备向全国和全世界开放。中国的探月工程进行得很好，国际上对月球探测已经进行了 120 多次，我们进行了 5 次，次数很少，但是中国探月工程有自己的特点。我们起步晚，但是起点高；我们的经费投入比较少，但是科学产出和技术产出比较多；还有就是我们的发射次数很少，但是每一次都成功，成功率很高。载人航天、探月工程，这都是高风险的事业，平时我们从事探月工程有两句话是最刻骨铭心的：一句话就是成功是硬道理；还有一句话那就是失败不起，没有退路，只能成功！所以正是在这种理念和这种压力下，我们实现了中国探月的五战五捷。

世界的航天已经经历100多年的发展了，中国的航天也已经发展60年了。这60年来，我们取得了很多成绩，但是我们和世界航天强国相比还有很大的差距，我们必须加快追赶的步伐。今年底，我们准备发射嫦娥五号，实现在月球采样返回，有可能成为继美国、俄罗斯之后第三个返回地球的国家。明年我们将发射火星探测器，实现火星环绕、着陆和巡视探测。探月是项高风险事业，深空探测永无止境，既充满着风险，也充满着挑战，当然也充满了机遇。所以我们需要一代又一代人继续奋斗，薪火相传。我希望我们全国的青少年朋友们将来能够投身到这个伟大的事业中，去迎接挑战，去开创我们的未来！

中国的北斗，世界的北斗

第十三届、十四届全国政协委员，中国工程院院士，航天系统总体技术与工程管理学家　杨长风

时间：2020年5月21日

全国政协十三届三次会议

第一场『委员通道』采访活动

地点：人民大会堂新闻发布厅

人民政协报全媒体记者：

今年，北斗系统将完成最后一颗全球组网卫星发射任务。您能否介绍一下目前北斗系统的有关情况？

杨长风：

今年是我们北斗全球系统建设的收官之年，我们最后一颗组网卫星已经运抵西昌卫星发射中心，各项准备工作正在有序推进，计划6月份择机发射，届时我们北斗全球星座的布局将圆满完成。北斗系统是我国迄今为止规模最大、覆盖范围最广，而且性能要求最高的最复杂的巨型航天系统。经过我们几代北斗人的不懈努力，探索出了一条符合我们国情的“三步走”发展道路，对世界卫星导航的发展贡献了“中国方案”。

我们首次创造的三种不同的轨道构成的混合星座，还有独具特色的短报文通信，以及我们的星间电路，实现了星星互联、星地互联，这些都彰显了“中国智慧”。我们的北斗系统，它还有一个很大的特点，就是攻坚克难，用了20多年时间走过了国外卫星导航40年的发展路程。特别是我们北斗全球系统的建设，用两年的时间，实现了高密度发射组网，而且连战连捷，创造了世界卫星导航的一个奇迹，被称之为“中国速度”。

我们的北斗系统还集导航定位授时、星基增强以及精密定位，再加上地基增强等多种功能于一体，实现了实时的米级、分米级、厘米级导航定位增强服务能力，更提供了“中国精度”。建好我们的北斗，是我们的初心；用好我们的北斗，是我们的不懈追求。我们的北斗系统已经在交通运输、农业渔业、减灾救灾等各行各业得到了广泛的应用。比如说，这次在疫情防控中，北斗也发挥了积极的作用。

其实，我们早就使用上北斗了，比如说手机，这就是一个智能导航终端。据我们统计，在中国入网的智能手机里面，已经有 70% 以上的手机提供了北斗服务，我们的北斗，正让我们的生活变得更加智能、更加便捷。我们秉持着“中国的北斗、世界的北斗、一流的北斗”这样一个发展理念，积极推进国际卫星导航的一些事物，推动多系统兼容共用。我们积极开展国际合作和交流，让世界分享中国的北斗发展成果。目前，世界上已经有半数以上的国家在全球范围内使用我们的北斗。今年我们的全球系统建成以后，无论你在世界的任何角落，我们的北斗都会向你提供满意的服务。中国的北斗，服务全球，造福人类，这是我们的一个期望。

智慧生活已扑面而来

第十三届全国政协委员，广州佳都集团有限公司董事长，佳都新太科技股份有限公司董事长　刘伟

时间：2020年5月21日
全国政协十三届三次会议
第一场『委员通道』采访活动
地点：人民大会堂新闻发布厅

中央广播电视总台央视记者:

人工智能技术在这次抗击疫情过程当中可以说大显身手，也成为今年两会的热点。您刚才提到您是来自一家人工智能的科技企业，所以在这里想问您的是，您认为未来人工智能技术在更好地赋能经济发展方面，还能发挥哪些独特的优势作用?

刘　伟:

刚才我们杨长风总设计师介绍了中国大型北斗卫星的发展之路，我在这儿跟大家分享一个中国基层社区的科技抗疫的小故事。因为广东广州在市中心有各城中村社区，历史最为悠久，人口也最多。有个小区差不多有7万人，一个网格单元就有2万人，但是整个小区网格管理员只有7个人，在疫情高发期，我们如果用人工测温、手工抄表，或者物理隔离等传统手段，肯定是不行的。广东这个基层社区管理一直都有务实创新的好传统，在疫情高发期，也就是在今年2月份，政府就在社区建立了一个智慧社区防护平台，前端应用智能通道、智能摄像机以及用智能无感远距离测温和人脸身份识别的技术进行数据采集，这个大大降低了工作人员公共卫生安全的问题。同时，在后台，通过AI大数据，就把整个小区人员进行大数据管理，形成了精准治理，使整个小区的防疫人力减少了一半。更令我们自豪的是，这样超大型的社区，从疫情发展到现在，没有一例确诊病例。所以，人工智能使得社区防控更加精准，更加智慧。

其实不仅是疫情防控，今天人工智能已经定义了我们生活的方方面面。以我生活的粤港澳大湾区为例，"一小时生活圈"这样一个梦想，今天已经通过智能化轨道交通实现。一个普通的老百姓，早上可以在珠海喝早茶，上午到100多公里外的佛山工厂验货，中午可以在广州品着粤菜，招待客人，下午可以回深圳办公室办公，晚上还可以在香港维多利亚港边接待国际客人。大家不能想象，在20年前，中国地铁一个车站屏蔽门的控制器都需要进口，今天全球首个智能车站已经在广州正式上线，这个系统90%都是国产化的，我们只通过短短20年，就走过了欧美国家100年的技术实践。

过去，我们通过强大的筑路造桥的大型基建能力，推动了中国经济的快速成长。今天在信息时代，我认为，作为以人工智能、轨道交通、5G为代表的“新基建”能力，也会极大地推动中国经济的发展，特别是高技术领域的飞跃和超越。我也相信，随着我们“新基建”、新技术的不断提升，中国经济的韧性和活力会更加增强。

互联网科技助力社会治理新格局

第十三届全国政协委员，百川智能创始人兼首席执行官　王小川

时间：2020年5月27日
全国政协十三届三次会议
第三场『委员通道』采访活动
地点：人民大会堂新闻发布厅

中国青年报记者：

一场疫情，让我们生活中多了很多新的生活习惯，比如说出门扫健康码、线上学习和线上开会。请问王小川，这些新技术和新应用是怎样在疫情期间就突然暴发涌现了？对我们社会治理水平提升有什么样的作用呢？

王小川：

作为互联网行业的从业者，我对这个问题挺有感触的。抗疫已经取得阶段性成绩。回看之前的几个月，上千万互联网从业者已经成为我们同舟共济一起抗疫的一部分。在武汉最艰难的时候，互联网公司承担了责任，盒马生鲜每天为医务工作者送上 300 份热饭，滴滴的疫情防控码也能帮助乘客更好地了解车辆的情况，同时也能进行登记，跟疾病预防控制中心进行联动。包括搜狗，在国家卫生健康委员会新冠肺炎诊疗方案的指引下，利用我们大数据技术，设计自诊机器人，使得更多居民在居家的时候进行千万次的自查自测，减少了社会焦虑。我们看到，疫情到来之后，互联网企业作为市场主体，激发出更大的活力，展示出了这样一种担当和创造性。

我们可以看到，我们的政府也开始懂得并善于利用这样一种能力和这些宝贵经验，使得政府和互联网创新科技企业，以现成的网络和创新活力提供服务。“后疫情时代”，当我们吹响复工复产号角的时候，我们要让民众走出家门，提供现场消费，这种创造性是利用微信、支付宝来发放消费券，这种消费券的发放，也是政府和企业合作的典范。我们看到，在疫情中我们的创造性被激发出来，成了开创社会治理新格局的催化剂。同时，疫情的防控工作也成为我们数字化转型的加速剂。

在疫情之前，我们的主流卫生系统每天要承担超过 2000 万人次的健康卫生工作，其中8%的三甲医院医师要承担50%的门诊，工作非常繁忙。在这种情况下，疫情期间难度更大，互联网科技企业大规模地把自己的问诊能力给用进去。同时也看到，民众有每天超过2亿次的健康请求使用到我们的搜索引擎。搜狗公司这样的科技企业，也开始加强对技术的升级，利用专家的专业知识，再加上人工智能技术，我想有机会为网民打造数字家庭医生，提供更加权威的健康咨询和健康科普。

在这个过程当中，希望跟我们的医疗体系一块儿，把这样的服务送到乡村去，送到我们的社区去，为我们村医以及基层的全科大夫们提供更好的帮助，提高他们的效率，也提升我们民众医疗的获得感。在这样一个时代，未来已经开始成为现实。我们看到这种历史，现在我们在创造它，也在见证它。搜狗在疫情期间做了一款AI录音笔，它跟随了大概100多家媒体的新闻工作者，记录了他们40多天的工作。这款抗疫产品，后来进入了南京博物馆，成为收藏的首款人工智能产品。所以，我们在历史中开始能够发挥自己更大的作用。正好今天我们看到登珠峰的新闻，非常兴奋。作为互联网科技的从业者，我们很愿意用自己的担当能力和活力，去帮助国家做更好的社会治理，帮助我们的国家发展。

中国种子科技的力量

第十二届、十三届、十四届全国政协委员，中国工程院院士，浙江大学农业生命环境学部主任　万建民

时间：2021年3月4日

全国政协十三届四次会议

第一场『委员通道』采访活动

地点：人民大会堂新闻发布厅

农民日报中国农网记者：

今年是中国共产党成立100周年，是“十四五”开局之年，确保粮食安全意义重大。保障粮食安全，种子是关键。今年中央一号文件也明确指出要打好种业翻身仗。请问目前我国粮食安全生产的情况是怎样的呢？如何做大做强民族种业，牢牢把住粮食安全主动权？

万建民：

国之大者，粮安天下。粮食安全和我们每个人都息息相关，大家知道我们国家的粮食总产量，已经连续六年超过了1.3万亿斤。14亿人的平均粮食占有量已经达到了470公斤，高于国际公认的400公斤粮食安全线。特别是口粮，多年来，稻谷、小麦生产量已经超过了消费量。因此我们大家都能感受到粮食是够吃的，我们在任何时候都能够比较方便、自由地买到大米和白面。对于一个拥有14亿人口的中国，解决粮食安全问题难能可贵，也是对世界作出的重大贡献。

但是粮食安全这根弦，我们任何时候都不能松，保障粮食安全，一靠政策，二靠科技。“十三五”种业科技创新，使我国良种对粮食增产的贡献率，特别是口粮作物，已经达到了54.8%，农作物良种覆盖率已经超过了96%，其中自主选育品种占比已经超过了95%。因此总体上“中国粮”主要用的是“中国种”。

随着人们生活水平的提高，我们广大的老百姓不仅要吃得饱，更希望吃得好。因此这几年来，我们的大米的品质越来越好，比前两年有很大的进步，米饭更香了。另外，最近我们选育的粳稻品种，其中有部分已经能够跟日本的越光优质大米媲美；籼稻品种，有部分品种能跟泰国香米相当。同时我们还选育出了适合于肾脏病人食用的低谷蛋白大米和适合糖尿病人食用的降糖大米。这都是种子科技的力量。

保障粮食的安全还需要进一步加强，我们保障种子安全，其中有很多的方面还需要进一步加强。体现在第一个，中国的生产用种基本上是安全有保障的，但是我们一些品种、环境、领域仍然存在短板和弱项。例如，这几年来我们的大豆和玉米的需求量不断增加，但是大豆和玉米的单产和国际先进水平仍然有较大的差距。同时，部分畜禽种源仍然依赖进口。党中央这次提出打好种业翻身仗，从种子资源的收集保存、种业科技创新、优势企业的培育、制种基地的建设以及知识产权等五个方面来加强粮食安全。同时要加强种质资源库的建设，目前中国农业科学院建设的种质资源库，今年有望投入使用，建成后容量将达到 150 万份，居世界第一。党的十九届五中全会提出要加速实施农业生物育种，将在基因挖掘、技术创新以及重大农产品培育方面提供强大的科技支撑。明天就是农历二十四节气的惊蛰，目前已经处于春耕关键时期，我祝我们国家 2021 年粮食取得更大的丰收！

网络安全是数字化战略的底座

第十三届、十四届全国政协委员，360公司创始人、董事长兼首席执行官　周鸿祎

时间：2021年3月4日
全国政协十三届四次会议
第一场『委员通道』采访活动
地点：人民大会堂新闻发布厅

中央广播电视总台央广记者：

随着网络信息技术的高速发展，数字化让我们的生活越来越美好。同时，数字化也给我们带来了新的网络安全的风险挑战，想请问，进入数字化的时代，您认为网络安全有哪些威胁？它和过往有什么不同？我们该如何应对？

周鸿祎：

现在我们国家已经进入数字时代，建设数字中国成为我们现在发展的新的潮流，各行各业、各级政府都在利用数字化技术转型升级，推动高质量发展。但数字化技术也是一把双刃剑，在带给我们美好智能生活的同时，也带来网络安全的新挑战。

数字时代有四个鲜明的特征：一切皆可编程，万物均要互联，大数据驱动业务，AI 提高生产力。一句话总结，就是软件重新定义这个世界。我们试想一下，在未来，老百姓的衣食住行、吃喝玩乐，政府的管理，社会的治理，城市的运转，各种工矿企业，还有基础设施的运行，都架构在网络和软件之上。那这个基础比较脆弱，因为是软件就会有不可避免的漏洞，有漏洞就有可能被人利用进行网络攻击，而攻击的后果非常严重。这些年在国外，利用网络攻击基础设施，导致城市大面积停电的事例屡有发生；在国内，去年我们接到了多家医院的紧急求援。这些医院的核心数据被勒索软件攻击加密不能使用，导致医院的整个流程停摆，甚至有些病人手术都无法正常进行，这可是人命关天的问题。

最近大家可能还关注一个非常热的行业，就是智能汽车。智能汽车本质上可以形容成四个轮子上驮着一部超级手机，它会实时联网，联到车厂云端的服务器接受指令更新软件，但是一旦安全出问题，要比手机严重很多。在过去的一年里，我们帮助一家世界知名的顶级车企发现了17个漏洞，通过这些漏洞，这个车厂2017年以后出产的几百万辆车，在路上跑的车都可以被远程遥控，可以远程开关车窗，远程开关车门，远程启动或者远程熄火。

大家可以想象一下，在数字时代，新的网络威胁要比过去严重很多。所以网络安全不仅关乎国家安全、社会安全、城市安全、基础设施安全，也跟我们老百姓每个人的生活密切相关。我国特别重视网络安全，习近平总书记说没有网络安全就没有国家安全。国家也反复强调网络安全靠人民、网络安全为人民。在“十四五”规划和2035年远景目标纲要里，我们看到发展和安全是两个最重要的关键词，国家也反复强调要统筹发展与安全的关系。我觉得我们现在不仅从上到下形成了数字化发展的共识，现在国家也形成了安全的共识，就是网络安全是数字化战略的底座，有了网络安全的保障，我们的数字化战略才能发展得更好，走得更快，走得更远。

最近我拜访了十几个城市，很多城市的主官也都形成了这样的安全共识，很多城市现在都在积极地打造城市级的网络安全大脑，把网络安全服务打造成像城市的水、电、煤气一样的基础服务，为城市的数字化提供保障。

最后给大家汇报一点儿我们取得的成绩。在国家的大力支持下，我们利用这些年打造的黑科技，一共累计发现并锁定了52个国外的高级网络威胁的组织，监测到6200多次对我国20000多家重要机构单位的高级网络攻击事件，解决了过去这种高级网络攻击很难看见的难题，也算是取得了一点儿世界级的成果。所以代表网络安全行业，我们有信心在国家数字化的整个的战略和进程中保驾护航，成为中国数字经济的安全卫士，也希望不断地提升老百姓在数字化进程中的获得感、幸福感、安全感！

我国集成电路产品研发快速推进

第十三届全国政协委员，中国科学院南京智能技术研究院院长　周玉梅

时间：2021年3月7日
全国政协十三届四次会议
第二场『委员通道』采访活动
地点：人民大会堂新闻发布厅

科技日报记者：

近年来，芯片极大地改变了现代社会，它越来越多地走进人们的生活和千行百业。另一方面，芯片“卡脖子”问题也成为越来越多人关注的热点。想请问周委员，您觉得芯片“卡脖子”问题应该怎么看？

周玉梅：

我们日常生活中接触到的银行卡、U 盘、手机、计算机，里面都有芯片。我们芯片加工工业先进，在同样面积下能摆放更多的晶体管，用 7 纳米的加工工艺可以在一根头发丝的横截面上摆放 40 万个小晶体管。自从 2006 年，我们国家开始部署重大科技专项以来，有三个专项和集成电路相关。在专项的驱动和牵引下，我们的集成电路领域在基础研究、应用技术、产品研发等方面都得到了快速推进，我们的产业也得到了全面的部署。我们的自主芯片已经在北斗卫星、超级计算机，还有一些其他应用领域得到了广泛的应用。我们的芯片设计企业已经采用全球最先进的 5 纳米工艺，设计出了麒麟芯片。我们的芯片制造企业、芯片封装企业已经进入全球同行业的前十。在产业的国际顶级会议上，我们的研究成果也频频入选。在科技创新的驱动下，“十三五”期间，集成电路设计产业年平均复合增长率达到了 23.4%，这真的是一个很喜人的数据。同时，在过去的 15 年，我们国家的集成电路产业取得了长足的进步。

经常有人会问，集成电路为什么这么难？集成电路实际上是一个人才、资金、技术高度密集的产业，同时，它也是按照摩尔定律快速迭代的一个产业，又是一个全球化竞争的产业。我们国家跟世界先进技术相比还有差距，更需要我们加大、加快投入的力度，作出我们国家对产业的贡献。集成电路是我们从业人员的长征路。在这条路上，科技工作者一直在跟时间赛跑，我们的芯片从无到有，从有到成，不断地前进。

集成电路产业实际上对一个国家来说至关重要。它关乎现在，也影响未来。我们特别希望有更多的目光关注集成电路产业，有更多的优秀人才投身到集成电路产业。集成电路科学与工程去年已经提升为一级学科，我们希望有更多的优秀学子报考集成电路专业。相信在新型举国体制的优势下，我们在关键问题、在“卡脖子”问题上加大力气，一定会有更大突破。

国产大飞机家族正在不断壮大

第十四届全国政协委员，中国工程院院士，飞行器设计专家　唐长红

时间：2023年3月4日
全国政协十四届一次会议
第一场『委员通道』采访活动
地点：人民大会堂新闻发布厅

光明日报记者：

近年来国产大飞机的研制成就斐然，也象征着我国先进制造业水平的不断腾飞，在大飞机“家族谱系”不断完善的过程当中，到底有着怎样的挑战和突破？您作为我国航空事业不断由大到强跃升过程的亲历者，又有着怎样的体会？

唐长红：

今年正好是大型运输机运 -20 飞机首飞的第十年。十年来，运 -20 飞机从科研试飞到服役，创造了很多纪录，经历了一系列严酷的考核，多次执行特别任务。从抗疫救灾，到国际人道主义援助，它的航迹遍布我国大江南北，远赴亚洲、欧洲、非洲、大洋洲，受到国际的瞩目，提升了国人士气，彰显了中国的力量。

我们去年 C919 大型客机圆满地完成了所有试飞任务，通过了适航审定，获得了中国民航所颁发的型号合格证。这型飞机去年正式进入航线，开启了它们的航线验证飞行，在中国的蓝天上结束了只有国外干线客机的历史，这凝结着国家的意志、人民的期望。

在去年的珠海航展上，大家看到，比翼齐飞的还有大型水陆两栖应急救援飞机 AG600 和运 -20 的加油机，大飞机的家族正在不断地壮大。大飞机的研制是国家综合能力的体现。我所亲历的运 -20 飞机的研制，五年首飞，八年交付使用，有国外的同行问：“这样的奇迹你们是怎么做出来的？”说实话，它的密码真谛就在于自立自强、自主创新，我们想争一口气。在运 -20 飞机的研制过程中，我们发扬大协同、大创新、大奉献的大运精神，先后攻破了很多技术难关，从数字化的设计、数字化的制造、仿真模拟，到依据网络的协同管控，深层次地渗透着时代的技术进步和高质量的发展。

作为一名航空的科技工作者，我深深地体会到，实现高水平科技自立自强，实质上就是在国家需要的时候，想用我们就有，想干我们就能。

航空正青春，万里能为邻，我们已经踏上高水平科技发展的万里征程，在打造大国重器的征程上，我们探索创新的步伐不会松懈。航空报国不负重托，我们一定能为国家的强盛和民族的复兴作出新的更大的贡献。

律师办的不是案子，而是他人的人生

第十三届全国政协委员，中华全国律师协会监事长，国浩律师（上海）事务所合伙人　吕红兵

时间：2019年3月9日
全国政协十三届二次会议
第二场『委员通道』采访活动
地点：人民大会堂一层中央大厅北侧

法制日报全媒体记者：

今年是我国律师制度恢复40周年。我们都知道律师的工作关系到当事人的权益保障，也关系到国家法律的正确实施，您觉得律师怎样才能更好地发挥作用？

吕红兵：

我讲一个小案例吧。前几天，你们报纸报道了一位江苏律师的办案故事。这名律师坚守13年，历经法院一审、二审、两次再审，为一名小学校长和两名会计洗清了“贪污”冤情。当人民法院作出无罪判决的时候，被告人哭着说：“是我的律师，每每在我心灰意冷的时候，让我振作了勇气！”这名律师的话语平静却坚定：“无论时间多久，无论过程多么曲折，我一定要想办法，还他们清白，给他们尊严，给法律尊严！”

其实，这名律师只是成千上万名律师中的普通一员，这个案例却是我们律师为当事人合法权益仗义执言的生动写照。有一位法律同行这样说：“我们办的不是案子，是他人的人生。”的确，一个案件的背后，就是一桩婚姻、一户家庭、一个人的自由、一家企业的未来！大家经常说“初心”。律师的初心是什么？我想，就是作为当事人的代理人，以精湛的专业服务，维护当事人的合法权益；就是作为公平正义的守护者，与检察机关一起，各司其职，为人民法院作出公正裁判提供事实和法律依据。特别是防范冤假错案，律师是司法机关最值得信赖的“同盟军”。

今年是新中国成立70周年，这位记者朋友刚刚提到，今年也是中国律师制度恢复40周年。1979年的时候全国只有212名律师。小平同志说，中国现代化建设要有30万名律师。如今，我国律师人数已达43万，2022年这一数字将突破62万。

习近平总书记最近给我们法律工作者提出了要求：要“尽快建成覆盖全业务、全时空的法律服务网络”。律师干的，就是人民盼的。推进法治中国建设，律师不是万能的，但没有律师却是万万不能的。我们要走向“一带一路”，为中国企业“走出去”保驾护航；我们更要进学校、进社区、进农村，充分满足人民群众日益增长的法律服务需求。

我们组织律师团，为精准脱贫和新农村建设干实事、作贡献！有句话说得好：“心似莲开，清风自来。”秉持法治信仰，坚守法律信念，我想，这样的律师一定会深受人民群众的信任、尊重和喜爱。

澳门会继续维护宪法和基本法权威

第八届、九届、十届、十一届、十三届、十四届全国政协委员，澳门特别行政区第七届立法会副主席　崔世昌

时间：2020年5月27日
全国政协十三届三次会议
第三场"委员通道"采访活动
地点：人民大会堂新闻发布厅

中新社中新网记者：

去年澳门隆重举行了庆祝澳门回归祖国20周年活动，对于澳门“一国两制”的成功实践，您有什么感想和心声？

崔世昌：

澳门回归祖国20年来，经济社会取得飞跃发展，在“一国两制”实践中取得世界公认的成绩。我想借这个机会，表达作为澳门同胞的心声。澳门特别行政区在2009年顺利完成《维护国家安全法》立法，2018年成立了维护国家安全委员会并由行政长官当主席，这是“一国两制”中体现树立“一国”的很好证明。另一方面，澳门特别行政区政府联同社会各界积极宣传推广宪法和澳门基本法，当下澳门大中小学普遍设有基本法相关内容的教育，宪法和基本法更是被列为大学的必修课，也是公务员培训的重点课程，从而引领宪法、基本法进课堂、进社会、进人心。

澳门回归后，经济持续增长，民生福利得到明显保障。自2008年起，每年澳门居民都享有现金分享，去年每名居民能拿到1万块澳门元。同时，澳门居民深切地认为，澳门的发展离不开祖国的关心和支持。去年，习近平主席出席庆祝澳门回归祖国20周年系列活动，并在期间发表了重要讲话，体现出习近平主席对于澳门经济社会发展的重视，尤其是珠海和澳门加强合作共同开发横琴，这为澳门将来的长远发展留有空间，注入了新动力。

面对未来，我会坚决维护宪法和基本法的权威。澳门的爱国爱澳情怀要保持下去，维护中央对澳门特别行政区的全面管制权，保障澳门特别行政区的高度自治权，运用“一国两制”之利，融入大湾区的发展，尤其是粤港澳大湾区。我相信，澳门将来长久的发展道路，就是“一国两制”在澳门能够继续发展下去，能够取得更好的成绩，拥有更美好的将来。我相信，澳门这朵美丽的莲花会开得更加亮丽、更加迷人。

公益诉讼守望公平正义

第十二届、十三届全国政协委员，国务院参事
甄贞

法制日报全媒体记者：

近年来，检察机关充分发挥职能，开展了保护长江黄河、保护“舌尖上的安全”等公益诉讼工作，办案范围逐步拓展，备受社会关注。在您看来，公益诉讼是怎样解决人民群众关心的痛点难点问题的？

甄　贞：

说起公益诉讼，我想先跟大家分享一个案例。三四年前，郑州有一个公司，未经行政机关批准，在黄河滩区建立了一个主题公园。公园建设过程中，行政机关9次下达行政处罚命令，但是都未能按下终止键。公园建成后，对当地的环境造成了极大的破坏，严重威胁了黄河行洪的安全。检察机关调查取证，及时向行政机关发出诉前检察建议，最终拆除了所有的违章建筑。近年来，检察机关服务长江黄河发展的国家战略，开展“一条长江，共同保护”“携手清四乱，保护母亲河”的专项行动。通过检察建议和挂牌督办案件，办理了一批公益诉讼的案件，与法院和其他行政机关联手，使长江和黄河流域的生态环境得到了极大的改善。

公益诉讼是一种特别的诉讼制度，公共利益是人民的利益，公民个人发现公益受损害的时候，由于缺少专业技能和收集证据的手段，往往很难承担诉讼重任，而检察官作为社会公共利益的代表，更能够替人民行使这样的职权。他们通过检察院，提起公益诉讼，维护了广大人民群众环境保护的安全。

近些年来，在推进公益诉讼的过程中，从顶层设计到具体实践，极大地丰富了我们国家公益检察制度，形成了维护司法公益的中国方案。一纸建议，一剂良方，查办一案，治理一片，使人民群众真正享受到公益保护的获得感。检察官在办理案件的时候，秉持双赢、多赢、共赢的检察理念，始终坚持把诉前实现维护公益目的作为最佳司法选择的方案，面对侵犯公益的难点、痛点问题，他们敢于向前，行使法律赋予的监督职责，聚焦大气、水、土壤污染，打赢蓝天碧水净土保卫战；聚焦食品药品、网络外卖，维护千家万户“舌尖上的安全”；聚焦公共服务，维护消费者权益；运用司法霹雳手段，维护英烈光荣与尊严，真正做到了哪里有人民群众的诉求，哪里就有“检察蓝”。

作为政协委员，我一直关注公益诉讼话题，想用提案推动公益诉讼制度更加完善，行稳致远。在此我更想说，公益诉讼姓“公”，但它不是检察机关一家的事，需要平衡，需要维护，需要统筹社会的力量，做好“国家队”“社会队”的整合，而检察人在这里面更起到担当和向前的作用。公益诉讼离不开所有公众的参与。我们要坚持低碳生活、垃圾分类、绿色出行，对侵犯公益的行为坚决说“不”，打赢保卫公益的人民战争，让我们共享美好生活，共享望得见青山、看得见绿水、留得住记忆的美丽中国。

法律专业人员要把《民法典》讲对讲好

第十三届全国政协委员，浩天律师事务所合伙人会议主席　朱征夫

时间：2021年3月4日
全国政协十三届四次会议
第一场『委员通道』采访活动
地点：人民大会堂新闻发布厅

法治日报全媒体记者：

去年启动的全国政协委员读书活动收到了很好的效果。我们知道您参与了其中的学习《民法典》读书群，请问您认为法律专业机构、专业人员在推动《民法典》更好地走到群众身边，走进群众心里应该发挥怎样的作用？

朱征夫：

《民法典》的实施对于依法治国，建设社会主义法治国家，维护人民群众的合法权益有十分重要的意义。昨天发言人专门介绍了全国政协学习《民法典》读书群。在这个群刚刚成立的时候，就专门安排律师政协委员成立导读小组，和广大委员一起学习《民法典》。群里面讨论的热点话题，像高空抛物的法律责任、离婚的冷静期等等，也都是社会关注的话题，所以我们把群里面的学习成果向社会推送。这个群成立半年来，我们一共通过媒体向社会推送了 36 万字。学习法律就是要让法律的条文从纸面上走出来，走到群众心里，让法律的规定成为法律的意识和法律信仰，这也是我们向社会推送学习成果的原因所在。

宣传《民法典》，法律服务机构、法律专业人员应当争当主力军。专业人员讲《民法典》，一要讲得对，二要讲得好。

首先是要讲得对，律师去讲《民法典》，首先要自己学好《民法典》。这一点司法部、中华全国律师协会高度重视，去年中华全国律师协会还专门发文要求发挥律师的职能作用，各地律师协会也纷纷举办各种培训交流活动，目的就是让我们律师学好学透这部重要的法律。

其次是要讲得好，要让《民法典》走进群众心里，要尽可能用人民群众关心的话题，用他们喜闻乐见的方式来进行讲解。这次春节我们很多律师围绕着孩子的红包应当怎样保管、高铁的霸座行为应当受到什么样的法律处罚进行讲解。在讲解方式上，我们现在也采用公众号、短视频等新媒体的方式。武汉100多名女律师，她们共同制作了50多个短视频来讲解《民法典》，让讲解内容变得更加生动、鲜活，让《民法典》在潜移默化中走进群众的心里。贵州遵义有一位叫向东的律师，他到村里面宣讲《民法典》，附近有一个监狱，他应监狱的请求，把他的宣讲做成视频送到监狱，这样让我们的监狱里面的服刑人员也能够有机会学习《民法典》。

《民法典》的实施是建设法治国家的一件大事，我们律师行业将继续推进《民法典》的学习宣传工作常态化。在此基础上，努力维护《民法典》的正确实施，促进民事法律领域的公平正义。

巡回审判把司法公正送到百姓身边

第十三届、十四届全国政协委员，北京铁路运输中级法院（北京市第四中级人民法院）副院长　李迎新

时间：2022年3月4日
全国政协十三届五次会议
第一场『委员通道』采访活动
地点：人民大会堂新闻发布厅

法治日报全媒体记者：

去年，内蒙古一位女法官身背国徽在草原策马奔腾去办案的视频走红网络，让人们感受到了巡回审判的意义。我们知道您曾多次参与巡回审判工作，在您看来，巡回审判是如何让群众在家门口感受到公平正义的？

李迎新：

通常意义上讲，巡回审判是指为了方便当事人的诉讼，就地立案、就地开庭、当庭调解、当庭结案的一种审判形式，受到了群众的普遍欢迎。

为了让大家进一步了解，我想和你们分享一个我自己审理的案件。这要从一张病床说起。农民工小张不慎在工地摔伤，因为生活困难，而包工头又拒绝赔偿，无奈他诉至了法院。我收到这个案件后，了解到小张已经住院，无法出庭，于是我将巡回法庭搬到了他的病床前。在病房，医生和患者们看到了我们的现场听审，惊讶之余都暗暗地竖起了大拇指。经过近两个小时的释法说理和耐心调解，包工头一改庭前的蛮横态度，不仅当场支付了拖欠的医药费，而且就后续的赔偿金也达成了调解协议。至此，一起侵权责任纠纷案件顺利调解结案。半年后，我收到了小张寄来的一封感谢信。他写道：“刚受伤的时候，我感觉天都要塌下来了，可万万没想到你们来到了我的身边，在病房开庭，替我讨回了公道。现在我康复了，又找到了新的工作，我真的非常感谢党，感谢你们人民法官给了我们全家希望。”

从刚才的这个案例中，大家可以看到，巡回审判就是打破了审判地点、审判形式的限制，打通了服务群众的最后一公里。

近年来媒体曾多次报道过的“马背法庭”“溜索法官”等等，都是巡回审判的一些具体表现形式。法官们背着国徽，带着温暖，踏遍了千山万水，历经风霜雨雪，将法庭设在了田间地头，开进了科创园区，搬到了国境线上，把司法公正的阳光雨露送到了老百姓身边，被大家亲切地称为“百姓身边的法庭”。

近年来，随着时代的发展和互联网技术的运用，巡回审判也在不断创新和发展，出现了“云端法庭”。以我们北京法院为例，2020年北京法院系统在线庭审共计达到28万余次，到了2021年就增长到了48万余次。现在，越来越多的巡回法官不再跋山涉水，诉讼群众足不出户，进一步解锁了司法为民的基因密码，延续了百姓与法官的血脉联系。

我作为一名法官，一直坚信巡回审判不仅仅是一种工作方法，更是一种理念、一种作风。因为在实践中，只要人民群众有需求，我们的法官就会坚守初心和使命，坚持“巡回审判路开，公平正义自来”，让人民群众切实感受到公平正义就在身边。

特殊教育是更具个性化的教育

第十三届全国政协委员，北京市东城区特殊教育学校校长，十九大报告手语翻译　周晔

时间：2018年3月3日
全国政协十三届一次会议
第一场『委员通道』采访活动
地点：人民大会堂一层中央大厅北侧

人民日报记者：

我们经常在电视上看到您用手语翻译新闻节目，我们也知道您的另外一个身份是特殊教育学校的校长，能否请您介绍一下特殊教育的情况，怎么才能让那些有障碍的孩子享受到正常的教育？

周　晔：

因为我们面对的是不同残障类别的孩子，所以我们在教育方法、教育手段上可能都有特殊性，比方说我们在教聋生的时候，可能要借助手语来进行教学，和他沟通；面对智障儿童教育的时候，我们的课程设置还有教学内容、教学手段上就更具有形象化、生活化和多样化的特点。为了更好地去提高智障儿童的生活和交往以及适应社会的能力，老师们都会为每一个智障的儿童制订一个个别化的教育计划。

我们的教学也是不拘泥于课堂，利用生活当中的很多自然的场景进行教学是我们的常态。比方说有一次一个唐氏综合征的小孩儿看到我，然后他就指着我的嘴说“口红”，我知道他肯定会特别想要表达，我就在后来的几天当中逐步地把这个词汇进行拓展，去教他说一句完整的话。有一天他看到我的时候，终于说出了一句特别完整的话，就是：“周校长抹口红真好看。”当他说出这句话的时候，他非常非常兴奋。另外，我们的老师也可以根据家长接送孩子，还有用餐的时间来适时地对这些智障儿童进行生活还有语言表达方面的训练，我觉得这样的一种开放和自然的方式非常适合智障儿童的教育。我们也认为最好的教育应该是最适合的教育。

大家可能看到我的时候更多是在电视屏幕上，也有很多的媒体报道说我是中央广播电视总台 20 多年来从不说话的女主播，大家今天看到了我，我可以讲话，而且能够讲一口非常流利的普通话。今天我非常非常荣幸以全国政协委员这样一个身份站在“委员通道”上，所以我今天可能不能够做两会的手语播报了，但是我特别想用今天这个机会教大家一句手语。我觉得如果大家感兴趣的话，可以多了解一些手语的知识，也便于今后跟聋人朋友沟通，拉近我们与他们之间的距离。这个手语非常好记，也非常形象，就是：“谢谢你。”对，这个好比是我们的头，然后我们再点头示意：“谢谢你。”好，大家可以跟我一起来学，这个动作，非常简单，也非常常用——“谢谢你。”

让更多贫困孩子共享优质教育资源

第十三届、十四届全国政协委员，云南省西双版纳职业技术学院劳动人事科副科长　张敏

时间：2018年3月3日

全国政协十三届一次会议

第一场『委员通道』采访活动

地点：人民大会堂一层中央大厅北侧

中央人民广播电台记者：

您来自基层，从事的又是职业教育的工作，能否和我们简单地分享一下职业教育是如何影响青少年的成长的？对经济社会的发展又有怎样的作用？

张　敏：

我来自美丽的西双版纳，我们版纳少数民族众多，有得天独厚的旅游资源，但因为基础设施建设的薄弱以及劳动力素质整体偏低，所以我们那边贫困的群众也有许多，我所在的勐腊县就是国家级的重点贫困县。

要解决贫困群众的这个问题，那肯定就是要通过职业教育对他们进行智力扶贫和技术扶贫，这是最有效的一个手段。这些年我们州的这些职业学校本着职业教育为区域经济发展服务的宗旨，推进了产教融合、校企合作，积极地深入到了农村，去了解农民需要什么，为服务三农、培养新型的农民，我们作了很多的努力。

云南的普洱茶闻名天下，在我们当地有一个品牌叫“明艳”，这个就是我们职业学校毕业的一个学生，他回到家以后，利用他自己所学到的技术指导家里面的人创办起来的。他们富裕了以后也没有忘记周围的乡亲，然后又带领着附近村寨的村民们一起开办了一个茶农联盟合作社，他们现在社员已经有 1468 户，带动了 12800 多户的茶农共同致富。

国家对我们少数民族贫困地区的教育一直都是非常地关心和关注，我们现在也在开始享受来自内地最优质的教育资源。去年的 10 月，上海松江开放大学的一名老师到我所在的勐腊县职业高级中学进行了对口帮扶。这给我们的收益是非常大的。我们现在全州一共有 116 名建档立卡贫困户的孩子在上海学习。但相对于全国的教育水平来看，少数民族贫困地区的职业教育现在还非常落后和薄弱，我们的师资力量也非常紧缺，所以希望国家能够继续加大对少数民族贫困地区职业教育的关注和扶持，可以让更多的贫困孩子、贫困群众共享优质教育资源，也让职业教育有更大的能力来助力经济的发展，助力脱贫攻坚。

新时代中学生首先应有家国情怀

第十三届、十四届全国政协委员，北京市第四中学校长　马景林

时间：2018年3月10日
全国政协十三届一次会议
第二场『委员通道』采访活动
地点：人民大会堂一层中央大厅北侧

中国教育报记者：

马委员，中学阶段是人成长的关键时期，在您眼中新时代的中学生是什么样的？面向未来他们该具备哪些能力？

马景林：

我是来自教育一线的一名中学校长，对于新时代的中学生该是什么样子，我想谈一点儿自己的认识。除像勤奋诚信、勤劳俭朴、遵规守纪、尊敬师长这样一些基本的要求之外，我想再强调以下几点。

首先应有家国情怀。要有家国天下的情怀、舍我其谁的担当这样的一种社会责任感，有了这样的情怀和社会责任感，个人的发展就获得了不竭的动力。

其次应有健全的人格。有了健全的人格，才能够去积极地面对周边的人和事，才能够从容地去面对得、失、宠、辱，才能够懂得感恩与回报。有了这样的一种健全的人格，将来走向社会也是大有益处的。

第三，要有健康的体魄。要真正地树立健康第一以及终身体育的意识，并且真正地付诸行动，让自己的生命充满活力，为自己的全面发展也打下一个良好的基础。

第四，要正确地处理好课内学习和学有所长的关系。在高质量地完成课内学习的前提之下，要了解一门科学，也要研究一个问题，这不仅对课内学习很有帮助，而且也有可能会成为你未来职业生涯的基点。

第五，应该关注艺术。要学会一点儿艺术的技能，要提升自己审美的水平，通过关注艺术来提升自己的创造力，同时关注艺术的人，他的生活也一定是丰富多彩的。

最后还要关注技术与社会。作为新时代的中学生，应该要很好地去了解关注国内外科学技术进步的成果，而且还要有意识地去了解技术进步与社会进步的关系。要清醒地认识到任何一个国家，任何一个民族，没有技术的进步，就没有跨越式的发展。

我想，要想真正地做到以上这几条，不仅要有学生们的努力，也离不开社会、家庭和我们学校教育的共同合作，我特别希望将来有机会就学生的培养、家庭教育和社会教育这些问题再和大家进行更深层次的交流。

5G时代，更好推广普通话

第十一届、十三届全国政协委员，中央广播电视总台播音指导、总台总编室播音员主持人管理中心副主任、主持人　海霞

时间：2019年3月3日

全国政协十三届二次会议

第一场『委员通道』采访活动

地点：人民大会堂一层中央大厅北侧

人民政协报全媒体记者：

去年全国政协十三届一次会议提出要求，希望政协委员做好新一届政协第一年的履职工作，到今年大会报道时交上一份合格的委员作业。我们知道海霞委员您是一位老政协委员了，能否简单介绍一下您完成这份作业的基本情况呢？

海　霞：

那我就来讲讲我的这个委员作业完成的情况。这些年在做委员调研，还有做记者在新闻采访的过程当中，我发现了一个现象，在我们国家，全国国家通用语言普通话普及率已经接近 75% 的情况下，在西部的一些贫困地区，普通话的普及率并不高。

其实这些地区很多的青壮年农牧民，只要会一点儿普通话，就可以走出大山，走出山村，去学一点儿技术，找到一份工作，然后就能全家脱贫。但他们之所以学不好普通话，讲不好普通话，有一个很重要的原因，就是他们缺少好的语言老师来教他们。怎么样才能让他们拥有陪伴在身边的语言老师呢？

这几年我的委员提案一直在关注推普脱贫这个问题，就是希望通过推广普通话来助力脱贫的工作。提案也得到了多方面的支持和大力的关注，比如说去年我们中央广播电视总台就汇集了我们三大台的优秀播音员、主持人给中小学的语文课本录制了标准普通话的示范诵读。同时，我也邀请了一些专家级的语言老师，来给孩子们录制音频的经典的古诗文，还有好听的故事、童谣等等，把这些音频送给孩子们。我记得去年“六一”的时候，我们和凉山彝族自治州的幼儿园的小朋友一起挥着小国旗唱《国旗国旗真美丽》，和临夏回族自治州东乡族的孩子一起大声地诵读《少年中国说》，在甘南藏族自治州的合作市第四小学，当时全场有1000多个身着各色藏袍的孩子，小学生们和我们一起大声地朗诵《我骄傲，我是中国人》，当时全场都沸腾了。另外，我们也邀请一些贫困地区的孩子到北京来进行语言学习，刚来的时候这些孩子真的非常害羞，低着眼睛，低着头都不敢跟我们对视。但是几天学习以后，他们就发生了很大的变化，挺起了胸膛，而且敢于自信地来自我表达了。我记得那一天我们是带孩子们到清华大学去参观，有一个小同学就主动地来找我聊天儿，他说：“海霞老师，我觉得北京真大、真美，等我长大了，一定要考到北京来上大学，然后回去把我的家乡建得跟北京一样的漂亮。”然后他还给我看了一幅他自己画的画，上面就是他理想中家乡未来的样子，有高铁站，有飞机场，还有很多的高楼大厦。我想，这不仅仅是他的梦想，更是他的志向。有了这样的志向，我相信他和他的小伙伴一定会把家乡建设得非常的美好。

说到这儿，我特别想呼应一下刚才张云勇委员说现在5G时代真的是来临了，近的就从两会报道当中来说，今年我们中央广播电视总台已经在两会的报道当中采用了5G新媒体的技术。未来像这样的高科技在推动我们中央广播电视总台向国际一流的新型主流媒体迈进的同时，我相信也会对我们推广普通话的工作带来非常大的帮助。大家可以设想一下，未来在这种VR的场景下，早晨的时候，我们的播音员、主持人，就可以带着全国各地各民族的孩子一起来早读。晚上，孩子们可以在我们很温馨的晚安故事当中甜美地入梦。尽管远隔万里，但是我们可以和全国各地的孩子面对面地交流、学习，可以一起背唐诗，一起做游戏，等等。我相信有了国家通用语言，有了普通话的普及，各民族的孩子才能像石榴籽一样永远地紧紧抱在一起。我不知道我的这个委员作业完成得怎么样，您满意吗？

将西湖大学建设成世界一流大学

第十三届、十四届全国政协委员，中国科学院院士，西湖大学校长，中国科学技术协会副主席，结构生物学家，中国高等教育学会副会长　施一公

时间：2019年3月3日
全国政协十三届二次会议
第一场『委员通道』采访活动
地点：人民大会堂一层中央大厅北侧

光明日报全媒体记者：

归国十年，您一直在努力做一流的科研，现在您和同人又在努力办一所一流的高校，对此您最深切的体会是什么？另外，我们提出到2035年迈入教育强国行列，您认为未来的中国教育需要从哪些方面发力、突破？

施一公：

如您所言，过去一年，我和我的很多同事正在一起全力以赴创办西湖大学，这是一所社会力量举办、国家重点支持的新型大学。我们的目标：世界一流。大家可能会问：“为什么你们会有这样的底气？”原因非常简单，西湖大学的诞生和发展，是建立在中国高等教育大发展的土壤之上，可以说它就是中国高等教育发展到今天的必然产物。中华人民共和国成立70年来，尤其是过去二三十年，国家长期坚持科教兴国的战略，高等教育迅速地普及，仅仅过去两年，西湖大学就收到了来自世界各地6000多份申请，我们择优聘用了近百位世界级的科学家，其中80%以上是我们中国自己培养，然后输送出去的优秀学子。举两个例子，比如复旦大学毕业，曾经是耶鲁大学终身讲席教授，著名的遗传学家许田。再比如西安交通大学毕业，刚刚在普林斯顿大学做完博士后研究的李小波博士，等等，举不胜举。正是祖国的大发展，正是高等教育的飞跃，才使我们有了这样一批又一批的人才，才使我们可以胸有成竹地去创办一所高起点、小而精、研究型的新型大学。

西湖大学的诞生不仅仅是应时事之变，更是应教育之需。众所周知，中国的科学技术已经取得长足进步，但是根据我很多年的经历以及过去几年调研交流的感觉，我国在基础研究领域与发达国家还有很大的差距，还需要更多的原创性的突破。基本上来讲，我国原创性这方面的研究还不能够完全满足社会经济发展的需求。可以这样说，尖端核心的技术是买不来的，必须也只能靠我们自己去创造。也就是说，我们需要培养更多更优秀的、富有社会责任感的拔尖创新人才。对我而言，这就应该是未来中国教育努力的目标和方向，也是西湖大学创校的根本宗旨，是我们的使命。

我特别想强调一点，刚才我讲的不只是一些科学家、教育家的梦想，实际上是我们所有百姓、大众共同的目标，共同的热切盼望。西湖大学创校两年以来，我们已经收到社会近万人的慷慨捐赠。举一个例子，常年居住在南美洲法属圭亚那的温州华侨周先生辗转 33 个小时，取道巴黎来到杭州，给我们递上了一份当地 33 位华侨华人的捐赠。他非常支持西湖大学，他带来的实际上是当地的华侨华人希望西湖大学助力祖国强大的殷殷期盼。他动情地说：“对我们而言，我们就是离天最近、离祖国最远的华夏炎黄子孙，但是，我们希望祖国强大，科教兴国。”所以在此我特别想代表西湖大学向全社会转达深深的谢意和敬意，谢谢大家。在这儿，我还想最后再说一句话，那就是：只要我们所有的人勠力同心，就一定能够把中国尽早地建成世界高等教育强国，也一定能够助力中华民族实现伟大复兴！

西藏最漂亮的建筑是学校

第十三届全国政协委员，西藏自治区昌都市第一小学藏语文教师　扎西

时间：2019年3月9日
全国政协十三届二次会议
第二场『委员通道』采访活动
地点：人民大会堂一层中央大厅北侧

中央广播电视总台央视记者：

我们知道您是一位新委员，同时又是一名老教师，您从事教育事业已经有将近30个年头了，所以想听您说一说、讲一讲现在的孩子们上学的条件怎么样，这些年学校有哪些变化。

扎　西：

我所任教的这个学校是1990年建成的，当时只有8名教师、108名学生、1栋教学楼。现在，这里已经有了155名教师、2112名学生、3栋大的教学楼。不仅如此，现代化的教学设施设备一应俱全。

国家每年投入大量的资金改善边疆少数民族地区的办学条件，就比如说我们西藏，我们的农牧民子女享受义务教育三包政策，包吃、包住、包学费，还有组团式教育援藏，内地西藏班政策，等等。如今在我们西藏广袤的基层，不管是县城、乡镇还是村庄，最漂亮、最好的建筑是学校。作为一名教育界别的全国政协委员，在今后的工作当中，我将继续实实在在地为西藏的教育事业贡献自己的一份力量！

全民阅读应从学生和娃娃抓起

第十三届、十四届全国政协委员，甘肃省人民政府副省长，九三学社甘肃省委主委，甘肃省残疾人联合会第八届主席团主席　赵金云

时间：2020年5月27日
全国政协十三届三次会议
第三场『委员通道』采访活动
地点：人民大会堂新闻发布厅

中央广播电视总台央视记者：

我相信有很多朋友对《读者》杂志是有一份特殊感情的，因为它陪伴了太多人的成长。现在我们获取信息的途径越来越多，但是能够拿起一本书的时间却变少了，特别是有很多家长也反映，怎么样才能更好地去培养孩子们的阅读习惯呢？想听一听您的建议。

赵金云：

经常会有人讲：“我是看着《读者》长大的，我的人生观、价值观来自《读者》。”的确是这样，《读者》以它清新高雅的格调，赢得了无数人的赞誉，畅销 90 多个国家和地区，发行量连续 20 年保持亚洲第一位。可以说陪伴了几代人的成长。进入新媒体时代，我们每天被大量的娱乐化、碎片化信息包围了，很难再静心去通读一本书。去年我国人均阅读量近 8 本，如果去掉教材教辅，就不到 1 本，远远低于欧美、日韩这些发达国家。习近平总书记去年视察读者集团的时候分享了他读书的故事，讲到他年轻的时候经常读书，现在工作忙了，仍然坚持读书，还叮嘱我们要出更多的优秀作品，建设书香社会。

全民阅读，我认为首先该从学生和娃娃抓起，不是每个孩子生来就爱读书的，是需要培养的。0—6 岁是孩子阅读习惯培养的最佳时期，这个阶段，家长是第一任老师，不能缺席的。阅读的氛围也需要全社会共同去营造。全国政协成立了“网上全国政协书院”，积极打造“书香政协”，要求委员要多读书，读好书。央视也推出了《朗读者》这样一些系列节目，可以说，读书这个冷门的话题再次有了热度。许多家长开始重视亲子阅读，也认识到了读书的重要性。但是有些家长就是做不到，要求孩子读，自己玩手机，这样的家长培养不出爱读书的娃。

学生的课外阅读也需要家长的支持。有些家长认为课外读物都是闲书，没用，会影响学习。其实，学生的课外阅读不仅会提高孩子的逻辑思维能力，也会提高他的理解力、创造力、想象力，还可以提高学习的效率。有这样一个家庭，父母都非常喜欢读书，他们的女儿叫欣然，也深受熏陶。但在小学三年级的时候，迷上了电视剧《西游记》。父亲就切断了电视，递上了一本书。在父母的引导下，欣然发现书中世界如此精彩，从此就越发喜欢读书，每天都坚持五个小时，她的生日礼物也从来只要书。初中的时候，欣然已经饱读了中外名著，获得了多项大赛的大奖，还在《读者》和《读者·校园版》上发表了许多文章，在《读者》上发表文章是十分难的。2017 年，欣然从河南考入了清华大学，大学生活是丰富多彩的，但是她每天还是雷打不动地阅读五小时。自幼养成的博览群书、独立思考的习惯，的确让欣然的学习、生活都受益匪浅。

作为文化企业，读者集团要为线上线下阅读提供更多的优质读物和公共空间，特别是在实体店方面，我们要力争把上海的读者书店、兰州的读者小站这些网红店推广到全国更多的地方去，用我们的品牌影响力去推动阅读。最后我想说，在互联网时代，每天总有刷不完的信息，点不完的赞。希望大家能放慢脚步，放下手机，每天读书半小时，让书籍开启我们的智慧人生。

教育的真谛

第十三届全国政协委员，中国教育学会副会长，江苏省锡中教育集团总校长，上海交通大学教授唐江澎

时间：2021年3月7日
全国政协十三届四次会议
第二场『委员通道』采访活动
地点：人民大会堂新闻发布厅

中国教育电视台记者：

过去一年从停课不停学到全面恢复教学，教育工作者的付出是全社会都看在眼里的，但与此同时，关于教育的一些忧虑也一直困扰着家长们，比如说学生作业的问题，比如说培训机构乱象的问题，等等，究其背后的原因好像还是离不开对分数的追求。所以想请问您，作为校长，您怎么看？您认为教育的真谛究竟是什么？

唐江澎：

开头的第一个题，难度系数就很高，看来校长也要学会做难题啊。有人说，学生一生一次考试——高考，家长一生两次高考，而我们这些高中校长是每年一次高考。所以对您刚才所提到的那些压力和忧虑，我感受很深，思考也很多。是的，学生没有分数就过不了今天的高考，但孩子只有分数，我看恐怕赢不了未来的大考。

一个学校，没有升学率就没有高考竞争力，但是我们的教育只关注升学率，国家恐怕也就没有核心竞争力。分数是重要的，但是分数不是教育的全部内容，更不是教育的根本目标。去年开学高一新生报到，我看了一下，男生自报的身高平均是 1 米 80，女生平均也要 1 米 66。现在的孩子发育很好，长势喜人，我去比了比，一半儿男生都比我高，但是测了一下引体向上，全体男生，能够完成的只有 3.72 个，有 132 个男孩儿一个也拉不上去。高一 893 个学生当中有 774 个戴着眼镜，虽然这个比例已经比上一年下降了 4 个百分点。这些数据，作为校长恐怕应该引起足够的关注，所以我们选择从练俯卧撑开始做起，天天加强锻炼，到元旦，已经千人挑战一分钟 50 个俯卧撑成功。我想，好的教育就应该是培养终身运动者、责任担当者、问题解决者和优雅生活者，给孩子们健全而优秀的人格，赢得未来的幸福，造福国家社会。今年这届高三毕业生，到2049年，也就是第二个百年目标实现的时候，年龄都在四十六七岁。正是人生盛年，家国栋梁。我们注定将生活在我们的学生和学生的学生所创造的未来社会。今天孩子的全面素质就是我们国家未来的整体实力，也就是我们社会的幸福程度。

教育要培根铸魂，启智润心。你刚才问到教育的真谛，我想借用习近平总书记昨天在看望医药卫生界、教育界委员，和我们共商国是时所说的这八个字，我觉得深刻地揭示了教育的使命与价值。在这里我也想和年轻的家长简单地交流两句。我教了40多年高中了，在我看来，让幼儿园的孩子养成整理东西的习惯，远比让他们早识字重要。让孩子多读书，远比让他们做那些阅读理解题重要。上午奥数，下午外语，一周七八个补习班，逼到最后没了兴趣也就没了学习。这两天委员们在审议“十四五”发展规划纲要，教育已经作为一个专章提出来了，它的标题，我看就应该成为我们社会各界的共识。那就是：提高国民素质，促进人的全面发展。

红色江山是用革命先烈的鲜血染红的

第十三届全国政协委员，中央党史和文献研究院原副院长　吴德刚

时间：2021年3月7日
全国政协十三届四次会议
第二场『委员通道』采访活动
地点：人民大会堂新闻发布厅

中央广播电视总台央视记者：

今年是中国共产党成立100周年，现在全党上下都在开展党史学习教育，我知道您一直在从事党史研究工作，所以想请您谈谈学习党史的意义是什么。另外，您对如何发扬革命精神，特别是在青少年中开展革命传统教育有哪些建议呢？

吴德刚：

今年是中国共产党成立100周年。100年来，在中国共产党的领导下，中国人民迎来了站起来、富起来到强起来的伟大飞跃，谱写了近代以来中华民族最可歌可泣的历史篇章，创造了人类进步史上的奇迹。党中央在两个一百年交汇的关键时间节点，决定在全党开展党史学习教育，就是为了更好地总结历史经验，把握历史规律，不断增强我们前进的力量和勇气，进而把我们的党建设得更加强大，带领各族人民把我们的国家建设得更加美好。

一个国家、一个民族，不能没有灵魂，一个政党一刻也离不开精神的滋养。100年来，中国共产党带领中国人民不但创造了伟大的物质文明，更铸就了中国共产党人的革命精神。从井冈山精神、长征精神、延安精神、抗美援朝精神，到新时代的伟大抗疫精神和脱贫攻坚精神，都展现了共产党人的伟大品格。过去几年，中央党史和文献研究院研究梳理了中国共产党人在不同的革命时期、不同的地区和不同的领域形成的各种革命精神，总共有91种，我们还要继续研究和梳理。我们深刻地体会到，革命精神是我们党的宝贵财富，大家耳熟能详的焦裕禄精神、王杰精神、雷锋精神、铁人精神，都是我们不断前行的动力！刚才许启金委员的讲述中，体现了新时代的大国工匠精神和劳模精神。

习近平总书记说：“不忘初心，方得始终。”我们学习党的历史，就是要不断地发扬革命精神。党的革命精神，党的历史，就是共产党人的精神家园，每一个共产党员都要用心、用情，去守护我们的精神家园，用生命捍卫我们的精神家园。作为党史工作人，我们要讲好中国共产党的故事，讲好中国人民的故事，讲好革命英模的故事，讲好领袖的故事。要让千千万万的共产党人深刻地认识中国共产党的伟大成绩来之不易，我们走过的道路艰难曲折。我们更要让千千万万的青少年知道我们的红色江山来之不易，红色江山是用革命先烈的鲜血染红的；我们的幸福生活来之不易，是千千万万的革命先烈用生命换来的。

我回想起第一次“大革命”失败后，有数万共产党人惨遭杀害。红军二万五千里长征，有近 30 万将士献出了宝贵的生命。一场惨烈的“湘江战役”，86000 名中央红军仅剩 3 万余人。即便是和平年代刚刚完成的脱贫攻坚的伟大攻坚战，仍有 1800 多名党的好儿女献出了宝贵的生命。这些沉甸甸的数据昭示我们，要奋斗就会有牺牲。1945 年毛泽东同志在党的七大政治报告中说：“成千成万的先烈，为着人民的利益，在我们的前头英勇地牺牲了，让我们高举起他们的旗帜，踏着他们的血迹前进吧。”我想毛泽东同志的这段话也是对我们当下中国共产党人的谆谆教诲和殷切希望。

支教干部给南疆孩子带来希望和梦想

时间：2021年3月10日
全国政协十三届四次会议
第三场『委员通道』采访活动
地点：人民大会堂新闻发布厅

第十三届全国政协委员，新疆师范大学副校长
古丽帕丽·阿不都拉

中国网记者：

我们关注到为了提升南疆的基础教育水平，2016年开始，新疆选派了大批的干部到南疆的农村开展支教工作，我们想知道如今那里的孩子们怎么样了。对于孩子们的变化，我们也想听听您的感受。

古丽帕丽·阿不都拉：

我们常说百年大计，教育为本。我从事教育工作近40年，对新疆教育事业发生的翻天覆地的变化感受很深。尤其是近几年，新疆的基础教育得到了快速发展，新疆全区学前三年毛入园率和覆盖率得到了快速的明显的提升。取得这样好的成绩，得益于党的好政策，得益于一批批教育工作者的不懈努力。从2016年起，自治区选派干部到南疆支教，让孩子们从小接受到良好的学前教育，对提高新疆基础教育水平发挥了非常重要的作用。

我身边有很多支教干部，今天和大家一起分享一个小故事。在阿克苏地区的阿瓦提县的英艾日克镇的帕万拉村，小阿布让支教干部夏老师很是头疼。因为小阿布经常撕同学的书，在班里和同学打架。夏老师拿他毫无办法，后来通过家访了解到小阿布从小和他的奶奶生活在一起，妈妈早逝，父亲也外出打工，很长时间才回家一次。父母爱的缺失让小阿布想通过恶作剧引起老师对他更多的关注。夏老师了解到这个情况之后，就用更多的时间去关注、帮助、关心小阿布的学习和生活，在班里也给他更多的表现机会。很快，小阿布就成为夏老师的小助手。他在班里最爱唱的就是“幼儿园就是我的家，我的老师像妈妈”，在他的眼里夏老师就是他的小妈妈。

在新疆，有一大批像夏老师一样默默无闻的支教干部，正是他们无私的奉献，在孩子们的心里播下了爱的种子，给他们带来了希望与梦想，快乐与幸福。我和支教干部们聊天的时候，他们挂在嘴边最多的一句话就是：

爱可以改变一切。正是因为有爱，孩子们脸上的笑容才那样灿烂和阳光，也正是因为有爱，新疆的基础教育才会焕发出勃勃生机。这一切的改变就是全体支教老师幸福感的来源和教育的意义所在。作为一名教育工作者，我愿意与大家一道把爱传递下去！

每一位眼里有光的孩子都是好孩子

第十三届全国政协委员，北京市第十二中学校长李有毅

时间：2022年3月4日
全国政协十三届五次会议
第一场『委员通道』采访活动
地点：人民大会堂新闻发布厅

中国教育电视台记者：

要说现在教育领域最火最受大家关注的词莫过于“双减”。您作为一位有着40多年从教经验的教师、校长，“双减”之后您看到了哪些改变？又是如何看待这些改变的？

李有毅：

确实如您所说，“双减”这个词很热。作为一名从教40多年的老师，除了1978年恢复高考，从来没有感受到哪一项改革如此受关注。而越是这样，我越深感它的重要和它背后深刻的社会变迁。

在我教师生涯的前半程，一直以为学知识学校就是主渠道，可渐渐地我发现，课堂上老师还没讲，学生就已经知道答案了。如果按照正常的逻辑，倒也不难理解。互联网进入了我们的生活，知识获得的渠道多了。然而真相就像大家看到的，超前培训，机械刷题，学生放学后不是上培训班，就是在去培训班的路上，为此我们很担心。尤其随着科学技术的飞速发展，我认为新时代的青少年仅仅获取知识已远远不够了，更要保持好奇心，学会独立思考，学会解决问题，才能担负起时代的重任。

我想“双减”的实施就是推动教育回归本质，让学生有时间、有动力全面发展，把我们基础教育引向培养德才兼备的创新人才的正确轨道。“双减”后，校园里很多变化正在悄悄地发生。我们总校的一组调查数据显示，学生人均图书借阅量由不足两本增加到五本，体测优秀率增长近10%，视力不良率下降8.63%，超重率下降1.81%。学生笑声多了，腰板直了，脚下有根了，自主时间多了，学习效率高了。所以在这儿我也想跟经常询问如何给学生补课的家长说，看到这些数据应该可以放心了。这比过去上辅导班对学生一生的发展受益多得多。

“双减”减去的是不必要的、机械的、重复的学业负担，而个性、创造、责任、梦想和爱不会减。“双减”不是突击战，我们的老师、家长和社会要拧成一股绳，共同帮助我们学生去开发自己、成就自己。

最后，我想和同学们说，每一个心中有爱、眼里有光的孩子，都是好孩子。“双减”给了你成为独特而优秀的自己的沃土，要珍惜这大好的机会，不负新时代。要在滋养底气和灵气中崇尚真理，在涵养正气与雅气中修身齐家，在韬养大气与和气中海纳百川，在蓄养志气与勇气中自强不息。

职业教育要横向融通纵向畅通

第十二届、十三届全国政协委员，民进中央委员，上海市人民政府参事，长三角教育发展研究院院长　胡卫

时间：2022年3月7日
全国政协十三届五次会议
第二场『委员通道』采访活动
地点：人民大会堂新闻发布厅

人民日报海外版记者：

近年来，职业教育的重要性越发凸显，但依然有学生家长认为职业教育是“失败者的教育”。您从事教育工作多年，在您看来如何让职业教育真正扬眉吐气？

胡　卫：

今年，世界技能大赛、世界技能博览会将齐聚上海，职业教育将迎来难得的发展契机。然而，大有可为的职业教育为什么“想说爱你不容易”？原因在于职业教育被长期污名化，被认为是“失败者的教育”，尤其是中考以后的普职分流，被认为是按照成绩所进行的普职分层，引发的焦虑加剧了应试竞争，影响了“双减”目标的落实。

上世纪 90 年代初，我到日本出差，商店里边很难找到一件像样的中国制造商品。今天你到任何国家，看到的几乎都是中国制造。中国崛起，大国工匠，支撑中国制造，创造中国品牌。因此，必须要有与之相匹配的职业教育。

高质量的职业教育必须要摆脱狭窄于技术和技术上狭窄的困境，既要教做人，也要教做事；既要学文化，也要学技术。让我们学生既有学头，又有盼头，还有奔头。我所工作的上海中华职业教育社的创始人黄炎培认为，职业教育就是让人能够求知和求能，进而安居乐业，敬业乐群，并且能够有所创造发明，造福于社会和人类。

挺起职业教育的脊梁，当务之急，就是要破除体制障碍。一是横向要融通，实现职业教育、普通教育、专业教育的横向贯通，为学生的发展搭建平台。二是纵向要畅通，要打通断头路，畅通职业的升学渠道。特别是要以我们的能力和实操作为导向，来建立职教高考制度，并使它成为我们职业本科、职业专科招生的主渠道。正像刚刚的记者说到的，这个制度的建设，我想也不排除普通高校，像清华大学、上海交通大学这样的名校，对技术技能专业，也可以通过职教高考来遴选优秀学生。此外，要提高职业教育的地位，很重要的就是要使职教毕业生在就业、在落户、在薪酬待遇等方面，能够享受和普通学校毕业生同等的待遇，以此来扭转对职业教育的认知，缓解家长的焦虑。

今天，不断学习，不断地使我们能够更新知识和技能，砥砺我们的意志和品质，将伴随人的一生。所以，职业教育将会成为终身教育、学校教育的重要组成部分，并为学生的终身幸福奠定基础。正像有人说的，既要有眼前的苟且，还要有诗和远方。我们要唱响劳动光荣、技能宝贵、创造伟大的主旋律，让我们的技能人才和大国工匠能够备受尊崇，让三百六十行能够人才辈出、星光璀璨。

中国共产党历史展览馆是孩子们的红色打卡地

第十四届全国政协委员，中国共产党历史展览馆党委书记、馆长　吴向东

时间：2023年3月4日
全国政协十四届一次会议
第一场『委员通道』采访活动

地点：人民大会堂新闻发布厅

人民日报记者：

我们党历来重视对青少年的党史教育，中国共产党历史展览馆作为学习传承党的光辉历史的重要载体，为青少年提供了哪些好的体验？未来还会有哪些举措引导广大青少年学习党史？

吴向东：

党的历史是最生动、最有说服力的教科书。中国共产党历史展览馆第一次全方位、全过程、全景式地展现了党的波澜壮阔的百年奋斗历史，展示了党的不懈奋斗史、不怕牺牲史、为民造福史、自身建设史和理论探索史，在首都北京矗立起了一座红色新地标。

从 2021 年 6 月 18 日正式开馆以来，我们接待了社会观众 150 多万人次，社会团组 5000 多个，其中五分之一都是青少年。孩子们走进中国共产党历史展览馆的展厅，都会主动来到英烈的展板前学习、致敬。特别是每当讲解员深情讲述赵一曼烈士在就义前写给儿子的诀别信：“宁儿，我最亲爱的孩子啊，母亲不用千言万语来教育你，就用实行来教育你，在你长大成人之后，希望不要忘记你的母亲是为国而牺牲的。”大家听了，无不为之动容，深深地感动，久久地驻足，被革命先烈的崇高品德和浩然正气所感染、所打动，深切感受到红色江山来之不易。许多青少年在参观中国共产党历史展览馆之后，都纷纷写下留言，表达了“请党放心，强国有我”的青春誓言。

中国共产党历史展览馆作为权威系统的“红色教科书”、鲜活立体的“红色基因库”、精彩纷呈的“红色大课堂”，让前来参观的孩子们感到有形、有神、有趣，成为学党史、悟思想、立志向的重要阵地，很好地发挥了筑牢红色记忆、传承红色基因、赓续红色血脉的重要作用。

建成中国共产党历史展览馆，郑重写入了党的二十大报告，这为我们做好工作提出了更高的要求。

下一步，我们要紧紧围绕实现党在新时代、新征程的使命任务，着力引导青少年感党恩、听党话、跟党走，准备从三个方面下功夫，吸引越来越多的孩子走进红色展馆，放大红色效能：

一是要把看展览和思政课结合起来。运用好各种展览元素、文物实物，鲜活生动地、用心用情地讲好党的故事，讲好革命先辈的故事、英雄模范的故事、新时代的故事，引导孩子们在看展览的时候加深对课堂所学的历史课、语文课、思政课这些知识的理解，把红色资源融入教学实践，把红色的基因融入孩子的血脉，让思政课活起来，更好地发挥立德树人的重要作用。

二是要以有意思的形式赋予有意义的内涵，要坚持守正创新，用好新技术、新手段打造沉浸式的体验项目，提高看展览的参与性、互动性，还要开通网上展馆，用好孩子们喜闻乐见的方式，增强参观展览的吸引力、感染力。只有入眼入耳才能入脑入心，在潜移默化中增强青少年对党的认识和感情，厚植爱党、爱国、爱社会主义的情感。

三是要以仪式感来增强使命感。我们要在中国共产党历史展览馆举办入党、入团、入队的仪式，让孩子们参加，在庄严神圣的殿堂里理解共产党人的奋斗和奉献，感受新时代的自豪与荣光，感悟新征程的梦想与追求，引导他们扣好人生的第一粒扣子，做新时代奋发有为的青少年，让红色薪火代代相传。

读书的意义

第十四届全国政协委员，中华全国妇女联合会副主席（兼），历史学家，中央民族大学历史文化学院教授、博士生导师　蒙曼

时间：2023年3月4日
全国政协十四届一次会议
第一场『委员通道』采访活动
地点：人民大会堂新闻发布厅

中国网记者：

去年首届全民阅读大会成功举办，全面展现了我国书香社会建设以及全面阅读推进取得的丰硕成果，您认为如何更好地形成全民阅读的浓厚氛围？您有什么建议？

蒙　曼：

其实这几年我一直在担任中华全国妇女联合会的亲子阅读推广大使，也是我们北京阅读季的金牌推广人，我就把我在推广阅读中遇到的几个问题跟您分享一下吧。

比方说，有学生就问我，说："现在我们的大数据、云计算、人工智能都日新月异了，我还怎么读书啊？"我说："越是科学发展、技术进步，就越要重视读书。因为读书不光是给你知识，还能帮你感受春花秋月，帮你判断善恶是非。"文天祥为什么能够做出"人生自古谁无死，留取丹心照汗青"的抉择呀？那是因为他一直在追问自己：读圣贤书所学何事？那他读到了什么呀？他读到了"孔曰成仁，孟曰取义，惟其义尽，所以仁至"。他学到了取义成仁的道理，其实这就是读书的意义。它可以让你的情感更加丰富，也可以让你的价值观更加坚定。

还有人问我，说："我现在没时间看书，我听书算不算读书啊？"我说："算哪，在人类的童年时代，那史诗不都是口耳相传的吗。只要建立起人跟书之间的联系，那就是读书。"不过话又说回来，我觉得在所有的阅读方式之中，还是看书最有效果。为什么呢？因为中国的方块字自带情感，自带含义。比方说，咱们在开政协的会，政协的"协"字怎么写呀？那不是三个力吗？其实就是三柄木叉在翻土，就是好多人一块儿劳动，引申开来就是团结合作。现在政协也是这样的，我们把各族各界都团结在一起，心往一处想，劲儿往一处使，共同致力于我们祖国的繁荣富强，这就是“协”。所以这也就是看书才能看出来的意义。

还有人问我说：“我读来读去，有的时候坚持不下去，而且也不知道读得对不对，怎么办呢？”我说：“您可以加强交流，我们古人不是讲切、磋、琢、磨吗？在家可以参与我们的亲子阅读，跟孩子交流；在单位可以参加专业阅读，跟同行交流；在社会可以参加各种各样的主题活动，跟书友交流。”比方说，我们政协现在就有一个非常非常棒的读书平台，我已经加入了，就等着跟大家切、磋、琢、磨了。还是古人说得好：“独学而无友，则孤陋而寡闻。”有砥砺前行的书友，读书就可以越读越有兴趣，也越读越有收效。

总结一下，怎么样形成全民阅读的浓厚氛围呢？我觉得，首先就在心里解决“我要读书”的问题，然后就以自己觉得最合适的方式读起来，在阅读中结交朋友，也在阅读中带动他人。我们国家现在一直在大力推动全民阅读，我们的阅读产品也越来越丰富，我相信有这样的动力和基础，再有我们耕读传家、诗礼传家这样的好传统，有我们每个人的参与和推动，我们一定能够形成爱读书、读好书、善读书的浓厚氛围，我们中国人的精神一定会更丰盈，中华民族的伟大复兴也一定会有更深厚的基础和更强大的动力。

现在已经是春天了，古人说得多好啊：“读书之乐乐何如，绿满窗前草不除。”希望我们的向学之心和春草一样蓬勃生长，更行，更远，还生。

职业教育既能顶天又能立地

第十二届、十三届、十四届全国政协委员，中华职业教育社副理事长，民建中央常委　苏华

时间：2023年3月7日

全国政协十四届一次会议

第二场『委员通道』采访活动

地点：人民大会堂新闻发布厅

中国教育电视台记者：

我们都知道职业教育与经济社会的发展紧密相连，在现实中，对于职业教育与普通教育如何协调发展的问题，家长和社会都非常关注，您认为如何才能更好地发展职业教育，让职业教育在助力经济社会高质量发展当中发挥更大的作用呢？

苏　华：

职业教育与经济社会发展紧密相连，对促进就业创业、增进人民福祉具有重要意义。

职业教育一头连着百姓、千家万户，一头连着国计民生，发展职业教育，就是要让接受职业教育的人能充分地实现个人的财产增长和价值提升。所以要推进职普融通、产教融合、科教融汇，优化职业教育类型定位。要完善职教高考，扩大职教本科规模。据教育部公布，2021 年全国高职招生 556.72 万人，其中职教本科招生 4.14 万人。按照相关文件要求，职教本科招生的规模要稳步扩大，即将打破技能人才成长的天花板，让职教学生升学有道、就业有门、创业有方。

和大家分享两个例子。有一个学生叫刘旭中，他毕业于黄继光故乡的四川省中江职业中专学校，通过职教高考考上本科，读的计算机专业，毕业后，在一家人工智能公司工作，还获得了专利，发展得很好。我去年到四川的一个乡村振兴示范村高槐村调研，看到一批经过职业培训、掌握实用技术的返乡创业人才，成为农村致富的带头人，把电子商务、文化艺术、乡村旅游这些产业搞得像模像样，不仅增加了村民的收入，还吸引越来越多的外出打工者返乡创业。可以说，职教一人，致富一家，带动一方。

新中国的职业教育已走过 70 多年发展历程，从过去的“两弹一星”到今天的载人航天，从通信物流到餐饮旅游，哪一个行业也离不开职业教育培养的人才。

去年在世界技能大赛上，我国技能健儿捷报频传。一名“00后”小伙，刮腻子刮成了世界冠军，引起了大家关注，所以说，职业教育既能顶天，又能立地。

工匠精神是职业教育的灵魂。杂交水稻之父袁隆平、大国工匠高凤林、最美快递员汪勇，他们用实际行动诠释了执着专注、精益求精、一丝不苟、追求卓越的工匠精神。

我们要让职业教育培养的人才，既有水平，又有文凭，能有多元、立交桥式发展路径和出彩的人生。职业教育前景广阔，大有可为，我们要以高质量的职业教育助推经济社会高质量发展。

全科医生是居民的健康顾问

第十三届、十四届全国政协委员，时任北京市丰台区方庄社区卫生服务中心主任，现任首都医科大学全科医学与继续教育学院党委副书记、院长　吴浩

时间：2018年3月3日
全国政协十三届一次会议
第一场『委员通道』采访活动
地点：人民大会堂一层中央大厅北侧

新京报记者：

您是北京的社区卫生工作者，在北京有很多的大医院、名医生，像咱们这样的社区医生对普通百姓的医疗健康究竟能够起到什么作用呢？此外目前基层的医疗状况是怎么样的？

吴 浩：

有一天我在楼梯里见到一个老人，他见到我就说：“你叫吴浩，我在电视里见过你，你们这个中心搞得真好。”我就问他：“您来看病的？”他说：“不，我是带着我的女儿来看她的全科医生。”我就好奇地问他：“您多大了？”他说：“我 85 岁了，我的女儿 60 多岁。”去年年底，有一次调研会上，一个老人就非常兴奋地告诉我，自从去年 4 月 8 号北京市的医改以后，原来可能大医院的有些药品在社区拿不到，现在药品都统一了，他说：“我是最早一批和你们家庭医生签约的，我的血压、血糖管得都非常好，因为药品的问题，原来我每个月要去大医院两次，现在再也不用去了，它真是太方便了。”

我要告诉大家，其实现在在基层还有很多的问题，比方说人才的缺失等等，老百姓在基层就诊的相对的比较少，还有基层的医生能力的问题。

国务院出台了一个关于改革和完善全科医生培养与使用激励机制的文件，当很多的基层医生和全科医疗的同人得知我是一位全国政协委员，就说：“这次你在大会上一定要去呼吁尽快地让各地落实这个文件，让我们在基层的和全科医学的这帮同人们有干劲，有奔头。”

随着我们的人口老龄化，慢病越来越多，而基层社区卫生服务中心方便全科医学在于它的连续和健康的管理，这是两大优势。我们一定要知道，幸福美好的生活始于健康，在这里我要强调一句，社区医务人员的春天就是我们健康的春天。

医患关系应该是信任和救护的关系

第十一届、十二届、十三届全国政协委员，首都医科大学宣武医院神经外科主任医师　凌锋

时间：2018年3月10日
全国政协十三届一次会议
第二场『委员通道』采访活动
地点：人民大会堂一层中央大厅北侧

中央人民广播电台记者：

我们知道您在过去两届政协一直在大声疾呼要保障正常的医院的工作秩序，同时您也说特别重要的是要保障医患双方的安全，最终医闹入刑，现在您怎么看医患关系？这到底是一种什么样的关系呢？

凌　锋：

实际上医患之间应该并不是一个纯粹的供需关系，患者到医院里来是求医，不是来买医，这里面是寄托着他的信任和期望，所以医生在这里能做的事情，就是救死扶伤，这是医生的天职。

我当神经外科医生已经 45 年了，我治疗的病人无数。我们经常像在跟死神拔河，有的时候稍微一不留神，一条生命就会从手中滑去，所以每天的工作就如履薄冰，如临深渊。病人信任你，他才会以性命相托，那你当时必定要全力以赴，但是我们也要认识到，人体是一个特别复杂的系统，像个小宇宙，有很多的事情，我们并没有了解，医学也不能解决所有的问题，有的时候医生尽了全力，但是病人又确实没有达到预期的效果，其实在这个时候最痛心的是医生。

最近我们要出一本书叫《用心》，里面记录的是一群医生成长的心路，我们在讨论这些病例的时候，有一些医生谈到他们曾经的失误，泪流满面，那种痛彻心扉的感觉是常人难以想象的。所以在这种情况下，除医生要尽心尽力以外，也希望全社会能够理性地看待医疗的过程，共同维护好医患关系。医患关系应该是信任和救护的关系，而且这就是最纯粹、最神圣的关系。

我的老师刘承基教授给我题过一幅字叫“怀大爱心，做小事情”，我一直谨记于心。去年我们成立了中国志愿者组织，当时就有 500 多名医生报名，近 3 个月，我们走遍了 14 个国家级贫困县，做了近万人次的义诊，给农村小到 10 天的新生儿、大到 95 岁的老人做了手术，挽救了他们的生命，这就说明广大的医生真的是心怀大爱心，踏踏实实做小事情，他们是值得社会尊重和信任的。

积极应对老龄化

第十一届、十三届全国政协委员，国家老年医学中心主任　王建业

时间：2018年3月10日
全国政协十三届一次会议
第二场『委员通道』采访活动
地点：人民大会堂一层中央大厅北侧

团结报团结网记者：

我国现在已经进入了老龄化社会，越来越多老年人面临病痛的困扰，请您从自身的从医经历出发来谈一谈如何让老年人健康养老，安度晚年。

王建业：

我们在日常的临床工作中经常会遇到一些老年人，自己认为身体多处都不舒服，比如说有人由于甲状腺的老化导致功能的减退，这样的老年人就不愿意吃东西，不愿意对外交往，也不愿意活动。其实这只是器官的老化、功能的减退，只要补一点点甲状腺素，就可以正常了。

我经常讲不要把衰老当病治，很多问题都是由于增龄引起的器官的改变和功能的减退。我希望广大的老年朋友们能够和老龄化抗争，这就是我们讲的主动健康，积极应对老龄化。

根据目前的统计，我们国家的老年人已经超过了2.4亿。在健康中国战略里面，已经非常重视这个问题了。李克强总理在本次政府工作报告中，很多篇幅讲到了主动地、积极地应对老龄化的问题。

北京医院作为国家队，作为国家老年医学中心，已经在国家科学技术部、国家卫生健康委员会的指导下制定了积极应对老龄化的许多措施，比如说启动衰老与抗衰老的研究，比如说要制定我们国家老年人的正常的生理指标。另外，更重视的是慢病的管理和健康管理。我们医院同时也成立了公益性的老年健康大学，希望广大的老年人更多地了解健康知识以及如何应对老龄化带来的问题。

中国是全球卫生治理领导者之一

第十三届、十四届全国政协委员，世界卫生组织荣誉总干事　陈冯富珍

时间：2019年3月3日

全国政协十三届二次会议

第一场『委员通道』采访活动

地点：人民大会堂一层中央大厅北侧

中国日报记者：

您曾经担任过世界卫生组织总干事，对传染病的防控十分熟悉，请问近年来中国在参与全球传染病防控方面做了哪些工作？未来和“一带一路”沿线国家会有哪方面的合作？

陈冯富珍：

你的问题很重要，而且也是很严肃的问题。现在经济、人流、物流都是在全球化这个时代。这就是说，传染病它的传播也很快，所以，我在世界卫生组织当总干事的时候，就呼吁每一个国家、每一个地区要应对这些突发的传染病，要保障老百姓的健康。

应对这些突发的重大病，例如“非典”，例如禽流感，还有非洲的埃博拉，都需要国家，都需要每一个地区建立自己的能力、自己的系统，就是防控的能力与系统。在这方面，咱们国家现在确实是引领全球。为什么我这样说呢？因为咱们这个国家两支应急医疗队都是世界卫生组织第一批批准的，经过认证，从某种意义上来说，就是承认他们的水平已经是世界一流了。

当然，咱们国家在过去，也展现了大国的担当，尤其是在全球卫生安全这方面做了大量的工作。我在世界卫生组织的时候呢，还跟中国签了一个“‘一带一路’备忘录”，这个备忘录就是推动“一带一路”沿线国家国际卫生合作，构建人类命运共同体，为全世界的老百姓做件好事。

更好完善公共卫生体系

第十三届、十四届全国政协委员，中国工程院副院长，呼吸病学与危重症医学专家　王辰

时间：2020年5月21日
全国政协十三届三次会议
第一场『委员通道』采访活动
地点：人民大会堂新闻发布厅

人民日报记者：

我们知道，在今年2月疫情最严峻的时刻，您赴武汉一线参加抗疫。您认为，中国抗击疫情为什么能取得显著成效？经过这次疫情，您对于完善公共卫生体系还有什么建议？

王　辰：

我由衷地认为，这首先是我们文化的一个胜利，在中国的文化中，真正地尊重人民的健康和生命，这样一种深刻的文化观念，这样一种价值观，体现在整个抗疫行动中。无论从人民万众一心尊重和维护生命的行动，领导人果断的决策，还是医务界专业的行动，都深刻地体现了尊重生命和健康的文化。中华文化中这样一种团结一心、共克时艰的文化，也是在凝聚人心，在我们应对重大疫情中发挥了至关重要的作用。

另外一点，就是我们的体制。我们国家这样的体制，决定了在遇到重大困难、重大挑战的时候，我们能够万众一心，共克时艰。而且这种万众一心，是在我们体制里面能够凝聚所有人的思想，能够凝聚资源，能够调动各方面力量，组织最强有力的力量来面对严峻挑战。再有，医务人员专业的行动和高尚的职业精神。这些年来，医务界锻炼出来的为人民服务的精神、对人民健康的深刻尊重，在真正要展现他们精神和水准的时候，得到了充分的、淋漓尽致的体现。

还有一点，就是我们的国力。中国的国力，自新中国成立以来，尤其是改革开放以来，已经有了长足的进步。这次我们国家的国力也得到了充分的体现。无论是在生产链的完备上，还是在整个调动各方面的资源上，都体现了我们这样一个大国的国力。因此，这些年所凝聚出来的国力，在这次的抗疫中也发挥了深刻的重大的作用。我想，我们在前线是能够非常真切地体会到文化的力量、体制的力量和国力的力量，为这次能够取得抗疫的重大胜利奠定了坚实的基础，是这次抗疫能够取得胜利的重要原因。

下一步，我们要更好地考虑，在这场大疫之后怎么能够更好地完备完善我们的公共卫生体制。我想有这样几个方面是至关重要的。

首先，在医学教育方面，要进一步加强。我们必须有一个真正的吸引优秀人才来从医的机制，而且要有个良好的教育体制来培养这些人。另外，在这些人未来的职业中，能够发挥好作用，调动他们的积极性。这也就是说，要想搞好医学教育，重要的是能够灿烂其职业前景，严格其培养过程，这是医学教育要加强的重要方面。

再有一点是关于医学研究。21世纪是生命科学的世纪，生命科学的核心，坦率说就是医学。因为医学关乎民生福祉，医学关乎经济发展，医学也直接关乎社会安全。这在这次大疫中，都得到了深刻的验证和体现。21世纪，在医学的研究上，我们国家一定要从构建国家医学科技创新体系上有更深刻的考虑，而且要有非常重大的现实行动。我想，应当是构建一个能够引领统筹整个国家医学研究大格局的国家级医学研究机构。

另外，设立一个国家级的医学、健康、科学基金，也是至关重要的。

还有一点，大家都在讲，如何加强公共卫生体系建设，其中一个很重要的点，就是要注重医防结合。“医”和“防”两条线，过去是我们在专业体制上的一个特点，在今后，我们特别要注意，要促进医防的融合，只有医防融合起来，才能更加有力地应对重大挑战，发挥它的作用。

呼吁全民学习心肺复苏技术

第十三届、十四届全国政协委员，中国心胸血管麻醉学会常务副会长兼法人秘书长　敖虎山

时间：2021年3月4日
全国政协十三届四次会议
第一场『委员通道』采访活动
地点：人民大会堂新闻发布厅

中央广播电视总台央视记者：

三年前正是在“委员通道”上您提到了生命急救设施的问题，我们当时知道了 AED 是心肺复苏的救命神器，但同时也知道它在全国的公共场所配置率还比较低，我们想请问三年的时间过去了，这种情况有所改善吗？我们的全国政协委员，又做了哪些相关的工作呢？

敖虎山：

我记得 2018 年也委托大家帮助我们宣传。三年来，在广大委员和社会各界的共同推动下，我们取得了非常喜人的进步。2018 年以前，深圳只有 500 台 AED 配置，当时大家担心配置了 AED 之后的责任问题，抵制 AED 配置。2018 年“委员通道”发言之后，我们的学员告诉我，深圳立刻配置了 500 台，后来三年来已经配置了 5000 台。而且抢救成功了 23 例病人，23 个家庭啊。未来五年到十年将达到每 10 万人 300 台的国际标准的配置。杭州以立法的形式在公共场所配置了 AED，环保部每个楼层配置了 AED。北京市政府工作报告提出 AED 公众场所全覆盖，北京市地铁最近配了 100 多台，在这里特别为北京市地铁点赞：你们是好样的！

普及心肺复苏和 AED 配置正在成为我们社会的共识。教育部最近发文，把心肺复苏纳入学生的健康教育课程。公安部发文，与中国心胸血管麻醉学会联合在公安干警中进行心肺复苏技术普及。根据国家心血管病中心和中国医学科学院阜外医院的统计，我国有 3.3 亿的心血管病病人，每四个人里面就有一个心血管病病人，猝死的威胁不断地增加，我国每分钟有一到两个人出现院外心跳骤停。而心肺复苏的黄金抢救窗口期只有 4—6 分钟，超过 6 分钟，大脑不可逆死亡，抢救的可能性微乎其微。大家也发现，猝死的人越来越年轻。最近某中学 11 岁的中学生在上体育课的时候突发心跳骤停，身边没有人会心肺复苏，失去了幼小的宝贵的生命，痛惜痛哉！

2015年，我带领我们的“心手相连　点亮生命”心肺复苏普及公益团队，在全国进行心肺复苏普及。五年来我们累计培训了100多万人。疫情期间我们开启了线上模式。大家知道，心跳骤停以后，第一目击者是最关键的施救者。所以，第一目击者学习心肺复苏技术非常关键。

五年过去了，我们的形势依然很严峻。我们的心肺复苏普及率不到1%，发达国家达到60%，我们仍然有10亿人需要心肺复苏普及。这是与每个家庭和每个人都息息相关的技术，它不单是一个急救技术，也代表了我们国家社会的文明程度和公民的责任感。

党的十九届五中全会提出，把保障人民健康放在优先发展的战略位置，本次新冠疫情让我们也体会到急救体系建设的重要性。我再次在此通道呼吁我们全民学习心肺复苏技术，政府要出台政策，促进AED的配置，我也呼吁把1月20日“120”设立为国家急救日，从国家文化和民族意识的层面去关注急救，我为人人，互助互救，提升全民族的应急响应能力，为实现健康中国、百年复兴贡献力量。只有健康，我们才能享受美好生活啊。

人人参与就是积极的老龄观

第十三届全国政协委员，河南省人民医院老年医学科科主任，民盟河南省委副主委　黄改荣

时间：2022年3月7日
全国政协十三届五次会议
第二场『委员通道』采访活动
地点：人民大会堂新闻发布厅

中央广播电视总台央视记者：

我们知道目前我国60岁及以上老年人已经达到2.67亿，积极应对人口老龄化已经上升成为国家战略。作为一名常年与老年病人打交道的医务工作者，您有什么建议给老年人吗？在您看来，什么样的老龄观是积极的老龄观？

黄改荣：

正如你所说，目前我国老龄化的步伐在不断地加快，养老已经成为我们许多人的刚需，也成为全社会关注的热点话题。

我作为一名老年医学科的医生，30多年来，在日常工作中也一直很关注老年人这个群体。我发现他们平时最关心的莫过于两件事，一是健康，二是幸福。

这里说的健康，不是不得病，而是生了病之后，能够尽快地得到控制和康复。再加上平时积极的老年慢病管理，能够使身体的各个器官保持良好的功能状态。比如，能听得清、看得见，能够出门买菜做饭，能够照顾自己等等。那老年人关心的幸福是什么呢？在我看来离不开三种状态——有乐趣、被需要、不掉队。

在这里我想给你们分享一个我身边的故事，他是我的前辈，一位93岁高龄的皮肤科专家。现在，每个工作日他都会准时地出现在诊室，一天要接诊几十位患者，还要带领五六个实习生学习。工作之余，他还要在公众号上宣讲科普知识。院领导关心他，让他少接诊，多注意身体。他却说，出诊才开心，开心才健康，衰老不可怕，精神是马达。

不仅是他，你看看钟南山院士，84岁的时候还忙碌在武汉的抗疫一线；艺术家田华今年也93岁高龄了，还参加了地方台的春晚。这都说明了什么呢？这正说明了我们老年人身上有着丰富的知识和资源，在许多方面依然具有优势。他们是文化传承和推动社会进步的重要力量。

所以，不论是要健康还是要幸福，我觉得老年人自身要有乐观的心态，要积极地参与社会活动。而社会也应该积极地看待老年人，创造条件，帮助他们实现老有所为。在大家的共同参与和努力下，没病痛、不孤独、有乐趣的老年生活一定是幸福的。

目前，国家正在采取一系列措施，为老年人的幸福生活持续发力。你看，积极应对人口老龄化已经成为国家战略，医养结合在不断地加快。全国的医疗卫生健康服务已经延伸到了社区和家庭，社会的适老化改造也正在有序地推进。你一定会感受到社区里的老年活动场所增加了，为老年人服务的内容更丰富了。老年人看个病、出个门儿，越来越方便了。所以，怎样的老龄观才算积极的呢？我认为，人人参与就是积极的老龄观。

发现一个早癌，挽救一条生命

第十三届、十四届全国政协委员，中国医学科学院肿瘤医院内镜科主任　王贵齐

时间：2022年3月7日
全国政协十三届五次会议
第二场『委员通道』采访活动
地点：人民大会堂新闻发布厅

光明日报记者：

癌症对于老百姓来说是个可怕的字眼，也是目前威胁我国人民健康的一种主要疾病，很多人一经发现就已经是晚期了。如何有效实现对癌症的早预防、早发现？您有怎样的建议？

王贵齐：

我们做癌症治疗的医生，应该说最不想看到的就是那个“晚”字，最想跟大家说的就是这个“早”字。

我 1986 年毕业，就在肿瘤专科医院从事肿瘤外科专业，那时候我们遇到的肿瘤患者，几乎都是中晚期。我们花上几个小时甚至十几个小时完成一台手术，单从手术看很成功，病灶也都切除了。但是给患者的身体造成较大的创伤，患者生活质量也很差。这样的结果，让我们这些外科医生感到很沮丧。造成这种现象的主要原因就是进行早期筛查的人太少了。即便到现在，我们大多数人还是直到出现发烧、吃不下饭、胃口总是不舒服这些症状才到医院就诊。恶性肿瘤一旦出现这些明显的症状，就几乎都是中晚期了。

那么恶性肿瘤早期的症状到底是什么？恶性肿瘤早期的唯一症状是没症状，没有典型的症状。因此在我们自认为很健康的时候，要有针对性地进行肿瘤的筛查，早诊是非常必要的。实事求是地讲，虽然科技在不断进步，但我们对肿瘤的病因还是知之甚少。不过，在与肿瘤的常年较量中，我们也发现了一个规律：肿瘤不是一天就长出来了，从来就没有突然发生的肿瘤。肿瘤的发生和发展是一个多阶段缓慢的过程。像我们国家高发的食管癌、胃癌、结直肠癌，它的发生和发展大都是从正常到癌前病变，再到早期癌，最后才发展到有临床症状的中晚期肿瘤。这个过程一般需要

10—15 年的时间。

值得欣慰的是，我国的筛查早诊技术已达世界先进水平。我们能够发现早期癌和癌前病变，再通过超级微创技术，在保全人体器官和生活质量情况下，治疗甚至治愈这些疾病。我们到底如何去做预防，去做筛查，去做早诊？实际来说，我们不需要到医院，更不需要看医生做检查。通过远离烟酒、适当的活动、合理的膳食、规律的起居、健康的生态，就可以预防三分之一恶性肿瘤的发生。再者，如果有肿瘤危险因素和高危的人群，这时候无论有没有症状，到了 50 岁，都要主动地做筛查、做早诊、做胃肠镜，避免晚期肿瘤的发生。

20 多年前，我跟随老一代专家在食管癌、胃癌、结肠癌高发区，启动了农村癌症筛查早诊工作。从此，我也从一个肿瘤外科医生转行从事肿瘤筛查早诊、内镜微创治疗，并尽我最大所能，努力践行“发现一个早癌、挽救一条生命、幸福一个家庭”的使命和担当。

党的十八大以来，在国家公共卫生重大专项支持下，在社会各界共同努力下，农村癌症筛查早诊项目现已覆盖全国 31 个省市自治区、782 个县区，项目至今累计发现肿瘤患者 21.55 万人，发现早期病变共计 9.57 万例。大量的基层医务人员经过培训后，癌症筛查早诊能力得到较大的提升，能够做到早诊不漏诊。

人民至上、生命至上，为了避免那个“晚”字的发生，我们全社会一定要一起努力，围绕这个“早”字，做好我们每个人的努力和担当。我们有信心持续推进农村癌症筛查早诊工作高质量发展，不仅实现农村主要恶性肿瘤早诊率、五年生存率双上升的目标，也一定会实现农村主要恶性肿瘤发病率和死亡率的双下降，最终摘掉我国食管癌、胃癌世界第一高发国家的帽子。

让基层医疗体系更加有弹性有韧性

第十四届全国政协委员，国家传染病医学中心（上海）主任，复旦大学附属华山医院感染科主任　张文宏

时间：2023年3月4日
全国政协十四届一次会议
第一场『委员通道』采访活动
地点：人民大会堂新闻发布厅

中央广播电视总台央广记者：

疫情三年来您最大的体会是什么？面向未来，关于守护人民生命健康安全，您怎么看？

张文宏：

过去的三年，大家其实在疫情当中都比较辛苦，特别是今天我们能够站在这里，还有戴斌委员前面讲，有这么多人出去旅游了，作为医务工作者，我内心是非常激动的。今天在这里谈谈我过去三年的一些想法，疫情给我们造成一些危害，主要的一点是尽力让人民群众生命安全和身体健康得到保障。

党中央因时因势数次调整防疫政策，这是关键，使得我们避开了几拨致病率非常强、致死率很高的疫情的流行。这是我们这一次走出疫情很关键的一点。

我在这里借这个机会，感谢过去三年人民群众在这里面作出的重大贡献，特别是大家对我们医务工作者的理解，很多人都说我们很辛苦，但是取得走出疫情的成功，很重要的一点是大家共同努力的结果。

在春节之前的那一个月，疫情非常紧张，作为医务工作者，我们承受的压力非常大，应该说是前所未有。这个时候，我和我的团队，以及我们上海的很多专家，纷纷到疫情最薄弱的地方，我们到了 247 个社区卫生中心，大家分批去看，到底能不能践行人民至上、生命至上，能不能落地。我和这边的社区医生一起努力工作，我们基层社区卫生中心的这些医生承担了非常巨大的抗击疫情的工作，他们是我们走出疫情的非常关键的一个力量。

在这里我要给大家讲，我们上海有个郊区叫青浦区，以前是青浦县，那一天我到朱家角巡诊，这个地方医疗力量非常薄弱，整个区也没有三级医院，所以我进去看到底行不行。社区医生陪我一起进去，陪着我一起进去的那个社区医生叫张飞，名字听上去很勇猛，但是我很担心我们到底能不能承受得住疫情。一进重症病房，一个阿姨叫住我，她好快乐，马上要好了。她说：“张医生我认识你。”我以前没有来过这里，怎么她认识我呢？我问他们的医生，张飞医生告诉我，她在元旦前照顾她母亲，她 70 岁，母亲 90 岁，她照顾她母亲，自己“阳”了，呼吸困难，到医院来一拍大白肺，按道理应该马上转三级医院了，但是转院的时间节点已经过了，只能就地治疗。就地治疗，怎么办？马上跟我们三级医院专家组进行联系，我们几次都是在线上给她进行会诊，到最后她醒过来，线上会诊都看得见，她认识我，所以这次非常激动。后来呢，经过几次会诊，她好了，就在除夕夜的前一天出院了。我听到这个事情，就坚定了我们要去加快建设社区卫生医疗体系的信心，因为有千千万万在这里一起工作的社区卫生工作者、像张飞医生这样的工作者，通过给他们赋能，他们迅速地动员起来，还有千千万万的人民群众对身边的这些医生都很信任，最终我们在一起，携手走出疫情。

所以这件事情给我非常足的信心，我们只要落实、强化基层卫生体系建设，把社区的力量动员起来，就可以使千千万万在疫情当中的危重症病人在非常早期、在关键的时间节点，得到很好的治疗，阻止疾病进展。

现在进入了疫情舒缓的阶段，这个阶段也是我们国家继续强化基层卫生体系的一个非常好的时间节点。这次疫情以来，我们积累了很多的经验，我们的体制机制，在处理疫情方面经验丰富，也有更多的手段和对策。未来我们要打造一个平急转换、张弛有道、三网联合的体系，特别是三级医院跟基层卫生医院，既可以给它赋能，又能够发挥相互作用的分级、分层、分流这样一个联系的体系。

这样一来，我们整个社区基层的医疗卫生体系就会很有弹性，又很有韧性。如果再有疫情，我们是一个广泛的医疗救治的网络体系，上下联动，有弹性，有韧性。这样，不仅仅是这次走出疫情，对于未来有可能存在的公共卫生挑战，我们就有信心。疫情来了，我们就挡得住，而且在抗击疫情的过程当中，我们的生活还可以保持很从容。我相信我们国家也已经在准备做这方面的一些体系的加固，使我们整个的基层卫生体系更加有韧性。我想未来一定会更加美好。

让恶性肿瘤成为在家门口医院诊治的慢性病

第十四届全国政协委员，广东省人民医院肿瘤医院院长，广东省人民医院肺内三科科主任　周清

时间：2023年3月11日
全国政协十四届一次会议
第三场『委员通道』采访活动
地点：人民大会堂新闻发布厅

中央广播电视总台国广记者：

现在恶性肿瘤已经成为我国居民的主要健康威胁之一，不少患者会到大城市去求医问诊。如何既让患者减轻求医问诊的负担，又让他们享受到优质的医疗资源？您作为来自一线的医务工作者，有什么样的思考和实践可以分享给我们？

周　清：

是的，我是一名从事肺癌诊治工作的临床医生，一提到“癌症”两个字，老百姓都会为之色变。如果确诊了癌症，大家第一时间想到的就是赶紧去大城市大医院看病。而事实上，让恶性肿瘤成为在家门口医院诊治的慢性病，这已经成为现实。

前些天就在我们医院的5G互联网医院线上图文问诊平台，我又见到了三年前我曾经诊治过的一个老患者，是来自河北省一个县城的张奶奶。张奶奶今年八十多岁了，三年前张奶奶确诊了肺癌晚期，当时全家都非常恐慌。她的孙女李女士，为了给奶奶看病，就千里迢迢地把她带到了广州，并且在广州租了房子。她们做好了在广州与癌症长期抗战的准备。经过三个多月的治疗后，张奶奶的病情稳定了，并且在这个过程当中，随着对肺癌认识的加深，李女士意识到，其实奶奶的治疗方案是完全可以在她家乡的基层医院实现的。所以，李女士就非常有信心地把奶奶带回了家乡继续治疗。到如今，三年多已经过去了，张奶奶的病情仍然稳定，我们也经常通过线上的5G互联网医院保持联系。上个月张奶奶刚刚过了八十大寿，四代同堂，其乐融融，天伦之乐。这是一个真实的故事，也是众多的异地求医患者苦与乐的缩影。

恶性肿瘤确实是一个严重危害人民健康的大病。按照数据显示，我国农村每年新发恶性肿瘤的数量占到全国每年新发恶性肿瘤数量的40%。也就是说，基层肿瘤防治的需求是非常巨大的。随着科学的进步，恶性肿瘤患者的生存期显著延长，已经成为需要长期治疗的慢性病。党和国家高度重视人民群众的身体健康，已经发布了一系列重要文件，落实分级诊疗制度，推进规范化抗肿瘤诊疗。国家卫生健康委员会也启动了“千县工程”，就是为了加速推进县域肿瘤中心的建设，普及早诊早筛，实现恶性肿瘤的规范化、标准化、同质化治疗。

就拿我在前段时间调研中了解到的四川省的一个县级人民医院举例。这个县级医院已经具备了相当齐全的恶性肿瘤多学科综合诊治的人员、设备以及技术实力，完全可以实现一站式的筛查、诊断、治疗、随访以及健康管理。我相信，在未来随着规范化分级诊疗制度的进一步推进，随着“千县工程”的进一步落地，我们一定会在更大范围内实现让恶性肿瘤成为在家门口医院诊治的慢性病。

无论演什么角色，生活中都应做好人

第十三届、十四届全国政协委员，中国文艺志愿者协会第三届副主席，国家一级演员　张凯丽

时间：2018年3月3日
全国政协十三届一次会议
第一场『委员通道』采访活动

地点：人民大会堂一层中央大厅北侧

光明日报融媒体记者：

将近30年过去了，您所塑造的刘慧芳的形象仍然还是人们心目中的典型的平凡好人，也有很多人以她为榜样来做一个好人，那您认为今天我们的文艺工作者应该怎么样在弘扬社会正能量、引领社会风尚方面发挥作用呢？

张凯丽：

这个问题非常好，我可以有感而发。我从艺已经30多年了，在跟观众的互动当中，我的体会是，我的人生观、价值观以及行为准则的形成，既有组织上多年来的培养教育，更离不开观众这么多年的支持和鼓励。

在这里我想给大家讲一个小故事。有一次我坐在出租车上，司机师傅跟我聊天。他说到他的奶奶80多岁了，长期卧病在床，几乎什么都不记得了，但是她就记得慧芳，只要说起慧芳，她的眼睛就发亮，她就会说：“那可是个好人哪。”听到这儿我就特别感动，我说：“你把电话给奶奶打过去，我要跟她说话。”当电话那头的奶奶一再确认，我就是凯丽、就是慧芳的时候，她哭了，她当时半天说不出话。最后她断断续续地说：“我太幸福了，我没想到我这辈子还能跟慧芳说话，我就是闭上眼都值了。”

这些年碰到这样的事情非常多。观众朋友在要求我签名的时候，几乎都会说：“你一定要写上祝好人一生平安。”由此可以说，做一个好人始终是我们这个社会绝大多数人的追求。而作为一个演员更应该身体力行，因为演员职业的特殊性，我们的一言一行、一举一动，或好或坏，或正面或负面，都可能会对人产生深刻的影响。在这里我想跟大家分享一句我最喜欢的名言：人心向善，福虽未至，祸已远离；人心向恶，祸虽未至，福已远离。所以我想跟我们每一个文艺工作者说：我们无论在舞台上演什么样的角色，生活中都应该努力做一个好人，一个有善心也有善行的人，一个时刻充满正能量的人。只有这样，观众才会支持你，才会对你不离不弃。你在舞台上，他们给你喝彩鼓掌；你在台下，他们会给你爱戴和牵挂。而这个时候作为演员是最幸福的。

用经典作品构建人类命运共同体

第十一届、十二届、十三届、十四届全国政协委员，民盟中央专职副主席，中国美术馆馆长　吴为山

时间：2018年3月10日

全国政协十三届一次会议

第二场『委员通道』采访活动

地点：人民大会堂一层中央大厅北侧

人民日报海外版记者：

我们知道在3月4日习近平总书记出席的政协小组讨论上，您提出要用经典作品构建人类命运共同体，您认为中华优秀传统文化将如何为构建人类命运共同体发挥作用？

吴为山：

3月4日下午，习近平总书记来到民盟、致公党、无党派人士、侨联的联组会上。总书记到了会上以后，首先表示是来看望大家的，一股暖流在我们委员心中升起，感觉到党的关怀，感觉到总书记对委员们的信任。总书记在谈话当中，强调"四个自信"，说到底是要坚定文化自信。我也有幸向总书记作汇报，我的发言题目是《用经典作品构建人类命运共同体》。大家知道，总书记强调构建人类命运共同体，这在全世界引起广泛的关注和高度的评价。构建人类命运共同体最根本的是心的相通，而经典作品，特别是中华优秀传统文化、中国当代文化还有中国独具特色的革命文化，在世界上还是非常受欢迎的。

经典作品，它里面所包含的一个国家民族、一个时代的精神是显而易见的。我们中国美术馆在举办国际展览过程当中，曾经把300多件传统的和当代的作品在墨西哥的博物馆展览。墨西哥有150多位志愿者穿着唐装，用西班牙语向世界讲述中国美术的故事，讲述中国的故事。巴西把中国的孔子像立到了广场上，并且把广场命名为"中国广场"。当打开地图的时候去查阅，去查找，你会看到一个让你动心的名字，那就是中国广场，在南美美丽的库里蒂巴。南京大屠杀的主题雕塑，在俄罗斯、在以色列、在韩国都有耸立，同时韩国把它作为教科书，说明中国人民的灾难，也是世界人民的灾难。我们构建人类命运的共同体就是要找到我们共同的精神情感，找到我们共同追求的人类和平发展的理想。

故宫文物医院——全世界第一所文物修复医院

第十三届全国政协委员，故宫博物院原副院长宋纪蓉

时间：2019年3月3日
全国政协十三届二次会议
第一场“委员通道”采访活动
地点：人民大会堂一层中央大厅北侧

中国网记者：

春节刚过，我们知道故宫举办的“紫禁城里过大年”非常火爆，一票难求，您刚才说您是故宫文物保护医院的院长，那么在这么火爆的背景下，故宫怎么样开展文物保护工作？做了哪些事情？

宋纪蓉：

我们这一次“紫禁城里过大年”的展览，确实一票难求，我在这里要向没有抢到票的朋友们说一声抱歉。我们的展览还在继续，要到 4 月 7 日才撤展，欢迎大家去参观。“紫禁城里过大年”的展览，是我们有史以来拿出藏品最多的一次，将近 1000 件藏品，而且许多藏品是第一次提出库房。我在故宫博物院里工作，我也从来没见过这些藏品。这些藏品走出库房以后，要被送到故宫文物医院，我们的文物医生妙手回春，让这些精美的文物展现在了观众的面前。

说起我们故宫文物医院，实际上它是在 2016 年年底挂牌的，是在故宫博物院的文物修复厂和文保科技部的基础上建起来的一个现代化的全中国、全世界第一所文物医院，是值得我们中国人骄傲的一件事情。故宫文物医院里现在有 23 个分析检测室、16 个文物修复工作室，有 161 位文物医生在那里面工作。每一件走进文物医院的文物，我们首先要建文物修复档案，文物医生们要用现在的分析仪器设备对它们的伤况、对它们的病害以及它们的材质进行科学的分析检测。在这个基础上，我们制定出最小干预的文物保护方案。文物医生们给它们采取的可能是保守疗法；也可能是小修，做小手术；也可能是做大手术。在文物医生的精心保护下，它们能够更好地展示在观众的面前。

大家都知道故宫博物院是中国最大的一座博物馆。它收藏有 186 万件

（套）之多的文物，需要几代文物医生来修复完成，才能够更多地展现在观众面前。在我们全中国，还有许许多多的文物处在一种自生自灭的状态。我们需要更多的文物医院，需要更多的文物医生。就像大家知道的，上个世纪初北京建成了协和医院，100 多年来在全中国建成了许许多多的医院，有了许许多多的医生，治病救人，让我们能够延年益寿。我们的文物医院，我们的文物医生，就是要让我们中国五千年的文化载体——文物和文化遗产延年益寿。

更紧迫的一个任务是我们的文物保护修复人才的培养。下一步我们故宫博物院，将和一些高校联合起来，要建中国第一所文物医学院。它就是为我们培养更多实用型的、符合文物保护修复需要的人才，也就是我们所说的文物医生。我想经过几代人的努力，我们中国的文化遗产能够得到更好的保护，这就是我们的心愿！

用优秀的新疆文艺作品回馈祖国和人民

第十三届、十四届全国政协委员，中国文学艺术界联合会副主席，中国舞蹈家协会副主席，新疆维吾尔自治区文学艺术界联合会兼职副主席　迪丽娜尔·阿布拉

时间：2019年3月9日
全国政协十三届二次会议
第二场『委员通道』采访活动
地点：人民大会堂一层中央大厅北侧

中新社中新网记者：

作为一名新疆的舞蹈家、一位文艺工作者，能否讲一讲您在家乡新疆演出的故事？另外，在民族地区的发展团结方面，作为少数民族的文艺工作者能发挥怎样的作用？

迪丽娜尔·阿布拉：

我的艺术人生扎根在祖国美丽的新疆。我们的中国梦“文化进万家”“送欢乐下基层”等演出活动，在新疆火热开展，文艺工作者带着喜闻乐见的优秀的作品到人民中去，为他们送去文化精神食粮。通过我们的文艺演出，能够让老百姓感受到党和国家的关心、关怀和帮助。

有一次我们到阿克苏一个村文化大院，在室外舞台演出。当时零下 9 度，天气寒冷，演出下午 1 点才开始。当时很多的村民为了观看演出，早晨 6 点就到大院里占好位置。过了不久，大院里人山人海。演出开始了，我们的文艺工作者邀请了村民们和我们一起跳起来，唱起来，场面非常激动人心，非常亲切。村民们看到我们穿着短袖和纱裙在为他们表演时，把他们的棉衣和披肩都脱下来给我们穿上。我还记得，在大院栏杆外，有一对老大妈和老大爷手里推着一个轮椅，上面坐着瘫痪的孙子，来观看我们的演出。我们看到他们没有进到大院里，就问：“为什么不进来看呢？”老大妈说：“没有位置啦，我们在这儿能看到你们就可以了，就很高兴了。”当时我们心里特别感动，看到老百姓那么地渴望着文艺的那种精神，深深地打动了我们文艺工作者。

人民需要文艺，文艺也需要人民。今后我们文艺工作者要更多地到基层，到老百姓身边，为他们服务、向他们学习，从他们身上汲取营养，再创作出更多的符合新时代的优秀作品，来回馈人民和伟大的祖国。朋友们，我们新疆是个瓜果飘香，山美、水美、人更美，四季旅游资源非常丰富的地方，欢迎各位媒体朋友和全国各族朋友到我们新疆来做客。

推动小篮球运动发展

第十二届、十三届全国政协委员，亚洲篮球联合会主席，中国篮球协会主席　姚明

时间：2019年3月9日
全国政协十三届二次会议
第二场『委员通道』采访活动
地点：人民大会堂一层中央大厅北侧

澎湃新闻记者：

您去年的提案是希望推动一项小篮球发展计划，在过去一段时间，我们除看到中国男女篮在赛场上的风采之外，还看到很多6岁到12岁的小朋友在小篮球赛场上玩得也很起劲儿，您今年的关注点是什么？

姚　明：

篮球在过去的一年中，在大家的关心和支持下，得到了一些成长，我相信大家都看到了，但是我们的工作还远远不够。在去年的提案中，我们提出了小篮球的计划，希望推广小篮球，让更多的青少年朋友参与到这个运动中，我们相信小篮球会给大家带来一种不一样的体验，不仅是一种乐趣，不仅仅是一种游戏，它更重要的是让年轻人、青少年朋友们在成长过程中可以到集体的球类运动中，去体会团队的运作、团队的合作、个人的努力、挫折中的成长等一系列人格方面的培养。在这里，我们非常感谢教育部的相关部门、国家体育总局的相关部门给我们的大力支持，使我们这个项目可以顺利推出。在过去的一年中，10万个6岁到12岁的孩子注册了小篮球运动员。我相信，在注册之外参与活动的还会更多，我们希望这个数字可以统计得更加精确，给大家一些更加详细的解释。

刚才你也提到了国家男女篮的成绩，今年我们的任务都非常重，都需要拿到奥运会资格，但是千里之行始于足下，这也是为什么我们需要在青少年活动中更多地去开展小篮球运动，使我们未来的国家队的基础打得更加牢固。我相信一件事情需要日复一日、月复一月、年复一年地追踪，使它落实、做牢，使它产生长远的影响，所以我的精力也肯定是放在这一部分。

文艺工作者要感受老百姓的酸甜苦辣

第九届、十届、十一届、十二届、十三届全国政协委员，民革中央副主席，中国文学艺术界联合会副主席，中国曲艺家协会主席　冯巩

时间：2019年3月9日
　　　全国政协十三届二次会议
　　　第二场『委员通道』采访活动
地点：人民大会堂一层中央大厅北侧

人民日报人民网记者：

3月4日，习近平总书记看望参加政协会议的文艺界和社科界的委员，作了非常重要的讲话。您对总书记的重要讲话有什么样的感想，对于您今后的文艺志愿服务工作以及艺术创作会产生怎样的影响？

冯　巩：

习近平总书记的重要讲话，让我们倍感振奋、深受鼓舞，催人奋进。这是对新时代中国文艺创新发展的殷殷嘱托，让我们广大文艺工作者更加清醒地看到所肩负的使命和责任。

我是中国文艺志愿者协会的主席，我们文艺志愿者是中国志愿服务事业的重要组成部分，近年来我们广泛开展了“送欢乐下基层”、“我们的中国梦——文化进万家”、文艺支教、文艺扶贫等活动，不断地深入到工厂、农村、社区、学校和少数民族地区。

去年冬天我们还去了内蒙古自治区的科尔沁草原，看到了当地的农牧民群众，他们人均两只羊、一头牛，他们是赶着牦牛奔小康，基本上都全面脱贫摘帽了。但是在物质脱贫的同时，他们更渴望文化脱贫。那天我们在村里演出，室外温度是零下20度，室内也就是四五度，在不到300平方米的会议室坐了400多位农牧民群众，他们穿着节日的盛装，唱着原生态的《敖包相会》，跳起了欢乐的筷子舞为我们助兴。我们顿时感到，哎呀，这屋里很暖和。

还有，在海上丝绸之路起点之一的福建省福清市硋灶村，我们一进村，当地的村民用车鼓舞夹道欢迎我们，后来我们才知道车鼓舞有700多年的历史。我们看到了中华传统文化的基因在那里有很好的延续和传承。我们还去过深圳福田的益田社区演出。演出过程当中突然下起了大雨，但是没有一个观众退场。在雨中，他们用笑声、掌声、欢呼声表达了对文化的渴望和尊重。我们去年还去了广州仲恺农业工程学院，跟学生们联欢。几千个大学生用传统诗词跟我们互动，让我们看到了广大青年朋友们不忘本来、吸收外来、面向未来的追梦情怀。

每一次深入基层，我们都深切地感到人民需要艺术，艺术也需要人民。我们文艺工作者只有不断地深入生活、扎根人民，感受老百姓的酸甜苦辣和喜怒哀乐，才能创作出接地气、传得快、留得下的精品力作，才能不辜负新时代人民对美好生活的期望。

文化扶贫让村民变了

第十三届全国政协委员，新疆维吾尔自治区艺术剧院歌剧团演员，国家一级演员　玉克赛克·西加艾提

时间：2020年5月24日
全国政协十三届三次会议
第二场『委员通道』采访活动
地点：人民大会堂新闻发布厅

中央广播电视总台央视记者：

您不仅是一名著名的文艺工作者，同时也是一名驻村干部。请问，您认为在帮助少数民族地区稳定脱贫的过程中，文化扶贫起到什么样的作用呢？

玉克赛克·西加艾提：

我从2018年暂别舞台，来到阿克苏地区阿瓦提县英艾日克镇苏亚依迪村驻村，今年已经是第三年了。

文化扶贫是精神的扶贫，我们在这个村里的第一件事情就是建了一个农民文艺队，这个农民文艺队里有汉族、维吾尔族、蒙古族、藏族、回族，他们特别和谐和睦，特别团结。这个文艺队里有20多人。

我来到村子里认识了一个叫阿力木江的小伙子，他有手艺，会木工。我看小伙子长得很帅，个子也很高，就对他说：“你也参加这个农民文艺队吧。”他说：“玉老师，我是一个农民，是一个木工，怎么能参加文艺队呢？”我说：“试一试吧。”把他送到我们文化艺术学校免费培训了一个月。他回来以后，在村里面演出，演出的效果非常好。

阿力木江的进步特别快，他的爱人碰到我说：“玉老师，我们阿力木江现在变了一个人，他以前不管家里的事情，现在帮我做家务，早晨把孩子送到幼儿园，晚上接回来，有时候还做饭。”她特别高兴。因为阿力木江有手艺，我给认识的人打电话，给他联系木工活儿，他的收入提高了。他的爱人碰到我，还说他们家里想搞一个裁缝店，我跟村干部商量以后，带着三四个村干部去他家，在他们家院子里腾出了一个房子，把裁缝店搞起来了，他们两个的收入都提高了。这就是文化的力量。

最后跟大家再说一件很重要的事情，村民的感恩之心特别强，他们总说非常感谢党和政府，没有党和政府，就没有现在的幸福生活。我的工作目标就是五个字——为人民服务。

用文艺作品讲好
乡村振兴故事

第十二届、十三届全国政协委员，中国美术家协会主席　范迪安

时间：2021年3月4日

全国政协十三届四次会议

第一场“委员通道”采访活动

地点：人民大会堂新闻发布厅

新华社记者：

今年2月25日，习近平总书记在全国脱贫攻坚总结表彰大会上庄严宣告我国脱贫攻坚战取得了全面胜利。请问您，在决战脱贫攻坚过程中，文艺界发挥了怎样的作用？下一步乡村振兴，文艺工作者又将如何助力？

范迪安：

中国文艺从来就有为天地立心、为生民立命的传统。优秀的文艺作品，具有培根铸魂、凝聚精神力量的重要作用。习近平总书记指出，脱贫攻坚不仅要做得好，而且要讲得好。我理解这个“讲”，就包括了用文艺作品讲好脱贫攻坚极为丰富和感人的故事。

这些年来，广大文艺工作者坚持以人民为中心的艺术方向，积极深入生活，走向脱贫攻坚的各个战场。在那里感受真人真事，抒发真情怀，创作了大批反映脱贫攻坚的文艺作品，在全社会产生了强烈的思想和情感共鸣。人民群众也特别喜欢写真事、讲真话、显真情的富有艺术魅力的文艺作品。但是脱贫攻坚的精神还要进一步发扬光大，特别是数百万扶贫干部倾心奉献、苦干实干的光荣事迹，亿万中国农民团结奋斗、建设家园的精神风貌，都需要用文艺作品更深入地去表现，使脱贫攻坚的伟大精神更加深入人心，也使反映这个主题的文艺作品能够成为新时代中国文艺的传世之作。

文运与国运相牵，文脉同国脉相连。在脱贫攻坚战取得全面胜利之后，我国进入了全面实施乡村振兴战略的阶段。文化振兴是乡村振兴的重要一环。在这方面，广大文艺工作者也就有了更广阔的施展才华的天地。以我所在的美术界来说，就能够发挥多方面的作用，特别是助力乡村文明的建设。例如，深入研究乡土文脉，保护好乡村的历史风貌，特别是要保护好那些具有珍贵价值的古村落、古民居。广大乡村拥有非常丰富的民族工艺传统和非物质文化遗产，我们要使这些遗产得以活化，助力乡村文化产业的振兴，也留住乡村。

绿水青山中的美丽乡村，更是人们憧憬的地方。因此在乡村环境的建设中，要加强美的设计和营造，使美丽乡村成为人们向往的美好家园，也成为美丽中国建设画卷中的亮点。在乡村振兴这个新任务面前，广大文艺工作者要更加脚踏实地，去努力表现乡村振兴中的各种感人的事迹，去描绘乡村振兴的新作为、新气象，讴歌时代精神、中国精神，为乡村振兴作出积极的贡献。

德艺双馨就是“清清白白做人、认认真真做事”

第十三届、十四届全国政协委员，北京人民艺术剧院院长，北京戏剧家协会理事会主席　冯远征

时间：2022年3月4日
全国政协十三届五次会议
第一场『委员通道』采访活动
地点：人民大会堂新闻发布厅

新华社记者：

我们都知道您在影视剧中塑造了很多的经典形象，有的还被网友做成了动图和表情包广为传播。您认为年轻演员应该怎样才能更快成长？怎么培养更多新时代的文艺人才？

冯远征：

你提的这个问题让我想起了去年我参加中国文学艺术界联合会第十一次全国代表大会，在会上，我看到了许多年轻的面孔，让我非常振奋。中国进入了新时代，中国的文艺同样也进入了新时代，年青一代成为文艺的主力军，中国的文艺事业才能得到蓬勃发展、健康成长。

今年是我们北京人民艺术剧院成立七十周年，北京人民艺术剧院同样也进入了一个新的发展时期。近两年我们加大了对青年人才的培养力度，同时我们也大胆地起用了年轻的创作班底。去年为了配合新剧场落成，我们用全新的班底、全新的理念排演了《日出》《雷雨》《原野》三部曹禺先生的经典剧目。同时我们是用这三个剧目来向我们的老院长曹禺先生致敬。为了纪念中国共产党成立 100 周年，我们推出了原创话剧《香山之夜》。这部戏至今已经演出了 53 场。我们在北京的 11 个区演出了 19 场，还在北京香山双清别墅实景演出一场，收到了很好的社会反响。

深入生活、扎根人民是我们北京人民艺术剧院的优秀传统；守正创新、传承发展是我们的理念和责任；打造人民的剧院、艺术的殿堂是我们的目标。清清白白做人、认认真真演戏，这是我在刚刚进入人民艺术剧院的时候，老艺术家对我们这些年轻演员说的一句话。清清白白做人、认认真真演戏，这句话看似平常，但是一路走来，我深刻地体会到，要想做到，真的非常不容易。

去年我们剧院的老艺术家蓝天野老师荣获了“七一勋章”。当我看到他受勋的那一幕时，我泪目了。这是党和国家对一位演员、艺术家最高的褒奖，我为他骄傲。今年我们的天野老师95岁了。春节前夕我去探望他，他跟我谈到的还是新戏的导演构思和如何起用一些年轻演员。同时他也和我深入地探讨了北京人民艺术剧院的未来和发展。现在说起来，我依然非常感动。天野老师用他对艺术的敬畏之心、对事业的赤诚之心感染着我。他用一生践行了一种精神，就是清清白白做人、认认真真做事。

实现文化强国需要人才辈出，年青一代的成长需要我们大力地给他们空间，给他们机会。对于年轻人，我想说，让他们多创新、出精品。我相信有老一辈艺术家作为榜样，有好的创作空间和创作氛围，中国的文艺事业一定能够创造出高峰的作品，也一定能够铸就文艺大师，让我们每一位年轻的文艺工作者都成为德艺双馨的好演员、好工作者。最后我还是想说，“德艺双馨”其实就是“清清白白做人、认认真真做事”。

每一个劳动者都闪烁着生命的光芒

第十三届全国政协委员，南开大学新闻与传播学院教授　孙德宏

时间：2022年3月7日

全国政协十三届五次会议

第二场『委员通道』采访活动

地点：人民大会堂新闻发布厅

人民政协报记者：

我们都知道您是一位非常资深的新闻人，曾经六获中国新闻奖。您当年所采写的人物通讯《寻找时传祥》留下了一个时代的印记。在今天这个伟大的新时代，您对于新闻同行们如何去践行他们的职责与担当，有着怎样的建议？

孙德宏：

正像您所说的那样，我们今天正处在一个伟大的新时代。作为这个时代的参与者、报道者，新闻人有责任去讴歌我们这个伟大的时代和伟大的人民，从而为推动社会的文明进步和人民的幸福生活作出贡献。您刚才提到我 20 多年前采写的那篇作品《寻找时传祥》，我觉得，如果说那个作品今天还可以受到关注，那是因为那个作品确认并弘扬了任何一个伟大的时代的人们都应该坚持的一个基本原则，那就是做一个像时传祥那样诚实、敬业、奋斗的人是光荣的。

事实上，我们新闻媒体常年来对这些普通的劳动者做了大量的报道，比如说郭明义、王顺友、张桂梅等等。他们的故事，他们的创造和劳动，尤其是他们对各自职业生命的热爱和自豪，打动了我们很多人。他们因为热爱，所以孜孜以求、兢兢业业、精益求精；因为自豪，所以奋斗不止。

他们和我们当下那些社会声望较高的科学家、艺术家、企业家、思想家，在推动社会的文明进步与人民的幸福生活的理想和追求上，是完全一样的，只是大家贡献社会的方式不同而已。所以大家有着同样的自豪，也有着同样的尊严。他们都是我们新时代的创造者、贡献者和推动者。他们以各自的朴实、正直、诚恳、敬业、奋斗在进一步地塑造着我们新时代的优秀品质，他们都是国之大者。

很多的新闻人也都注意到，在我们这样一些报道的过程中，很多的读者、网友经常用“很亲切”“很感人”来表达自己的感受，甚至有的读者说：“你们报道的这些普通人，那就是我的故事。”不错，在我们这个新时代里，每一个普通人都可以成为新闻热点，每一个人的劳动和创造都闪烁着生命的光芒。

您问我对新闻人有什么样的建议，我建议我们的新闻人更多地去关注、报道这些普通劳动者，因为他们本身就可以成为新闻热点，因为他们的劳动和创造都闪烁着生命的光芒，同时也因为我们新闻人本身也是这些普通劳动者的一个部分。正因为如此，我们新闻人不妨也暗暗地鼓励一下自己，像他们一样正直、勤恳、扎扎实实地工作，做好我们自己的本职工作，贡献社会，自豪自己。

文博人以开放思维让文物潮起来、活起来、动起来

第十三届、十四届全国政协委员，河南博物院院长
马萧林

时间：2022年3月10日
全国政协十三届五次会议
第三场『委员通道』采访活动

地点：人民大会堂新闻发布厅

中国文化报记者：

从考古盲盒的大热到全网挑战青绿腰，近年来，文博领域致力于让文物活起来。由文物衍生创作的文化节目、文创产品不断出圈，优秀传统文化愈发深入人心。对此您有怎样的经验和思考？

马萧林：

近年来，从中央广播电视台《国家宝藏》的播出，到《唐宫夜宴》《只此青绿》的出圈，再到文创产品、考古盲盒的火爆，足以看出人民群众对传统文化旺盛的消费需求，对精神文化生活的热切期待。这也促使我们文博人，以更加开放的思维跨界合作，不断探索让文物活起来的有效方式。

文物能够更好融入生活，服务人民，我觉得这些成功的案例正是做到了以下几点：

一是深挖内涵，让文物潮起来。找到了传统文化与现代生活的结合点，比如说，我们河南博物院推出的考古盲盒，就是把考古代表的传统与盲盒象征的时尚结合起来了，然后碰撞出火花，使得大家能够感受到发现文物的惊喜感、代入感和满足感，激活了年轻人的好奇心、求知欲和兴奋点。

二是创新表达，让文物活起来。《唐宫夜宴》就是从展示的文物当中获得灵感，让一群彩绘陶俑从博物馆里走出来，幻化成鲜活生动的唐宫少女，还原孵化历史场景，瞬间唤醒了人们的历史记忆和文化认同，从而产生情感共鸣。怪不得不少网友惊呼，原来古老的传统文化也可以这么时尚。

三是科技赋能，让文物动起来。新技术为沉浸式体验提供了发展空间，让厚重的历史文化能够穿越时空，古今对话变得真实可感。新媒体又让文化精品以更快的速度、更强的力度传播出去，形成网络顶流，引发公众围观。

去年，河南卫视中国节日系列的连续推出，让海内外观众感受到了老家河南的文化魅力。如今，河南正借文旅融合的东风，用活用好丰厚的文物资源，倾力塑造“行走河南·读懂中国”品牌，让更多沉睡千年的历史图景生动再现。

念念不忘，必有回响。我相信，在我们大家的共同努力下，文物将不再是尘封的历史，会变幻出更多鲜活的姿态走进我们的日常生活。其实，从活起来到潮起来的，不单单是文物和传统文化，更是我们心中泛起的历史自信和文化自信。

中国护照含金量越来越高，说走就走的旅游目的地越来越多

第十四届全国政协委员，中国旅游研究院院长，文化和旅游部数据中心主任　戴斌

时间：2023年3月4日
全国政协十四届一次会议
第一场『委员通道』采访活动
地点：人民大会堂新闻发布厅

新华社记者：

新的一年，我们看到身边越来越多的人重新走出家门，甚至走出国门去旅行，您作为旅游业的专家，可否谈一谈当前旅游业发展呈现出怎样的特征？您如何看待我国旅游业的发展趋势？

戴　斌：

旅游承载着人民对美好生活的向往。在刚刚过去的这个春节，有一组数据在网上刷屏了。国内出游人数达到3.08亿人次，创造了3758亿元的旅游收入。旅游业再次迎来了开门红。我们看到，从大江南北到长城内外，到处都是旅游的人们，他们或者合家相聚，或者结伴同行，他们领略山河的壮美，领悟文化的魅力。我们还看到，2月6日有20多个出境旅游首发团，在印度尼西亚、泰国、菲律宾受到了包括高官迎接飞机、水门礼等热情的接待。

前不久，中国和马尔代夫签署了互免签证的协定。目前我国已经与150个国家签署了互免签证协定，可以说，中国护照的含金量越来越高，说走就走的旅游目的地也越来越多。

从1999年国庆黄金周开始，特别是过去新时代的十年，中国正在加速进入大众旅游的新阶段。2019年，我国国内出游超过60亿人次，还有1亿5500万人次出境旅游。可以说，旅游已经进入城乡居民的日常生活。

随着“十四五”规划的落实和疫情防控政策的调整优化，我们贯彻落实党的二十大部署，坚持“以文塑旅、以旅彰文”，推动文化和旅游深度融合，可以说旅游业振兴发展的前景一定会更加广阔。

相对于这些宏观的数据，我们更关注一些小镇旅行家的故事。有这么一个人，来自广东兴宁，叫黄展飞，这个小伙在20岁那一年过生日的时候，奖励了自己生平第一张机票，是他省吃俭用省下来的，独自从深圳飞往昆明。从此一发不可收拾，大学四年一边打工一边用寒暑假去青甘线环游、去青海湖骑行。他游历了城市乡村，仰望过群山和星空。

读万卷书，行万里路，不断丰富自己、提升自己，正在成为当代年轻人的全新选择。随着“00后”入场以及适老化的加速，中国的旅游正在进入个性化和多样性的时代。我们看到红色旅游蓬勃兴旺，乡村旅游方兴未艾，文化和旅游深度融合，大家共享美好新生活。

旅游是展示文明的窗口，体现了一个国家物质文明和精神文明协调发展的水平，我国拥有丰富的自然类和人文类的旅游资源，也拥有非常完善的基础设施，还有绿色智慧的出行服务。相信会有越来越多的人走出家门，从黄山到黄河去欣赏山河壮丽的中国，从《诗经》到《红楼梦》去读懂风雅多姿的中国，从大兴机场到港珠澳大桥去见证民族复兴的中国，从广场舞到自驾游去感受人民幸福的中国。

很快亚运会将在杭州召开了，希望更多的世界各国的友人和我们一起来见证活力四射的中国。我有一个梦想，希望不同地域、不同肤色、不同文明的人能在这个蓝色的星球上相互往来，各美其美，美美与共，为打造人类命运共同体注入信心和力量。

带着我们的幽默飞出新疆，逗笑全中国的粉丝

第十四届全国政协委员，新疆石榴精神文化传媒有限公司总经理　海尼扎提·托呼提

时间：2023年3月7日
全国政协十四届一次会议
第二场『委员通道』采访活动
地点：人民大会堂新闻发布厅

澎湃新闻记者：

您作为一名青年创业者，是如何通过短视频的形式来讲述新疆故事的？有没有哪些难忘的经历和我们分享？

海尼扎提·托呼提：

说到短视频，在我十二三岁的时候，我就喜欢用DV拍院子里小朋友发生的各种趣事，然后摆上电视机，招呼大家伙一起过来看。各民族的大人、小孩儿都会一起围过来，看我拍院子里小朋友发生的各种调皮捣蛋的事情，都笑个不停。从那个时候开始，我就想用视频记录生活，记录身边的一切，记录新疆的美食，记录新疆的风景，尤其喜欢记录各民族交流、交往、交融的中国新疆故事。新时代下的新媒体给了我们年轻人发展的机会，我通过多年努力创作的视频，逗笑了新疆人，带着我们的幽默飞出了新疆，逗笑了全中国乃至世界各地的粉丝。很多粉丝都会在我们平台上面留言说："我好喜欢新疆呀，我好喜欢新疆人的幽默，我想去新疆。"欢迎大家来新疆，一起交个新疆朋友吧。

再回答您第二个问题，说到短视频创作，我的理念发生改变是因为一件事情对我的影响。在六七年前，我去一家专门招收患有听力障碍学生的专职院校做一场慰问演出，我满心欢喜地把我们所有的搞笑视频都带了过去，我想通过大屏幕给所有的孩子播放出来。但是到了现场以后，我发现情况和我想的不太一样，小朋友们，可能年龄太小，看不懂字幕，他们听不清，也可能感受不到声音和音乐，所以当时他们很失落，也很落寞。看到这个表情，看到他们的状态，我感到很自责，也很内疚。回去以后我反思了很久，我在想，有没有一种全新的创作模式，能够抛弃掉文字，抛弃掉声音，抛弃掉音乐，直接用画面带给他们快乐。所以我当时下定决心要创作默剧，默剧其实我们也不懂，我们花了很长的一段时间去研究。有一天下午，那是一个周末，我把我们的默剧带了过去，通过大屏幕又播放给了他们。小朋友们在我的面前坐着，那天夕阳西下，阳光洒在他们的身上，我看到他们因为开心而笑得前仰后合、东倒西歪，他们笑得全身颤抖，让我当时不能控制自己，流下了眼泪。其实我不是一个喜欢哭的人，但是那天我没有办法控制住自己的感情。从那天开始，我就想多去了解不一样人群身上发生的不一样的故事，我开始更多地参与公益视频的创作，我会去养老院，会去消防队，会去禁毒队，会去了解不同人群的需要，为他们创作视频，带给他们快乐。希望在将来有更多的年轻人能够加入新媒体行业，跟我们一起创作优质内容，一起为正能量发声。

最后，我想借用一点点时间给我的家乡打个广告，春天已经来了，希望大家来新疆旅游，一起交个新疆朋友，跳一段新疆的舞蹈，然后跟着我们一起用视频记录新疆美好的一切，一起讲述中国新疆故事。

有好电影才有观众

第十四届全国政协委员，《当代电影》杂志社社长、主编　皇甫宜川

时间：2023年3月11日
全国政协十四届一次会议
第三场『委员通道』采访活动
地点：人民大会堂新闻发布厅

新华社记者：

今年国内电影市场刷新年度票房最快破百亿纪录，市场上受欢迎的影视作品也越来越多元。请问当下电影行业是否已走出困难期？您认为最新的市场特点和发展趋势是怎样的？

皇甫宜川：

可能大家不知道，在今年年初人们辞旧迎新的时候，实际上中国电影人的心一直是悬着的。春节就要来了，电影行业能够借此走出困境吗？大家都知道，2019 年是中国电影行业的高光时刻，那一年中国电影票房超过了 640 亿，银幕数接近 7 万块。电影市场不仅类型多样，而且品质也有了很大的提升，全年有超过 17 亿人次的观众走进电影院看电影。市场上这些亮眼的数据和中国电影业在方方面面所取得的成绩让人们明白，中国电影行业正在迎来一个非常好的前景。但是谁也没有料到，新冠疫情突然暴发。

面对疫情，面对从未有过的挑战和冲击，中国电影人从来未曾放弃对光影梦想的探索，春节期间大家看到的那些电影就是中国电影人交出的答卷。当疫情防控进入到一个新的阶段的时候，中国电影行业能否快速地复苏就成为中国电影人特别关心的一个问题。这个时候中国电影行业最需要什么？就是信心，或者说中国电影行业就需要一次重振信心的市场验证，所以我们通常称之的“春节档”就成为大家关注的焦点，因为春节档通常会被看作市场年度的风向标。

令人欣慰的是，今年的春节档确实不负期望。《流浪地球 2》《满江红》《无名》《深海》《熊出没·伴我“熊芯”》等电影在市场上都有非常好的表现，让我们再一次看到了中国电影市场的活力。同时它也表明中国电影行业守正创新所积累的巨大的市场能量和基础建设仍然存在。特别是中国电影观众对电影的需求和热情仍然存在。今年春节档的票房超过了67亿，而且在1月份的最后一天突破了100亿，刷新了中国电影市场年度最快破百亿的纪录。特别是1.29亿的观影人次，意味着七天的假期有近1.3亿人次的观众走进电影院看电影。

朋友们，观众又再一次回到了电影院，这对中国电影人和中国电影行业来讲是多么大的鼓舞和激励，这就是信心啊。同时也再一次证明了一个简单而朴素的道理，有好电影才能有观众，有观众，电影才能够生存和发展。所以我们接下来要做什么呀？就是要拍好的电影，以多样化的优秀的电影来满足人民日益增长的对美好生活的需要，就是中国电影发展的硬道理和着力点，我们当然会加倍地努力，也希望大家继续支持关心中国电影的发展。

保护江豚要靠保护长江

第十三届、十四届全国政协委员，湖南省政协副主席，民进湖南省委主委，湘潭大学校长　潘碧灵

时间：2019年3月3日
全国政协十三届二次会议
第一场『委员通道』采访活动
地点：人民大会堂一层中央大厅北侧

湖南卫视记者：

我们知道长江江豚被誉为“水中大熊猫”，现在据最新的一个科学考察估算，长江江豚的种群数量的大幅下降趋势得到了一定的有效遏制，那这是否意味着我们的长江的生态修复取得了一定的成效？下一步我们将如何进一步保护好我们的母亲河长江？

潘碧灵：

目前长江的江豚在1000头左右，它比大熊猫还要少，所以有“水中大熊猫”的美誉。江豚对水质和噪音非常敏感，与长江相通的洞庭湖前些年江豚最少的时候已经只有72头了，现在又恢复到了110头。去年习近平总书记到长江湖南段视察的时候，就看到了数头江豚腾出水面的壮观场景，这从一个侧面反映了长江流域的水质已经得到了很好的改善。

过去的状况并不是这样的，过去啊，母亲河病了，而且还病得不轻，比如说像化工围江的问题、污水下河的问题、湿地萎缩的问题等等。就像我刚才提到的洞庭湖，在范仲淹的笔下是“浩浩汤汤，横无际涯”。洞庭湖鼎盛的时候有6000多平方公里，现在已经萎缩到只有2600多平方公里。

面对母亲河的问题，习近平总书记高度重视，作出了共抓大保护、不搞大开发的重要指示。中央和沿江的各省认真地落实总书记的指示，比如说生态环境部还有发展和改革委员会就在牵头推进长江生态修复的攻坚战，围绕着包括化工围江、污水治理等等，还有饮用水源的保护，也在强力地推进。全国政协去年首次召开了污染防治的专题议政性常委会会议。湖南省把湘江的保护和治理作为省“一号重点工程”，连续六年实施了湘江保护的两个“三年行动计划”，在湘江流域关停了1000多家重金属企业。洞庭湖这一块，湖南省也在推进“三年行动计划”，围绕着十大重点领域和九大重点区域开展大整治，湖南省政协去年还组织了 300 多位政协委员在洞庭湖区进行民主监督这种踏勘活动。

正是由于各级各部门共同的努力，长江流域的生态环境，特别是水质已经有了明显的改善，去年长江流域国控断面的水质优良率已经达到了 87.5%，洞庭湖的总磷的浓度下降了 38%。但是去年中央生态环境保护督察“回头看”又发现了在长江大保护过程中还存在不少问题，有一些还比较突出。这就说明，长江大保护既是一场攻坚战，也是一场持久战。

我坚信，只要我们坚持绿色发展，生态优先，一方面继续强力地推进长江保护修复的攻坚战，另外一方面实行绿色发展，生态产业化，产业生态化。我相信，通过大家的努力，毛主席诗词中所描绘的“鹰击长空，鱼翔浅底”和一条充满生机活力的万里长江不久将会再次呈现在世人面前！

喊破嗓子不如干出样子

第十三届、十四届全国政协委员，“七一勋章”获得者　廷·巴特尔

时间：2019年3月9日

全国政协十三届二次会议

第二场『委员通道』采访活动

地点：人民大会堂一层中央大厅北侧

内蒙古广播电视台记者：

3月5日，习近平总书记在参加内蒙古代表团审议时强调，要保持加强生态环境保护建设的力度、定力，不动摇，不松劲，不开口子。我知道您所在的嘎查在处理生态保护和脱贫致富的过程中已经探索出来一条路子，您能给我们介绍一下吗？

廷·巴特尔：

我在嘎查担任书记、嘎查长已经40年了，为了让更多的年轻的牧民、毕业生接好这班岗，我把嘎查书记已经交给了我们新毕业的大学生们。现在您说到的习主席对内蒙古的草原生态特别重视，我们也很高兴，我们愿意把草原生态建设得更好。

我在村里头启动了减羊增牛“蹄腿理论”，为了更好地保护草场，喊破嗓子不如做出样子。首先我在我们自己家的草场上放牧的时候，把羊群卖掉，改成养牛，这样的效益很好。又让嘎查的牧民都跟我学习，用我们家的所有财产来抵押，牧民的收入要是降低了，由我来赔偿。这样我们嘎查2002年的时候，人均收入700元。到现在，我们嘎查的人均收入已经到了18800元，提高得很快。自己做出样子以后，就有很多的牧民到我们家来进行培训。牧民自愿来到这里，每年我要给牧民讲课，讲我自己怎么做的，讲牧区的产业生态怎么保护。现在，每年要培训上万名的牧民，这样我自己做到了，做到草场恢复，养牛，减羊，保护野生动植物。现在我自己的草场上的野生动物已经有很多了，像狍子、狐狸、獾子、貉子这些野生动物，到夏天一些鸟类也到草原上繁衍，它们在草原上生蛋，孵出小崽儿，冬季再返回南方。

我想，内蒙古草原上的所有牧民，有责任保护我们内蒙古的大草原，让内蒙古的大草原更美好。

清洁能源的推广势在必行

第十三届全国政协委员，中国节能环保集团有限公司党委书记、董事长　宋鑫

时间：2020 年 5 月 24 日
全国政协十三届三次会议
第二场『委员通道』采访活动
地点：人民大会堂新闻发布厅

科技日报记者：

今年是我们打好污染防治攻坚战的决胜之年，但是每年冬天，燃煤取暖都会给环境带来不小的压力。您所在的集团就是从事这种节能环保工作的，所以想要请教您，目前我们的清洁供暖进展如何？

宋　鑫：

说到供暖，咱们北方的老百姓都比较熟悉。但随着生活质量的提高，人们对幸福生活的追求也在不断提升，现在南方也有了冬季供暖的需求。大家都知道，采用传统的烧煤供暖会造成雾霾，如果都用天然气就会出现气荒，直接用电采暖的话费用又太高。这都是一些老大难的问题，那么清洁能源的推广就势在必行。形象地讲，清洁供暖就是冬天里的火盆子、热风扇、热水袋。

以贵阳为例，冬天非常湿冷，我们有时候穿着羽绒服、盖着厚棉被都会觉得冷气直往里钻。2015 年，我们在贵阳建设了一个清洁供暖项目，就是利用河水冬暖夏凉的规律，采用先进实用技术，将穿城而过的南明河打造成绿色空调送入千家万户，可以说实现了冬天供暖、夏天供冷，而且还不会造成河水的污染，为 2.1 万多户居民提供了服务。我在调研时发现，与传统的供暖方式相比，贵阳的这种清洁供暖模式可以节能 30%—40%，而且用户的费用可以降低 30% 以上，大大提升了百姓的幸福感和获得感。当地百姓说，没想到在南方也能用上暖气，自打用上了清洁供暖，感到温暖如春，而且供热稳定，少花钱，还没有雾霾。

在我国北方也有不少污水管网，还有电热能等，这些都可以是推广清洁供暖的条件。对一些分散的农村用户来说，我们可以提供快速加热、低成本的供暖设施来实现这种供暖。在全国有大量的污水管网、地表江河水源、工业余热和浅层地热能等，都可以作为清洁供暖的资源。根据调研，大多都具有规模开发和推广的可能性。在全国，目前每年新增大约有 20 亿平方米的建筑，其中有 1 亿平方米可以采用清洁供暖。如果全部实施的话，每年可新增节约标准煤 66 万吨，相当于植树造林 36 万亩，可以说这种方式既节约能源，没有污染，百姓还可以少花钱。我们在全国 40 多个城市进行了积极探索，在建设美丽中国的道路上，我们都是实践者，也是受益者。

我们将继续利用央企的综合技术优势，充分履行央企的社会责任，让天更蓝、山更绿、水更清，让生活更美好，服务百姓，造福社会。

中国风电装机在全球连续十年排名第一

第十三届全国政协委员，新疆金风科技股份有限公司党委书记、董事长　武钢

时间：2022年3月10日

全国政协十三届五次会议

第三场『委员通道』采访活动

地点：人民大会堂新闻发布厅

工人日报中工网记者：

碳达峰、碳中和，是我国向全世界作出的庄严承诺，实现这一目标离不开您所在的风电行业在内的新能源行业更加给力。请您结合自己的工作经历和专业，谈一谈我国风电行业发展，助力“双碳”目标达成的信心和底气来自哪里。

武　钢：

刚闭幕的北京冬奥会是奥运史上首届实现了碳中和的奥运会。由于张北的风电在其中发挥了重要的作用，所以带响了这样一句话：张北的风，点亮了北京奥运的灯。

我是35年前从达坂城风力发电厂开始风能利用的探索，见证了中国可再生能源产业从无到有、从小到大的成长。现在，从新疆的达坂城、哈密到云南的大理，从黑龙江的大少白山到福建的兴化湾，到处都可以看到高耸如林的风电场景区。

实现“双碳”目标的信心和底气不仅来源于我们看到的这些现实，更基于这些现实背后的数据。中国风电装机在全球连续十年排名第一，中国现在已成为全球最大的风电装备制造业的基地，而且也是整机和零部件的出口基地。在过去的十年，中国风电装机容量已经连续多年增长了四倍，其中海上风电增长超过了百倍。风力发电现在已经成为继火电、水电之后的第三大主力电源，累计装机容量已经超过了3亿千瓦。现在风光丰富的地区，像新疆、甘肃、青海等地，它们已经成为装备制造业绿色发展的热土。

说到这儿，大家可能要问，风电发展对于实现“双碳”目标到底意味着什么？我告诉大家一组数据。风力发电，每发一度电，它所消耗的碳只相当于火电的 1%。现在新疆、内蒙古等地每年都向中东部地区输送超过 1400 亿千瓦时的绿色、清洁的电力。风属于全世界，中国为之奋斗了 40 多年。目前全球排名前十的风电装备制造企业中，中国占据了六位。中国制造的大型风力发电设备已经发往全球六大洲 40 多个国家。现在不仅是张北的风点亮了北京的灯，而且中国制造的大型风力发电装备带来的绿色能源，将传送给全球千家万户。

实现“3060”“双碳”目标，我们信心百倍，我们已经在路上。

东北虎的回归是我国生态文明建设取得重要成果的明证

第十二届、十三届全国政协委员，国家林业和草原局森林保护学重点实验室主任　杨忠岐

时间：2022年3月10日
全国政协十三届五次会议
第三场『委员通道』采访活动
地点：人民大会堂新闻发布厅

人民日报人民网记者：

我们了解到从 1999 年开始，全国政协开始了关注森林的活动，一直持续至今。您本人担任全国政协委员以来，也持续关注着生态保护的议题，提交了 50 多份关于林业建设的提案。请问对于全国政协持续推进的这项重要工程，您有哪些体会和建议呢？

杨忠岐：

关注森林这个活动是全国政协人口资源环境委员会和国家林业和草原局等部委，倡导进行的一项社会公益活动。这项活动的目的是促进林业发展，促进我们国家的生态环境建设。从 1999 年开展这项活动以来，到现在已经连续进行了 23 年。23 年来一届又一届的全国政协委员传承着关注森林的重要使命，为国家的林业发展和生态环境建设持续发力，久久为功，使我们国家的生态环境发生了很大的变化。

今年是虎年，我说一下老虎的情况。东北虎是世界上现存的六种老虎当中个体最大、身材最魁梧，也是最漂亮的老虎，自然分布在我国东北和俄罗斯西伯利亚的林区。由于我国一度过度砍伐森林、炸山开矿，还有其他的人为活动，使老虎生存的森林生态环境受到了很大的威胁，导致我国境内东北虎一度基本上绝迹了，看不到了。这 20 多年来，在全国政协的推动下，在国家实施的天然林保护和野生动植物保护工程的持续推动下，老虎生存的森林生态环境得到了恢复，得到了发展。现在出走到俄罗斯西伯利亚的东北虎又回来了，虎啸山林的情景又重现了。现在位于我们国家吉林省长白山和黑龙江省牡丹江林区的国家虎豹公园当中，东北虎的数量已经增加到了 50 只，而且还监测到生了 50 只小虎崽。东北虎的回归和定居是我国生态文明建设取得重要成果的一个明证。

在党中央的坚强领导下，在全国政协的推动下，我国六大林业工程建设取得了举世瞩目的成就。我们国家的森林覆盖率现在达到了23.04%。另外我们还创建了194个国家级的森林城市，国家先后建立了各级各类的自然保护区近万个。保护区的面积现在占到了全国陆地总面积的18%，占领海的4.6%。经过几年的试点，去年国家又建立了5个第一批的国家公园，其中包括大熊猫、东北虎豹、三江源等等。

今后我们国家还要继续再建立40多个国家公园，在生物多样性保护和生态系统保护上迈出更大步伐。保护森林，关注森林，功在当代，利在千秋。我们要继续关注森林，为实现山更绿、水更清、天更蓝的美丽中国继续贡献我们的力量。

仫佬族人民的幸福生活

第十三届、十四届全国政协委员，广西壮族自治区河池市商务局局长　欧彦伶

时间：2022年3月10日
全国政协十三届五次会议
第三场『委员通道』采访活动
地点：人民大会堂新闻发布厅

农民日报中国农网记者：

2021 年我国彻底打赢了脱贫攻坚战，全面建成小康社会，其中 28 个人口较少民族全部实现整族脱贫。当务之急是实现巩固拓展脱贫攻坚成果同乡村振兴的有效衔接。广西罗城是全国唯一的仫佬族自治县，您认为仫佬族最大的发展优势是什么？在巩固拓展脱贫攻坚成果和全面推进乡村振兴方面，未来又有怎样的打算？

欧彦伶：

罗城是全国唯一的仫佬族自治县，我们仫佬族是全国较少人口的民族，总人口有 18 万多，其中 80% 都聚居在罗城。优良的生态环境是罗城最大的发展优势和竞争优势。

我们在发展中注重在生态底色、民族特色上下功夫，推动产业生态化、生态产业化，为乡村振兴注入绿色的发展动力。

比如说，我们罗城的自然风光秀美，民族风情浓郁，具有发展民族生态旅游的独特优势。罗城县棉花村，过去是一个仫佬族聚居的深度贫困村，曾经山歌这么唱：“有女莫嫁棉花郎，一年四季闹饥荒；天天累得脚抽筋，没吃没喝没有房。”我们通过深入调研、招商引资，对棉花村内一个罕见的漏斗形超级大天坑进行了资源保护性、民族特色性的开发。短短几年，棉花村就摇身一变成为远近闻名的旅游村，不仅摘掉了贫困帽，还带动了村民致富。村民吴才书父子，过去仅靠一亩多的石化地刨土吃饭，住在破旧的瓦房里，儿子三十多岁了还没娶上媳妇。景区开发后，吴才书应聘到景区担任保安，每个月有 2500 多元的收入，还通过危房改造住上了新房，儿子也娶上了媳妇，还添了个孙女。他逢人就说：“如果不是棉花天坑的开发，不懂我哪时才能当上阿公呢，还是共产党益。”这个“益”呀，在仫佬语中就是好的意思。为了感谢党的好政策，村民们还把山歌改成：“党的政策放光芒，山里天坑山外香，罗城棉花大变样，有房有车有新娘。”

再比如说，在我们罗城境内的九万山国家级自然保护区里，远古时代的花岗岩缝隙中流淌着天生天养的负离子山泉水。喝过的人都说，我们罗城的水有“两奇”，一奇常煮无水垢，二奇结石跟水走。我们倍加珍惜大自然的馈赠，努力打造“中国好水罗城山泉”品牌，壮大我们高端优质山泉水的产业集群。正所谓好山好水酿好酒，我们还积极打造中国米香型白酒生产基地。

在这里特别想跟大家提一提的，就是作为中国野生山野毛葡萄之乡的罗城，特有的野生山野毛葡萄，不仅经济价值高，还是荒山石漠化治理的好帮手。我们深入研发山野毛葡萄的酒水饮料系列产品，大力推广油茶、“三特”水果的种植。一大批特色优质农产品成为农民致富的香饽饽，打通了绿水青山就是金山银山的转化通道。因此，对于我们这些经济后发展、欠发达的少数民族地区来说，产业振兴要想弯道取直、后发赶超，必须用足优势、多方发力，努力探索少数民族地区产业强、百姓富、生态美的绿色发展密码，才能更好地为实现乡村振兴助力。

千年仫佬，山间罗城，诚挚邀请大家到广西罗城做客。喝罗城好水，赏罗城美景，品仫佬风情。

能源与产业融合，打造绿色低碳发展方式

第十四届全国政协委员，中国能源建设集团有限公司党委书记、董事长　宋海良

时间：2023年3月11日
全国政协十四届一次会议
第三场『委员通道』采访活动
地点：人民大会堂新闻发布厅

中央广播电视总台 CGTN 记者：

我国在一系列能源基础设施的支持下，已经成为世界第一大能源生产国。中国在能源绿色低碳转型方面做了哪些工作？有什么中国智慧可以和世界分享？

宋海良：

当下围绕着绿色低碳、数字智慧、共享融合这三大经济形态进行转型成为时代的潮流。能源融合发展也是我们绿色低碳转型的主要方向和关键路径。去年，我们可再生能源的装机总量历史性地超过了煤电，占比达到了 47.3%。全年的发电量超过了 2.7 万亿度，正好是欧盟 27 个国家 2021 年度全年用电的总量。可见中国新能源的发展速度是如此的快。

我们现在正在大力推进四大融合的发展。第一是产业间的跨界融合，一方面是新能源与传统能源的互补、协同与替补；另一方面是“能源 +”，能源与工业、交通、建筑等行业的深度融合。第二是产业链上下游之间深度融合，从而实现多侧、多能、多环节的联动发展。第三是实现要素间的融合发展，主要推动产融、产技、产信的三大融合。第四是区域间的融合，推动跨国、跨区域的融合，从而构建绿色低碳合作的新格局。

我举两个例子，第一个是一体化融合发展的案例。在内蒙古的乌兰察布，中国能源建设集团建设了目前世界最大的源网荷储一体化融合示范项目。我们都知道这是国家重要的养牧区，所以对能源的要求、对生态的要求比较高。我们探索实施用光伏发电板防风固土来提高土壤的含水能力，更有利于植被的生长。羊放在光伏区里放养，可以提前 2—3 个月出栏。这种创新的模式，一方面改善了生态环境，另一方面增加了牧民的收入。当地老百姓形象生动地说：“板上发电，板下种草，草上养殖，还长出了智慧大脑，从而让大自然变得更加美好。”

第二个是交能融合。正在全国实施的零碳港口、绿色航道、绿色电动船舶、绿色公路、绿色轨道交通、绿色机场，都是绿色低碳转型和融合发展的新业态、新产品。刚刚开工建设的广西的平陆运河，用全新的设计建设理念打造零碳工程，实现了四个“全”——全施工期内都用绿电，全部机械设备都用新能源，全运营期都用绿色电动船，全部水利枢纽都用绿色的动力，可以说实现了全面的绿色低碳转型。

能源融合发展不是简单地做加法，而是能够实现 1+1>2 的效果。我们坚信，能源融合发展的场景无限广阔，能源融合发展的价值更加彰显。让绿色低碳走进我们千家万户，并成为标配与终端，让绿色低碳成为我们经济发展的主基调、人民美好生活的底色！让广大人民在绿水青山中共享自然之美、和谐之美，绽放生命之美！

贫困落后地区通信建设仍需加强

时间：2019年3月3日
全国政协十三届二次会议
第一场『委员通道』采访活动
地点：人民大会堂一层中央大厅北侧

第十三届全国政协委员，贵州省盘州市淤泥乡岩博联村党委书记、岩博村党委书记　余留芬

新华社记者：

刚才张云勇委员给我们描述了非常奇幻的5G时代的美好生活，那我想请问一下余留芬委员，您来自贵州偏远山区，不知道你们那儿的网络情况怎么样？另外你们村已经脱贫了，在推进乡村振兴的过程中，不知道您遇到了哪些困难？

余留芬：

作为全国政协委员，在这一年的日子当中，我认真调研，广泛征求村民的意见，我发现了几个问题。在我们农村，现在国家对乡村振兴、美丽乡村的建设比较重视，还专门出台了政策，把污水、垃圾、厕所革命三大工程当作重要工程来抓。但是作为我们贵州一个边远山区、贫困地区，人居住得比较分散，对污水、垃圾处理起来难度特别大，投入的资金也特别多，所以我想国家能不能专门针对贫困落后山区，出台一些相应的政策措施？第二点，刚刚张云勇委员提到大城市都是5G时代了，但是在农村还存在很多边缘的山区，2G都不能覆盖，而且经常通电话都断断续续的。我们人民小酒厂区有4G网，我经常会看到很多的年轻人在那个地方冒着寒冷的天气蹭网。也有些刚结婚生孩子的年轻人想在网上开一个店，但是因为我们网络的这些欠缺，导致了他们的梦想不能实现，比如说想把家里或者家乡的土特产通过网络卖出去，也跟城里人一样有网络的信息，让他们生活更美好一点儿。但是因为网络，他们没有办法去实现这样的愿望。我就想请问一下张院长，像我们农村存在这些普遍的现象，能不能通过你们通信的层面，帮帮我们这些农村解决4G网络的的覆盖面？

张云勇：我们会在大城市进行深度的、高密度的覆盖，但是请余书记、余委员放心，我们在乡镇、县城、农村，也会有广覆盖，有基本的上网和通信的保障，肯定能保障您那儿的电子商务等等的一些活动。

余留芬：非常感谢张委员，我想我们广大村民听到这个消息会非常开心，我们岩博村通过我们的人民小酒、火腿这两个产业，已经脱贫了，我们的村民不用再外出务工，都在家门口就业，有稳定的收入。如果我们山区能够把污水和垃圾治理好，能够在网络方面得到一定的提升和覆盖，那我们六盘水 19 度的夏天，将会迎来绿水青山就是金山银山的这样的一个价值体现。

新兵综合素质提高了

第十三届、十四届全国政协委员，中国人民解放军上海警备区副政委　韦昌进

时间：2019年3月13日

全国政协十三届二次会议

第三场『委员通道』采访活动

地点：人民大会堂一层中央大厅北侧

北京青年报北京头条客户端记者：

我们注意到，现在青年学子参军入伍的热情越来越高，人数也越来越多，您是一位来自军队系统的委员，又长期在国防动员系统工作，您能不能跟我们谈一谈您在征兵工作当中最深切的体会是什么，您对这些参军入伍的青年学子有哪些期许。

韦昌进：

军分区主要工作之一就是选送高素质的优秀青年到部队接受锻炼，保家卫国。要说感受，随着国家经济实力增强、学历教育普及，新兵的综合素质也有了很大提高。

一是身体素质更强了。现在很多学校都加强了对学生的体育锻炼，学生的体质更强了。新兵入伍前，我们也要经过一段时间的役前教育训练，这些年，我们选送的新兵基本都是德智体发展比较全面的优秀青年。

二是新兵的文化素质更高了。新时代的战士，既热血壮志，又胸有文墨。我们选送的新兵就有很多本科生和研究生。2018 年，大学生士兵就占到 60%。和我们那时比，现在战士身上有很多亮点。亮点之一，就是他们口袋里的证书多了，比如有学历证书，有职业技能证书，还有参加各种比赛的获奖证书。

三是他们的报国情怀更加浓了。如今“00 后”已经开始逐渐成为部队新兵的主体。他们性格开朗，要求上进，充满活力。和这些新战友交谈、聊天，你会感受到一种迫切的渴望，他们渴望让青春在军营绽放，渴望为强国强军贡献力量。

说起征兵，我也想借这个机会在这里做个广告，部队是所培养人才的大学校，作为老兵，我非常希望越来越多的青年学子携笔从戎，身穿“国防绿”，和我们一起守卫祖国的安全。

精准扶贫瓦吉瓦，党和政府卡莎莎

时间：2020年5月21日

全国政协十三届三次会议

第一场『委员通道』采访活动

地点：人民大会堂新闻发布厅

第十三届全国政协委员，四川省凉山州第十一届人民代表大会常务委员会主任　达久木甲

农民日报全媒体记者：

最近昭觉县阿土列尔村，也就是大家关注的“悬崖村”，84户贫困户告别了悬崖爬梯，搬进了县城新居，有人说这是啃下了凉山最难啃的“硬骨头”。请问，今年凉山如期脱贫目标的信心和力量来自哪里呢？

达久木甲：

凉山是深度贫困地区，凉山腹地交通闭塞，山路走不尽，一里十八弯，恶劣的环境阻碍了经济的发展，脱贫致富成为几代凉山人共同的梦想。今年是脱贫攻坚决战决胜之年，记者的提问，问到了我的心坎里，下面我用三句话来回答。

第一句，脱贫攻坚有多难，扶贫干部有多拼。在凉山，活跃着一支天天走村入户，狗见了都不咬的扶贫干部队伍。五年来，在脱贫攻坚战场上，有151名干部负伤，有23名干部献出了宝贵的生命。在他们之中，尔古日体同志，是妻子眼中的工作狂，干部口中的领头羊，群众心中的主心骨，积劳成疾，倒在岗位上，生命定格在36岁。

第二句，点亮一盏灯，照亮一大片。金阳县布掩村集中安置点，马哈木日卓老人6岁的小孙女说：“家里的萤火虫飞走了，以前的煤油灯变成了‘灯芯’向下的电灯，有了电，奶奶能看有人的戏匣子了。”灯意味着光明和希望，它给了山区人民群众前行的力量。

第三句，曾经一步跨千年，而今跑步奔小康。64年前，凉山实行民族改革，彝族同胞一步跨千年，从奴隶社会直接跨入人民当家作主的新社会。幸福是奋斗出来的，打赢脱贫攻坚战，说到底靠的是广大干部群众实干、巧干、齐心干。从这个角度，就更能理解为什么凉山州紧扣脱贫攻坚排兵布阵，调兵遣将，选派上万名优秀干部下沉到农村基层一线。由此也更明白，为什么“感谢共产党，感谢精准脱贫”，成为彝族群众发自肺腑的话，我们彝语说好叫“瓦吉瓦”，说谢谢是“卡莎莎”。我想用一句彝语来结束我的回答：“精准扶贫瓦吉瓦，党和政府卡莎莎。”

用人单位可逆周期而行，提前储备人才

第十三届、十四届全国政协委员，上海交通大学党委书记　杨振斌

时间：2020年5月21日
全国政协十三届三次会议
第一场『委员通道』采访活动
地点：人民大会堂新闻发布厅

中国教育电视台记者：

马上就到毕业季了，但是受疫情影响，今年很多大学毕业生表示“就业压力山大”。在这种特殊情况下，您认为就业问题该如何解决？我们常说，毕业后要找个好工作，到底什么样的工作才算是好工作呢？

杨振斌：

作为学校的老师，我参加过学生的就业工作；作为学校的领导，我是学生们的“大家长”，我也格外地关心孩子们的进步与发展。今年由于疫情，可以说就业工作压力确实非常大，难上加难，“最后一公里”确实是比较难走。但是越是在这个时候，越让我们看到了整个国家和全社会的努力。大家可能也知道，现在像大学生参军入伍、公务员招录、研究生招生、“三支一扶”项目等都有了比较大幅度扩招。教育部还组织了 48 所高校对口支援湖北省高校的就业工作。从我们学校与湖北工业大学几场联合举办的云招聘来看，学生和用人单位的反馈还是不错的，这些都提振了我们的信心。

我想跟同学们说的是，我觉得一个人能不能称为人才，最终要看他对社会的贡献，贡献大就是大人才，贡献小就是小人才，没有贡献，你再聪明恐怕也不能称为人才。所以我觉得，越是对国家和社会贡献大的岗位，越是有价值的岗位；越是国家和社会需要的岗位，越是我们最能发挥作用的岗位。

今年在疫情期间，一大批“90 后”志愿者作为防疫人员、作为志愿者冲向了防控一线，得到了社会的广泛点赞。为什么这样？我觉得他们代表了一种为国家作贡献的社会价值，也代表了未来和希望。我觉得，同学们如果把眼光放得更开一点儿、更广阔一点儿，选择的余地应该是会更大一些的。我们学校的马娇娇同学，在疫情期间积极参加村里的防疫工作，而且利用所学的知识帮助村民们直播售货，得到村民的热烈欢迎。包括今年的上海市大学生就业协议，1 号到 10 号协议，都是我们学校的学生签署的，我看了一下，他们都放弃了一些诱惑，选择了最能为国家和社会作贡献的岗位，来实现自己的人生价值。

现在复工复产正在加速推进，经济运行正在恢复正常，在这里我也向用人单位呼吁一下，利用这个时间点，用人单位要逆周期而行，提前进行人才储备，有针对性地投放一些计划，厉兵秣马，为企业以后的发展打下更好的人才基础。最后，我想再和同学们共勉，今年虽然就业有一定的压力，但疫情终将过去，山花终将烂漫。从一个历史时期来看，没有哪一代青年人能够像当代中国青年这样，离我们中华民族伟大复兴的中国梦如此之近，愿同学们把青春的激情燃烧在奉献民族复兴的伟大岁月上。

基层工作“做”重于“说”

第十三届全国政协委员，共青团西藏自治区委员会原副书记，时任西藏山南市隆子县扎日乡乡长贡觉曲珍

时间：2020年5月24日
全国政协十三届三次会议
第二场『委员通道』采访活动
地点：人民大会堂新闻发布厅

人民日报人民网记者：

我知道您是一位来自西藏的乡长，请您结合自己的经历，谈一谈在脱贫攻坚中我们基层工作的关键是什么，我们基层干部又应该发挥怎样的作用。

贡觉曲珍：

基层工作我觉得最重要的一个方面就是“做”重于“说”，做得要多，还要好，把党指的方向和群众的具体需求结合在一起，基层就是“最后一公里”。

小康村改造的时候，我们基层干部负责的是组织群众搬迁。但是只做组织工作就够了吗？那是远远不够的。村民的东西多，临时安置点放不下怎么办？村民家里没有人手搬家怎么办？临时安置点生活条件简陋怎么办？这些问题只能也必须由我们基层干部来回答。所以，我们干部把自己的周转房腾出来给有困难的群众住，我们亲自搭把手帮群众搬家，自己没有时间喝水、上厕所，也要保证临时安置点的生活群众喝上干净的水，有地方上厕所。如果我们不做这些，“最后一公里”就没有修完，心就没有通。

只要我们做得比老百姓想得要多，比老百姓的需求要好，老百姓就一定会把我们当成自己人，他们会更加明白，听党的话，跟我们一起干，梦想是会实现的，困难也会克服的。

通过三年的攻坚克难，我们乡 2018 年年底实现了脱贫，2019 年元月，西藏自治区人民政府批准我们乡脱贫摘帽，我们建档立卡贫困户年人均收入达到 12150 元。现在村里的姑娘们在学习手工编织竹器，小伙子在学着怎么当向导，也有很多人学习厨艺，开茶馆、家庭旅馆，可以说我们已经做好了一切准备开门迎客。在这里，我想代表我美丽的家乡和热情的乡亲，欢迎大家来到西藏扎日乡旅游。

为祖国荣誉而战

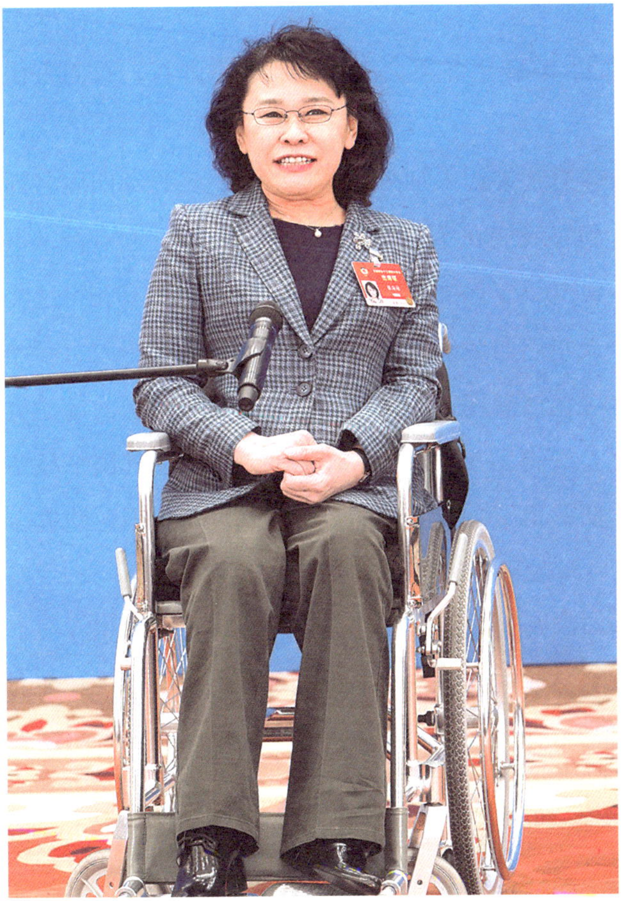

第九届、十届、十一届、十二届、十三届全国政协委员，中国残疾人联合会第七届主席团主席，中国作家协会第九届全委会委员　张海迪

时间：2021年3月4日
全国政协十三届四次会议
第一场『委员通道』采访活动
地点：人民大会堂新闻发布厅

中国体育报新体育网融媒体记者：

2008 年北京残奥会的成功举办，为改善广大残疾人的生活带来了积极影响，如今 2022 年北京冬季残奥会举办进入一周年倒计时，请问北京冬残奥会现在筹办情况如何？参加体育运动对于残疾人而言意味着什么？

张海迪：

2015 年 7 月，北京获得 2022 年冬奥会和冬残奥会举办权，我们重任在肩。

这些年，中国残疾人体育代表团参加夏季残奥会，已经连续四届名列金牌榜和奖牌榜第一名。但是我们在冬残奥运动方面起步晚，起点低，申办之前冬残奥运动员还不到 50 人，参加的大项也只有两个，没有获得过奖牌。转眼 5 年过去了，今天咱们的冬残奥运动员已经发展到上千人，参加的项目也由过去的两个大项拓展到现在的六个大项。这几年咱们的运动员参加世界冬季运动会，已经获得了 38 枚金牌，其中 2018 年在韩国平昌冬残奥会上，中国轮椅冰壶队获得了一枚宝贵的金牌，实现了中国冬残奥金牌零的突破。我特别为他们高兴和感动！

残疾人刻苦训练，为祖国荣誉而战的决心是胜利的保证。我想，一个人无论身体健康还是残疾，都要有一种不怕困难、勇往直前、敢于胜利的精神。这也是中华民族自强不息的精神。有了这样的精神，我们就能够实现梦想，创造奇迹。

作为中国残疾人体育代表团团长，这几年我曾几次率团出征残奥会。记得在里约残奥会上，当中国残疾人运动员获得第 90 枚金牌的时候，有的外国代表就找到我说：“中国获得了那么多的金牌，能不能让一让？”我说：“体育比赛是公平公正的，让我们大家一起加油！”有的外国记者问：

“为什么中国残疾人运动员能够获得这么多奖牌？”我说：“首先是运动员们奋勇争先的精神。最重要的是，30 年来中国残疾人事业不断发展，在康复、教育、文化、体育方面都取得了很大的进步，比如现在全国就有 40 多个国家级残疾人体育训练基地。过去，我们有的运动员只能在自己家乡的小河沟里练习游泳，而现在，他们有了一流的体育训练设施。”我想，我们只要有决心，就能够实现我们冬残奥的梦想。

去年国家残疾人冰上运动比赛训练馆也建成了，中国残奥运动员、冬残奥运动员又有了很好的训练的条件，我们的运动员都在积极地备战，请大家在 2022 年北京冬残奥会上为我们的冬残奥运动员加油！

带电高压线上的舞者

第十三届全国政协委员，国网安徽省电力公司宿州供电公司输电运检室带电作业班副班长　许启金

时间：2021年3月7日

全国政协十三届四次会议

第二场『委员通道』采访活动

地点：人民大会堂新闻发布厅

工人日报记者：

我们都知道您是一位优秀的产业工人和全国劳动模范，也是一位老党员。请问您是如何在工作中发挥党员的先锋模范带头作用的？

许启金：

刚参加工作的时候，我就给自己定下目标，一定要干出样子来，当一名优秀的电力工人，让工作出色，让人生出彩。

国家电网公司有150万名职工，我是其中的一员。我们的工作与老百姓的生活息息相关。电灯、电视、电饭煲、冰箱、空调、洗衣机……咱们老百姓现在过日子已经离不开电。建设社会主义现代化国家，实现中华民族伟大复兴，更离不开电。我们的职责就是保障电网安全运行。

虽说电力线路是“铁打的”，但它们长期在野外，在雷电、风雨、冰雪等自然灾害面前也会像人一样生病。人生病了就要治疗，电力箱生病了就要检修。我们的工作，经常要在铁塔上面检修作业。爬铁塔可不像爬楼梯，更不像坐电梯那么舒服，要体能好、技术好才行。在铁塔上面检修作业，那些铁部件冬天摸起来像冰块儿，夏天摸起来像火炭。

记得有一年的冬天特别冷，一个人站在野外，会冻得发抖。可我要爬上40多米高的铁塔，身上系着安全带悬在空中，连续四天，用毛巾把一片片脏污的绝缘子擦干净。特别是那狭小的凹槽内，积存的污垢只能用手指一点儿一点儿地抠掉，手指都抠破了，钻心地疼，但我仍然咬牙坚持把那些绝缘子擦得像家里的碟子、碗一样干干净净。

工作39年来，我完成了1200多项带电作业任务。特别是夏天，穿上厚厚的防护服就像是在蒸笼里一样。顶着40度左右的高温，连续工作几个小时，那个滋味儿特别不好受。这样干活虽然辛苦，但是不会影响机关、企业和老百姓用电。每当看到万家灯火，孩子在亮堂堂的电灯下看书写字，工人在机器旁忙碌的身影，我就感到我们的付出是值得的。

脱贫摘帽是新生活的起点

第十二届、十三届全国政协委员，贵州省黔东南州政协副主席　胡国珍

时间：2021年3月10日
全国政协十三届四次会议
第三场『委员通道』采访活动
地点：人民大会堂新闻发布厅

中国青年报中国青年网记者：

我们知道易地扶贫搬迁是重要的脱贫方式之一，很多群众搬出大山以后挪了穷窝，拔了穷根，但是也有一些人可能会住不惯，或者因为种种原因又搬回去了。您长期在基层工作，您认为搬迁群众最关心的问题可能是什么？该如何让他们留得住，能致富？

胡国珍：

贵州山清水秀，但也山高坡陡，曾经一方水土难养一方人。过去五年，易地扶贫搬迁是贵州脱贫的头号工程，光是我们黔东南州就搬迁了 30.8 万人。2020 年 11 月 23 日，黔东南州的 15 个贫困县 1853 个贫困村正式脱贫摘帽。

脱贫摘帽不是终点，而是新生活、新奋斗的起点。扶贫搬迁也不是简单地挪个窝，还得铺好路。走出大山以后，搬迁群众更加关心以后的生计问题，尤其是干什么、吃什么，他们担心搬到城里以后没了营生，挣不了钱。但其实我们在搬迁社区准备了很多的就业机会，比如扶贫车间、文化旅游、公益性岗位等，户均可以解决就业两人以上。

我们还加强了技能培训，在搬人的同时也搬文化。在黔东南州的台江县易地扶贫搬迁安置小区方黎湾社区，我们设立了扶贫车间，这里的“妈妈制造”扶贫工坊，参与的都是易地扶贫搬迁的妇女。以前她们都是村里的留守妇女，现在她们在家门口做刺绣、蜡染、银饰等传统手工，每个月的收入就有两三千元。既照顾了家里的老人、孩子，又发展了富民的产业，还传承了民族手工技艺，可谓一举三得。在方黎湾社区，搬迁户张小花告诉我，以前她们来一趟县城需要颠簸一个多小时。搬出大山两年多以后，她在“妈妈制造”扶贫工坊里学会了技术，现在还是扶贫工坊的管理人员，积极主动帮绣娘们培训技术，每个月的收入有 4000 多元。两个孩子都在城里上学，她的丈夫也有自己的工作和收入。

曾经生活在大山里的农民，如今成了新的市民，出门就有学校、医院、公交、商场等。社区已成为基础设施齐全、服务功能完善的幸福家园。下一步我们将加大易地扶贫搬迁、后续扶持与乡村振兴、新型城镇化的有效衔接，抓好集中安置区的产业发展、就业帮扶和社区治理，确保搬迁群众稳得住、可就业，逐步能致富！

脱贫攻坚让西藏人民“一步跨千年”

第十三届全国政协委员，西藏自治区阿里地区政协副主席、一级巡视员　洛桑山丹

时间：2021年3月10日
全国政协十三届四次会议
第三场『委员通道』采访活动
地点：人民大会堂新闻发布厅

澎湃新闻记者：

今年是中国共产党成立 100 周年，也是西藏和平解放 70 周年，我们了解到您所在的西藏阿里地区在去年底也告别了电网孤岛，我想请问的是，您是如何看待阿里乃至西藏 70 年来的发展变化的？如果让您为您的家乡代言，您最想为我们推荐的是什么？

洛桑山丹：

70 年前的和平解放，跨时代地改变了西藏历史发展的进程。西藏各族群众在中国共产党的领导下迎来了从黑暗走向光明，从落后走向进步，从贫穷走向富裕，从封闭走向开放的新时代。70 年间，西藏从封建农奴制度一跃进入了社会主义制度，从原始的农牧业社会大踏步地迈入了工业化、信息化社会。

就拿我的家乡阿里地区来说，这里曾经是一个典型的边疆民族地区和贫困落后地区，电力供需矛盾突出是长期制约这里经济社会发展的最大瓶颈。2018 年全国两会期间，包括我在内的多位西藏的代表、委员向中央提出希望将藏中电网主干线延伸到阿里。正如刚才记者提到的，去年 12 月，世界上海拔最高的输变电工程——阿里与藏中电网联网工程全面投入运行。这标志着西藏统一电网打通了“最后一公里”，全面改善了我们当地数十万农民的供电问题。可以说，在党和国家的关心下，阿里乃至西藏真正实现了电路通、致富通、民心通。

说起 70 年的变化，我有一组数据想介绍给大家。1959 年，西藏的生产总值仅为 1.74 亿元，人均收入只有 142 元，而就在刚刚过去的 2020 年，西藏生产总值达到 1902.74 亿元，农村居民人均可支配收入达到 14598 元。这是多么惊人的翻天覆地的变化。

如果我要为家乡代言，我希望为我们充满脱贫致富活力的西藏人民代言，在这里，美丽的风景不只是冈仁波齐峰上的终年积雪，西藏最美的风景是勤劳的人民。在我们阿里亚热乡就有一位名叫向瓦的牧民，他家曾经生活很贫困。他下决心闯出一条致富新路子。2018 年，他召集数十名贫困户成立了当地第一个牧民工程施工队，他还主动跟亚热乡党委政府班子协调，让施工队参加劳动技能培训，大大提高了当地牧民脱贫致富的积极性。

在习近平总书记的特殊关爱、党中央的坚强领导、全国各族人民的无私支援下，如今西藏 62.8 万贫困人口在 2020 年也全部脱贫，74 个县、区全部摘帽，无论是住房、看病、上学，还是出行、饮水、通信，所有这些最直接的、最现实的利益问题都有极大改善，可以说和平解放使西藏社会制度一步跨千年，脱贫攻坚让西藏人民的生活方式一步跨千年。

在内蒙古，民族团结的故事代代相传

第十三届全国政协委员，内蒙古师范大学党委书记　阿拉坦仓

时间：2021年3月10日
全国政协十三届四次会议
第三场『委员通道』采访活动
地点：人民大会堂新闻发布厅

中新社中新网记者：

中华民族共同体意识是国家统一之基、民族团结之本、精神力量之魂。您是一位从内蒙古的牧场里走出来的大学校长，您从小就生活在多民族融合的内蒙古高原。我想请问一下，在您的经历中，您看到内蒙古的少数民族和汉族人民都是怎么互帮互助、团结一心的呢？

阿拉坦仓：

对于我们这样的统一的多民族国家来说，民族团结就是我国各族人民的生命线，就像阳光、空气和水，受益而不觉，失之则难存。在内蒙古，民族团结的故事代代相传，可以说内蒙古蓬勃发展的历史就是由一个个民族团结故事谱写而成的。

上个世纪 60 年代初，物资匮乏，上海等地聚集了大量的孤儿，当地政府无力抚养，于是 3000 多名孤儿被送到内蒙古，由内蒙古的额吉们抚养。我记得当时内蒙古的经济水平还很低，牧民们自己也少吃缺衣，但是善良的牧民依然用牛奶和羊肉把他们培养长大。在去年疫情当中，他们为内蒙古捐款捐物，回报内蒙古。在他们的心里，内蒙古永远是他们的家，内蒙古的额吉永远是他们最亲最亲的母亲，他们一直关心内蒙古的发展。

如今的内蒙古，已从过去只有天苍苍、野茫茫、风吹草低见牛羊的景象，发展到现在不仅有辽阔的草原，也有繁华的城市、快速发展的经济和飞驰的高铁。在发展过程中，民族团结的理念深深地种在了每一个内蒙古人的心里。在我工作的内蒙古师范大学里，蒙古族学生占 1/3，汉族和其他民族的学生占 2/3，但是无论哪个民族的学生遇到困难，各民族学生都一起来帮忙。

比如，现在内蒙古师范大学经济学院的一位蒙古族学生身体有残疾，无法行走，汉族和其他民族的同学主动过来帮助他，替他拿行李，帮他打水打饭，推他出去活动，背他上楼梯，让他深深感受到民族大家庭的温暖。在内蒙古，不同民族的年轻人琴瑟和鸣、喜结连理的故事也比比皆是，我们不仅从思想上铸牢了中华民族共同体意识，在现实中我们更是成了真正的一家人。友好、热情、宽容是我们内蒙古人的待客之道，在我们内蒙古人看来，各民族就是要像石榴籽一样紧紧抱在一起，才能过上更美好的生活。

永远做党和人民的忠诚卫士

第十三届、十四届全国政协委员，武警第一机动总队某处上校处长　西西玛

时间：2022年3月7日

全国政协十三届五次会议

第二场『委员通道』采访活动

地点：人民大会堂新闻发布厅

中央广播电视总台央广记者：

作为一名藏族武警基层指挥员，怎样的军旅情结让您愿意成为始终冲锋在前的最美逆行者？在新时代，您认为军人身上应有的责任与使命是什么？

西西玛：

我出生在四川阿坝的藏区，当军人是我小时候心中的梦想。

2000 年 12 月，我离开了祖祖辈辈生活的地方，来到了部队。因为从小生活在藏区，刚到部队的时候有很多的不适应，除训练技术差以外，我还说不好汉语，认不成汉字，是典型的现实版许三多。面对成长路上巨大的挑战，我的战友们成了我可靠的支撑。他们不仅没有放弃我、抛弃我，还给了我坚实的力量和无私的关怀。到现在，我还记得我的班长给我送来《新华字典》，指导员给我制作小黑板，我们大学生排长给我当老师。他们从学汉字、说汉语、叠被子、走队列开始，引领我一步一步地完成一个士兵的突击。现在回想起来，这一路的成长经历，每一次的转折，每一步的成长，都是党的关怀、部队的培养、战友们的帮助。

人民军队是锻造人才的大学校、大熔炉、大家庭。我们在这里可以幸福地成长，还可以实现人生梦想。我想给大家说，现在每年入伍的新战友，完全不同于 21 年前的我。他们思想活跃，个性鲜明，科技文化素质很高。一入伍就能在不同的岗位上挑大梁。比如我们大学生士兵刘政参加国际军事比武竞赛，展示我们中国军人的风采。“95 后”博士军官周超奔赴西藏去守护高原。还有我们藏族女士官达娃卓嘎把自己锻造成为特战尖兵等等。他们不仅仅是博士、硕士、学士，更是战士、勇士、斗士，在大灾大难面前，面对生死考验，个个都能够豁得出来，顶得上去。

记得有一次，我们部队参加抗震救灾任务。面对灾区人民期盼的眼神，面对废墟下挣扎的生命，我们年轻的战友们不惧生死，义无反顾。在废墟里，在夹缝中，我们与死神赛跑，只要有一线希望，我们就尽百分百的努力，用手来刨，用背来顶，用肩来扛，争分夺秒地抢救生命。在救援的过程中，我们很多战友的头部被滚石砸伤，脚底被钢筋刺穿，手指头在刨瓦的过程中都被磨掉。但我们始终怀着一个永不放弃的信念，日夜地奋战，直到救出最后一个人，安顿好每一个受灾群众。

无数的事实一再证明，英雄的人民解放军和武警部队是党和人民完全可以信赖的柱石。我们这一代人生逢伟大的新时代，肩负着强军新军的历史重任，必将坚定地扛起新时代赋予我们这一代革命军人的责任和使命。我想说，请党放心，请祖国放心，请人民放心，强国有我，强军有我，我们将永远做党和人民的忠诚卫士。

各民族手足相亲的故事每天都在上演

第十三届、十四届全国政协委员，新疆维吾尔自治区昌吉回族自治州政协副主席　杨杰

时间：2022年3月10日
全国政协十三届五次会议
第三场『委员通道』采访活动
地点：人民大会堂新闻发布厅

中国政协杂志中国政协传媒网记者：

筑牢中华民族共同体意识对于做好新时代的新疆工作至关重要。我知道您来自美丽的西域春城呼图壁，这里也是全国民族团结进步示范县，能否请您讲一讲发生在身边的民族团结故事？

杨　杰：

我是回族人，来自新疆维吾尔自治区昌吉回族自治州呼图壁县。在这里有 25 个民族共同生活在一起，可以说各民族手足相亲、守望相助的故事每天都在上演。

在我们呼图壁县，有一支名为阿同汗的志愿服务队。他们常年走街串巷，奔波在县城的各个角落，帮助贫困家庭和孤寡老人，成为呼图壁县民族团结和志愿服务的一张“金名片”。这张“金名片”其实是和一位汉族老人有关，她叫王桂珍，今年 80 岁高龄，几十年如一日帮助身边的少数民族群众。看到邻居海丽其汗老人腿脚不方便，女儿又患病，王桂珍阿姨就每天去看望他们，帮他们打扫院落、洗衣做饭，当自己家人一样关心照顾。30 多年来，王桂珍阿姨无偿照顾了 240 多名维吾尔族、哈萨克族、回族老人和留守儿童。她也被维吾尔族群众亲切地称为阿同汗。更难能可贵的是，在王桂珍阿姨的感召和带动下，越来越多的人加入到这种服务中来，目前注册志愿者已达到 26000 多人。他们把服务他人、促进团结作为宗旨，用实际行动把爱心撒播、将文明传递。像这样的故事，在呼图壁县，在昌吉州，在整个新疆，还有很多，强烈感动、温暖着我们每一个人。

可以说，中华民族共同体意识已经在各族人民心中深深扎下了根。在呼图壁县雀尔沟镇，维吾尔族妇女莱提排，将一个汉族女孩儿抚养长大的故事也被传为佳话。十年前，莱提排的丈夫因车祸去世，给她留下了两个半大的儿子。本不富裕的她却毅然决然地收养了一个汉族孤儿，用她无私的母爱温暖呵护着这个小女孩儿健康成长。如今莱提排的最大愿望就是她的这个汉族女儿能够考上大学。

我生在新疆，长在新疆，工作在新疆，我是新疆社会稳定发展的参与者、见证者、受益者，如今在新疆，各民族像石榴籽一样紧紧抱在一起，手牵手，心连心，互帮互助，团结和睦。我相信，新疆不仅有繁荣稳定的今天，也必将拥有更加美好的明天。

被光照耀的我们，也能成为光照耀别人

第十四届全国政协委员，中国残疾人联合会理事
杨洋

时间：2023年3月4日
全国政协十四届一次会议
第一场『委员通道』采访活动
地点：人民大会堂新闻发布厅

工人日报中工网记者：

能否结合您自己的经历谈一谈听障人士是怎样突破障碍成就自己的？

杨　洋：

也许你们已经听出来了，我的发音有点儿不一样，因为我是一名重度听力残疾人。听不见，听不清，导致我无法矫正自己的发音。

昨天是一个跟我们相关的很重要的节日——爱耳日。听力残疾是一种隐性且容易被误解的残疾，就像有一面透明的玻璃墙，隔断了听力残疾人和其他人之间的连接。好在我们生活在今天的新时代，这些年来，助听辅具和信息无障碍环境得到了极大的发展，国家推行的康复和融合教育取得巨大成效，“十聋九哑”已渐成历史。

绝大部分听力残疾学生在普通学校接受随班就读，接受融合教育，玻璃墙正在一层一层地被打破，最终使两端的人产生连接。我自己就是受益于 4 岁失聪后，父母的家庭康复；受益于在普通学校随班就读，接受融合教育。我的每个求学阶段，都经历了从不收到试读的过程。因为听不见、听不清，上课时，我就盯着老师的嘴看，久而久之，我学会了看口型。现在我们群体已经有 2 位博士后、近 20 位博士，有的还去了海外留学。清华大学博士生江梦南获得了 2021 年感动中国人物。

积极康复和融合教育，使我们成为想成为的自己。回顾我的就业过程，依旧历经波折，我曾经当过会计，跑过业务，如今是残疾人工作者。我开始佩戴助听器，38 岁植入人工耳蜗，我最头疼的接听电话的难题也在三年前得到解决，我们听障群体可以使用语音转文字来帮助自己听，手语朋友、言语残疾朋友，还可以使用文字转语音来帮助自己说，因此我们群体的职业类别得到了极大的拓展。从过去的传统行业延伸到现在的快递员、医生、律师、公务员等等，各行各业都有了我们的身影。

终身康复和更新换代的辅具支撑我们前行，融合就业使我们成为更好的自己，这在过去是难以想象的。被光照耀的我们，也能成为光照耀别人，被别人需要。我们自己发声参与推动无障碍环境建设立法，为社会作出贡献，我们希望能够共同努力，让这个社会更加包容、更加美好、更加适合所有人的沟通和居住。

千方百计帮助大学生就业

第十四届全国政协委员，中国政法大学党委副书记、校长、学术委员会副主席　马怀德

时间：2023 年 3 月 7 日
全国政协十四届一次会议
第二场『委员通道』采访活动
地点：人民大会堂新闻发布厅

法治日报全媒体记者：

近年来，高校毕业生就业情况备受关注，您作为中国政法大学校长，您所在的学校是否也面临这方面的挑战？您认为高校毕业生怎样才能找到合适的工作？

马怀德：

这几年高校毕业生就业备受关注。2023届的高校毕业生的规模预计要达到1158万，同比增加了82万人。在这样的背景下，我们高校就业工作就面临着新的挑战，我们也觉得自己的任务会更重。

就业是最基本的民生，大学生又是宝贵的人力资源，他们的就业是个人的大事，也是家庭的大计，也关系到国家的发展和未来。对此，党和政府高度重视，相关部门出台了一系列的支持政策，搭建了很多重要的供需对接平台。社会各界也是热心相助，释放了很多重要的就业岗位。我们高校更是把就业工作作为重中之重，千方百计帮助大学生顺利就业，迈好走向社会的第一步。

我先谈一谈我们中国政法大学毕业生的就业情况。新时代以来的十年，中国政法大学培养了一大批优秀的毕业生，他们到各级党政机关、企事业单位、律师事务所、仲裁机构发挥所长，实现价值。其中有3300多人响应号召到西部、到基层、到边疆，扎根基层，服务群众。我们学校2019届的博士毕业生欧阳果华，他毕业之后就到了新疆维吾尔自治区伊犁哈萨克自治州新源县的吐尔根乡工作。他积极地参与基层的社会治理，助推全县万人成讼率最低，让人民群众切实感受到了公平正义就在身边。2018届的硕士毕业生刘勇刚，他毕业之后回到家乡内蒙古做了一名中学思政课的老师，用自己的学识回报家乡。像这样的例子，在全国大学生中还有很多，我们看到新时代的青年怀揣着“祖国哪里需要，我就到哪里去”的理想信念，服务基层，奉献国家。

那么怎样才能找到一个合适的工作呢？一方面，我们要怀有一颗平实之心，要找适合自己的工作；另外一方面，要从最基本的工作、最基础的环境做起，这是职业道路的起点，它可以为今后的工作、今后的事业发展打下坚实的基础。在不同的行业、不同的岗位、不同的领域，就业不是终点，而是起点。在起点上兢兢业业地做好工作，将收获长期受用的宝贵财富。

我们学校的致公楼有一块牌匾，上头刻着四个大字——天下为公。它时刻地警醒我们要做有志之士，心怀国之大者，勇于担负重任。在追求和奋斗的过程中，我们一定会收获成功和喜悦，同时也会面临困难和压力，有时候甚至还会遭遇挫折。所以我想跟大学生朋友们讲，时代构筑舞台，需要创造精彩，无论顺境逆境，我们都要守初心、担使命，把个人的理想融入到新时代的奋斗之中，让青春之花绽放在祖国和人民最需要的地方。

只要有一线希望，“蓝朋友”就会尽百分之百的努力

时间：2023年3月7日
全国政协十四届一次会议
第二场『委员通道』采访活动
地点：人民大会堂新闻发布厅

第十四届全国政协委员，应急管理部党委委员，国家消防救援局局长　琼色

中央广播电视总台记者：

我们都知道消防救援队伍是防灾、减灾、救灾的重要力量，他们经常需要奋战在最危险，也是老百姓最需要的地方。他们也因为其蓝色的服装而被网友亲切地称为“蓝朋友”，所以想请您介绍一下这支队伍的情况，以及您所从事这份职业的感受。

琼　色：

国家综合性消防救援队伍，承担着防范化解重大安全风险、应对处置各类灾害事故的重要职责。现在基层消防救援队伍始终坚持 24 小时驻勤备战，枕戈待旦，闻警即动，救民于水火，助民于危难，随时都在执勤和战斗，平均每 15 秒钟就有一起救援、救灾、救助的行动，年均接出警量已经超过 200 万起，营救疏散遇险被困人员达 40 万人。与改革转制前相比，救援的职能大幅拓展，接出警量大量增加。同时我们还承担着繁重的城乡火灾预防的任务。天天救援，时时灭火，刻刻防范，已成为我们工作生活的常态。

可以说“蓝朋友”是可信赖的，因为这支队伍是为人民而建、为人民而战的，永远竭诚为民，保民平安是职责使命所在。令我印象最为深刻的是，去年有一起楼房倒塌的救援行动持续了六天时间，我在指挥大厅目睹了救援的全过程。第十名获救者是一位女同志，她双腿被埋压，全身多处负伤，当消防救援队伍、指战员克服千难万难以命换命，打通生命救援通道时，她说的第一句话是：“你们是 119 吗？我一直有个信念，你们一定会来救我的。”群众的依赖和褒奖鼓舞着我和全队伍的指战员，在每一起的救援行动中始终坚持生命至上的理念，不放弃，不抛弃，只要有一线希望，我们就要尽到百分之百的努力。

大家也知道“蓝朋友”的主体是年轻人，他们大多是“90后”“00后”，他们时常让我感动和骄傲。日常的训练和接警出动时，他们随时面临着安全风险和救援的各种困难。无论春夏秋冬，他们经常全身湿透。夏天时，消防靴里的汗水都能倒出来；冬天时，战斗服经常变成冰铠甲，脱都困难。他们随时处于执勤战备的良好状态，随时逆向而行，赴汤蹈火，从他们的身上我感受到了年轻人的家国情怀和时代担当，也看到了我们这支队伍的希望和未来。

新时代，新征程，国家综合性消防救援队伍将忠实践行习近平总书记重要训词精神，着力推动消防安全治理向事前预防转型，严格教育、严格训练、严格管理、严格要求，不断提升火灾预防和应急救援的能力，更好地服务保障中国式现代化建设，为保护人民群众生命财产安全而英勇奋斗。

让 2 亿灵活就业者受关心更安心

第十四届全国政协委员，京东集团高级副总裁、技术委员会主席，京东云事业部总裁　曹鹏

时间：2023 年 3 月 11 日
全国政协十四届一次会议
第三场『委员通道』采访活动
地点：人民大会堂新闻发布厅

人民日报人民网记者：

随着数字经济的发展带来创业型就业的新方向、新场景，催生出一批灵活就业岗位和多种新就业形态。目前我国灵活就业人员已达2亿人，他们的权益保障也成为社会关注的热点，想请问您是如何看待的？

曹　鹏：

相信大家对灵活就业群体应该都不陌生。我们经常看见的快递小哥、网约车司机、外卖骑手等，大部分都属于灵活就业。

但是不知道你们对这个群体了解多少。我因为工作的原因，认识很多快递小哥，比如说，我们在安徽省石台县有个快递员叫檀世旺，我们都叫他老檀。老檀有个特别厉害的“本事”，就是每天都能收到上百件寄给他自己的包裹。这倒不是因为他是什么购物狂，而是很多在外的子女给家里买东西，担心老人不会收快递，干脆就把收件人写成檀世旺，托他去送，他们信任老檀。老檀送药的时候碰见老人不识字，就耐心告诉老人怎么吃；有人家里屋顶破了，他也会上房去帮人补瓦；看见老人的衣服开线了，他自己掏钱买件新的给老人送过去……所以，老檀每天都要跑遍全县200多公里，把写着他名字的快递一件一件送到乡亲们手里。

还有北京的快递小哥宋学文，干快递十年跑了32万公里，送了30多万件包裹，去年也特别光荣地成为我们党的二十大代表。

很多灵活就业者其实都和他们一样，在默默地为我们这个社会作着贡献，但是他们也面临着很多困难。我原来看过一组数据，到2021年底，我国的灵活就业人员规模已经突破了2亿，但是他们当中上职工医疗保险的人比例还非常低。

这不光是影响他本人，他们背后有亿万个家庭，每一个灵活就业者可能就是一个家庭的顶梁柱，他们出不得闪失。你说他们不知道这里面有风险吗？他们知道。你说他们不怕吗？他们怕。但是他们背后没有单位帮他们去缴纳统筹，他们自己去上医保，交的钱就要比在职员工多。这必然会影响他们上保险的积极性，还有就业的稳定性。

我们的党和政府一直非常关心灵活就业群体的权益保障问题。习近平总书记也在二十大报告中作出了部署，要加强灵活就业和新就业形态劳动者的权益保障。所以在这儿我也呼吁我们的用工单位，不管是大是小，都有责任也有义务把这些灵活就业者的权益保障好，把这些家庭的顶梁柱给扶稳了。

像我所在的单位京东集团，就和超过 41 万名快递小哥、分拣员等一线工作人员签订了劳动合同，给他们上五险一金，还买了商业保险。未来我们还要成立一个“住房保障基金”，帮助他们去买房安家。

灵活就业者是辛勤的奋斗者，生活因为他们而更加便利，社会因为他们而更加美好。大家都是新时代的重要贡献者，点燃了万家灯火。用工企业要用好保险工具，社会要撑好保障伞，真正让灵活就业者实现老有所养、病有所医、伤有所赔，让我们的 2 亿灵活就业群体受关心、更安心。

港珠澳大桥的奇迹

第十三届全国政协委员，港珠澳大桥管理局总工程师，
香港科技大学（广州）教授、首席工程师　苏权科

时间：2018年3月15日
全国政协十三届一次会议
第三场“委员通道”采访活动
地点：人民大会堂一层中央大厅北侧

广州日报广州参考全媒体记者：

举世瞩目的港珠澳大桥通车在即，这个超级工程背后有哪些超级创新，粤港澳大湾区的老百姓都特别关心。大桥通车后怎样提高使用效率，更好地推动大湾区发展?

苏权科：

港珠澳大桥建成，表明中国在超级跨海工程的技术、装备和管理等多个领域进入世界领先行列。

上百家单位、上千名科技人员先后开展了300多项课题研究，创新了海上装配化桥梁、人工岛、超长沉管隧道的工程理论和核心技术，并且建立了工业化建造体系，形象地说，就是把这个桥梁和隧道都在工厂里制造好，然后用大型设备运到现场，在海上拼装，在海底对接，铸就高品质的大型跨海通道。主要有两个方面的重大成果：一是跨海桥岛隧集成工程的核心技术与标准体系，这些成果可以为我们中国企业走出去和"一带一路"建设打下基础；二是首次由粤港澳合作共建重大工程，创立了三地协同决策、协调发展和协商解决争端的管理机制，这些成果在合作共建项目领域有更大的价值。

下一步我们还要开展三个方面的工作。

第一是用好这座桥。大家知道由于跨境车辆交通限制等问题，老百姓担心这座大桥的使用效率。我们已经进行了大量的调查、协调、论证，获得了基本的解决方案，还在积极争取更加有力的措施落地。比如，进一步放宽跨界通行政策，增强三地互信联动机制，实现人车物能上桥、愿上桥的良好局面。

第二是维护管理好这座桥。在世界范围超长跨海大桥的运营维护也面临许多难题，我们将在国家科学技术部、交通运输部的支持下，研究开发人工智能和大数据的管理平台和装备，为跨海通道的运营维护开创新格局。

第三是总结推广好创新成果。港珠澳大桥作为粤港澳大湾区的先导工程和试验田，在历时 14 年的前期工作和建设过程中，创新发展了粤港澳共建共管模式，锻炼培养了一批专业人才，我们希望能够借鉴这种“一国两制”下三地合作的基本经验，推动大湾区前期规划设计和重大决策工作。

把“两岸一家亲”变为“两岸一家人”

第十三届全国政协委员，福建省泉州市政协原一级巡视员　骆沙鸣

时间：2019年3月13日
全国政协十三届二次会议
第三场『委员通道』采访活动
地点：人民大会堂一层中央大厅北侧

新华社 CNC 电视网记者：

我们知道两会期间，习近平总书记在参加福建代表团审议的时候强调，要探索海峡两岸的融合创新之路。您的祖籍是宝岛台湾，作为台盟界别的委员，我知道这些年来您一直致力于推动海峡两岸的交流和交往，很多提案和建议都被采纳了，那在您的履职过程中有哪些故事和细节让您印象特别深刻？您认为政协委员在推动海峡两岸的融合发展方面如何更好地发挥作用？

骆沙鸣：

聚焦民生、推动发展、服务融合、促进统一，是我们台盟界别政协委员的本分。这几年我每年都深入地调研，在两会上带来有两岸气息的政协提案和草根信息，完成委员作业。

我的故乡是在台湾，历史上台湾 44% 同胞的祖籍地就在我生长的城市泉州，所以加大闽南文化等两岸祖地文化的交流，对于增进台湾同胞的文化、民族、国家认知认同和感情十分有益。而我曾经入岛主办过两岸闽南语歌星总决赛，2000 多位台湾同胞在台南文化中心座无虚席，令我感动。感悟之下，我向全国政协提交了关于要加大两岸文化大交流的提质增效的提案，这也彰显了我们政协委员为了对台工作落细落实鼓与呼的责任担当。

另外，为了更好地改善台湾青年在大陆的创业、创新、创造的发展环境，我也建议能够进一步改善卡式台胞证的使用功能，能够为台湾青年在大陆的创业基地制作“懒人包”及惠台政策 App，为台湾学生来大陆提供更多的游学机会和实习岗位，吸引更多的台胞台企来福建这个“第一家园”。

作为新时代的政协委员，我认为我们应该珍惜有更多的机会能够与台湾的民意代表进行广泛深入的交流与协商，共同探讨两岸融合发展的新路径，还要倾听2300万台湾同胞的所思所盼，以心交心，以情换情，相向融合，把“两岸一家亲”变成“两岸一家人”。亲人之间没有解不开的心结，相信我们都能够成为两岸统一的圆梦人。

大湾区是香港年轻人圆梦的地方

第十三届、十四届全国政协委员，香港专业进修学校（港专）校长　陈卓禧

时间：2019年3月13日
全国政协十三届二次会议
第三场『委员通道』采访活动
地点：人民大会堂一层中央大厅北侧

香港大公文汇传媒集团记者：

我们关注到您在网络上有一个称呼是“护国歌校长”，您之前跟几个对国歌有不礼貌行为的香港学生的对话，在社会上引起了很大的反响。现在确实有一些香港的青年人可能因为不了解而对祖国有所疏离。您对于让两地青年人加强交流、增进感情有何建议？

陈卓禧：

作为高校校长，我们是有责任教育学生明辨是非，守法负责。对于你的提问，怎么样让香港学生养成家国情怀，其实是很值得我们深思的。地理上，香港跟内地只有一河之隔，但是在部分年轻人心目中那个距离比较遥远，有外人的感觉，为什么呢？我看主要就是他们没有亲身的体验，听了很多关于内地的负面的故事，他们就以为这就是大陆的全部，就产生了这个感觉。

现在大湾区的界线就给了香港年轻人比较全面立体地去了解我们国家的机会，他们可以在大湾区里面生活。高铁的通车，港珠澳大桥的开通，还有配套的便捷措施，香港年轻人就可以很轻松地好像到旺角、铜锣湾一样，到广州的天河、深圳的福田去逛街，去吃，去玩，去看。他们还可以在大湾区多交朋友，多听故事，我去看港珠澳大桥的时候就听了、看了很多感人的、令人自豪的故事。港珠澳大桥的总工程师苏权科，他把自己最黄金的 14 年花在这个大桥上，他们的团队在外国的嘲笑和技术封锁下，建成了世界最长的跨海大桥。这些事情都令我们感动。

大湾区还可以作为香港年轻人创业，开展人生事业，在这里逐梦、圆梦的地方。前几天，我们在妇女节宣布了一个跟华润集团合作的项目，叫作“‘冲’出梦想大湾区创业培训计划”。这个计划就是把香港青年到深圳享受一杯精品咖啡，变成在大湾区发展自己事业的一个机会。这个计划给他们提供创业培训、实习，还给他们提供店铺创业。在现场听了这个计划的一些学生就说：“我在香港没有这样的机会，这个计划激励了我有这个梦想，就是要在大湾区开自己的咖啡店，然后打出品牌向全国发展。”

这些年轻人，他们的同辈看到这些身边的同学、邻居的孩子有这样的转变，有这样的成功，我想他们就很容易地产生共鸣，就能模仿。只要他们在大湾区里更立体、更全面地了解了国家，我想他们就不会再有外人的感觉了。

澳门要抓住千载难逢的发展机会

第十三届全国政协委员，澳门金海集团董事长梁华

时间：2019年3月13日
全国政协十三届二次会议
第三场『委员通道』采访活动
地点：人民大会堂一层中央大厅北侧

香港中通社香港新闻网记者：

今年是澳门回归祖国20周年，在过去的20年当中，澳门在经济、社会、文化、民生等方面都有很大的变化。您作为一名来自澳门地区的老政协委员，有怎样的切身感受？同时《粤港澳大湾区发展规划纲要》近日出台，您觉得这个纲要的出台将会为澳门进一步地融入国家发展大局带来怎样的影响呢？

梁　华：

今年是澳门回归祖国20周年，20年来，澳门发生了翻天覆地的变化。澳门社会稳定，经济发展，文化繁荣，现在我们每一个澳门的居民都感觉到生活在幸福之中。我们澳门的经济总量从原来的1999年的1025亿增长到2018年的5400亿，翻了5.2倍，这一点说明了澳门的经济有着很大的飞跃。确实澳门老百姓都感觉到了幸福、满意。65岁以上的居民就可以享受到免费的医疗，还有很多的儿童服务、养老服务，还有居住环境的改善，在民生方面，澳门都做了大量的工作。

但是在20年前，在回归前夕，我们澳门确实处于一个非常动乱的时候。那时候澳门是黑社会当道，每天都有打枪的、抢劫的，老百姓都生活在非常的恐惧、不安之中，而且我们的生产一直是徘徊在低水平。回归以后，政府大力推进了适度多元发展，旅游、休闲中心不断地加以改善。投资环境一直让世界各国都涌进来。现在我们澳门历史城区已经被评选为世界文化遗产的城区。从世界文化遗产的城区到氹仔威尼斯的金光大道，这里融合了东方和西方的文化市场，所以大家都说澳门是一个有文化的地方。

今年国家颁布了《粤港澳大湾区发展规划纲要》，这是澳门同胞千载难逢的机遇。澳门要发展，要进步，我们地少、人少，这个规划纲要给我们指明了一条前进的道路，让我们能够有更大的发展空间，所以我们要抓紧这个机遇，把澳门建设得更好！

"一带一路"跨境电商实现足不出户买卖全球

第十一届、十二届、十三届全国政协委员，银帝集团董事局主席　朱奕龙

时间：2020年5月27日
全国政协十三届三次会议
第三场『委员通道』采访活动
地点：人民大会堂新闻发布厅

新华社记者：

坚定不移推动经济全球化朝开放、包容、普惠、平衡、共赢的方向发展，推动开放型经济，是中国政府的一贯主张和实际行动。我们看到，六年多来"一带一路"倡议不断走深走实，成果惠及世界。您觉得广大华侨华人应如何凝心聚力，和相关国家人民一起，把"一带一路"建设成一条"民心之路"，从而推动构建人类命运共同体？

朱奕龙：

六年多来，弹指一挥间，却开启了人类新的未来。在这条通往和谐共赢的光明大道上，广大华侨华人从未缺席。

我是一名归国华侨，家乡浙江省丽水市的青田县是著名侨乡。一代代青田人为了梦想走出国门，成就了今天世界的青田。2015 年青田侨乡进口商品城成立，它被称为"万国商品销售中心"。在这里，你可以买到法国红酒、西班牙火腿、荷兰牛奶、比利时巧克力等 100 多个国家和地区的 7 万多种商品，而这些商品都是青田华侨从世界各地精心采购，通过中欧班列运送回来的。曾经我们通过小商品出口，实现了"卖全球"的愿望，而今"一带一路"又让我们实现了"全球买"的梦想。

今年一季度，我国与"一带一路"沿线国家进出口同比增长了 3.2%，中欧班列同比增长了 15%。疫情之下，"一带一路"合作依然十分活跃，成为全球经贸合作的典范。"要想富，先修路"，对于沿线国家的民众来说，更深切的感受是，"一带一路"就是"一带共富"。2018 年，我带着构建"一带一路"跨境电商这个提案参加两会，到今年 5 月 20 日，我国已在多个城市成立了跨境电商综合试验区。在互联网大潮下，海内外供应商、采购商纷纷加入到"一带一路"跨境电商的行业里来，足不出户就可以买卖全球。

数字经济赋能古老丝路，“一带一路”正在变得更接地气，更通人心，更达民意。

“一带一路”源于中国，机遇和成果属于世界。我举一个例子，中国侨联组织实施的“侨爱心光明行”项目，累计医治白内障患者已经超过了10万人。我们在缅甸、老挝、柬埔寨等地为白内障患者实施免费手术时，当地民众激动地说：“是中国给我们带来了大爱之光。”可以说，“一带一路”沿线华侨华人的故事，就是中国人拥抱世界、贡献世界的历史。

要问是什么让华侨华人获得了驻在国民众的欢迎与认可，那么我可以告诉你，是人类对幸福生活的共同向往，是中华民族“美美与共”的美好愿景，是中国人兼济天下的责任和担当，更是中国人从大国走向强国的雄厚实力与坚定底气。一个正在崛起的自信中国，是海外华侨华人最大的靠山。

中华民族历来讲求“天下一家”，中国人民愿与世界人民和衷共济、和合共生，这是“一带一路”最真的心，也是构建人类命运共同体最大的义。“一带一路”让我们与沿线各国人民共创美好未来，而未来一定是人类命运共同体的未来！

香港再出发，未来会更好

第十三届、十四届全国政协委员，中华海外联谊会理事　陈清霞

时间：2020年5月27日
全国政协十三届三次会议
第三场『委员通道』采访活动
地点：人民大会堂新闻发布厅

中国日报记者：

习近平总书记曾寄语港澳政协委员要发挥双重积极作用。您如何理解港澳委员的双重积极作用？在您的履职工作当中，又是如何将它落到实处的？

陈清霞：

发挥双重积极作用，是港澳地区政协委员的履职责任。长期以来，历届港区的政协委员都认真履行职责，充分发挥作用，为内地的经济社会发展积极建言献策，为香港的繁荣稳定作出努力。

作为港区的专业界委员，一方面，我很早参与内地的改革开放，做了大量有成绩的招商引资和招才引智工作。同时也发挥法律专业的优势，推动两地的法律交流和合作，让香港和内地法规的制定与国际接轨，给内地参考借鉴。为了国家重大战略的推进，为了两地的法律交流合作，也对一些立法工作提出多项提案，大多数的建议都被采纳，有些还被全国政协评选为“优秀提案”。也利用资源，培训内地的涉外法律人才，为内地企业“走出去”、参与“一带一路”的建设提供法律支持和保障，也深入地去探索建立粤港澳大湾区商业建设方面的创新激励机制，为大湾区的制度创新作出贡献。

另一方面，我们港区委员还要在香港充分发挥作用。港区的委员积极践行“一国两制”，坚决支持香港特别行政区政府依法施政，积极参与社会的政治事务，全力支持经济发展和改善民生。今年以来，我们的港区委员还全力去引导、组织大家捐款捐物，做义工，全力支持抗击新冠肺炎疫情。这次全国人民代表大会就关于建立健全香港特别行政区维护国家安全的法律制度和执行机制作出决定，这个决定是对维护国家安全非常必要和及时的，我们坚决拥护和支持。作为港区的法律界政协委员，我有义务、有责任为这个决定很好地宣传和解读，为这个决定在香港贯彻实施凝聚民心、夯实民意，做出更多的工作，也为坚定地推进“一国两制”的成功实践作出不懈的努力。我坚信，香港再出发，未来会更好。

要大力培养更多爱国爱港青少年

第十三届、十四届全国政协委员，兆进投资有限公司总裁　蔡黄玲玲

时间：2021年3月10日

全国政协十三届四次会议

第三场『委员通道』采访活动

地点：人民大会堂新闻发布厅

中国日报记者：

青少年是爱国爱港的一支重要力量，您一直致力于在香港的校园里推广国旗文化，让越来越多的孩子有机会学习升旗礼仪，参与升旗活动，请问您为什么一直坚持这么做？对于香港的下一代，您又有哪些期许呢？

蔡黄玲玲：

香港在回归之前是没有国民教育的，好多孩子对爱国教育的认知就非常的浅。回归之后，“占中”事件、“修例”风波凸显香港的教育出现很大问题，许多孩子对祖国产生误解，对香港特别行政区政府施政产生了抵触情绪。

香港的教育必须向祖国学习。香港跟内地不一样，升国旗、唱国歌只是一种文化，而不是强制性的，所以许多学校是在特定的日子，比如回归日、国庆日，才会举行升旗仪式，好多学校老师跟学生，他们对此文化的认知就很有限了。

香港升旗总队是在 2002 年成立的，它是一支慈善机构，专门培养爱国爱港学校的学生如何升国旗、唱国歌。他们有一支强力的队伍可以进驻学校，手把手地教学生如何升国旗。在我担任会长的时候，我接手的是 200 多个学校，现在已经发展到 500 多个学校，我希望还会继续发扬光大。每天早晨 8 点，当孩子们在操场上看到五星红旗徐徐升起的时候，他们会感到自己是中国人，而为之骄傲。总会每年都会举行大型的表演赛，请各个学校参与，并且请了驻港部队的解放军同志来参加表演和指导，培养孩子的爱国情怀。

香港是祖国不可缺少的一部分，爱国者治港是当今香港社会的共识。我希望，香港将来能培养出更多的学生，能懂得对社会有承担、对祖国有贡献、对香港社会有情怀，要以国为荣，为国争光。

听党话跟党走，是澳门社会最广泛的共识

第十三届、十四届全国政协委员，中华全国工商业联合会副主席，永同昌集团董事局主席　张宗真

时间：2021年3月10日
全国政协十三届四次会议
第三场『委员通道』采访活动
地点：人民大会堂新闻发布厅

中央广播电视总台 CGTN 记者：

世界关注中国的“一国两制”，关注“一国两制”践行过程当中，中华文化的同根同源到底在怎么影响着“两岸三地”的文化自信和文化认同。我们想请教一下在澳门的最新情况，请您来分享一下您的观察。

张宗真：

澳门是中国第一个对外开放口岸，中华文化在与西方文化的融合过程中，始终保持着自己的特色与传承，并且占据主导地位。这是“一国两制”成功实践的重要基础。

《七子之歌》中唱道：“他们掳去的是我的肉体，你依然保管我内心的灵魂。”这个灵魂就是中华文化。“四书”“五经”首先是在澳门翻译成外文传到西方，并对西方的启蒙运动产生重大影响。西方的自然科学、天文、绘画、艺术也是首先通过我们澳门传入内地的。中国历史是澳门学校的必修课，传统民俗中，如科仪道乐、醉舞龙在内地已经失传，但是在我们澳门保存完好。贺一诚行政长官多次强调，在中西并举、古今同在的澳门，保护与传承中华历史文化是特别行政区政府的神圣使命与责任。

每年的 12 月 20 日是我们澳门回归的盛大节日。2014 年的这一天，更是澳门中华历史传承史上最光辉的日子。这一天，习近平主席在澳门大学亲自给大学生上了一堂课，可以说是跨越 5000 年时空的中华文化公开课。习主席用哲学的思维、历史的尺度讲解中华文化的核心价值与文化自信。从此引发了澳门的青少年从文化角度去思考：什么样的制度适合我们澳门？什么样的制度适合我们国家？最后形成共识——文化、信仰与历史是制度的基础。

中国共产党帮 14 亿中国人民找到了最适合自己的发展道路，只有中国共产党有这样的博大胸怀，实事求是为澳门制定“一国两制”的伟大国策。“一国两制”就是中央给澳门人民的最大民主与最大自由。回归之前，中央承诺的任何事全部完成，没有一件不兑现。更为重要的是，澳门在发展过程中碰到任何困难，比如说这次抗疫，只要澳门提出，中央总是有求必应。其实一个母亲对自己亲生的儿子，由于客观条件的限制，也无法做到有求必应。不听党的话，我们听谁的话？不跟党走，我们跟谁走？

在中国共产党成立 100 周年来临之际，我还要给大家报告，听党话、跟党走是澳门社会最广泛的共识，澳门的青少年也是从这样的文化角度认识、了解、接受、拥护、追随中国共产党。他们内心向往长城、长江、黄山、黄河，向往北京天安门。我们澳门的孩子中有 1/4 在内地上学。绝大多数的青少年在政府的推动下，到内地系统地学习考察交流过。

面对西方的货币、科技、军事三大霸权对我国的极限打压，我个人认为，我们祖国至少在文化层面上有四大优势。第一，14 亿的中国人民是全世界所有民族中最吃苦耐劳的、人口最多的民族。第二，拥有 9100 万党员的中国共产党，是全世界所有政党中组织纪律性最强，一切为了人民，并且拥有最卓越中央领导核心的执政党。第三，我们中国还拥有世界上最悠久的长达 5000 年的文明传承。第四，经过改革开放 40 年的伟大实践，今天的中国比历史上任何时期都拥有更坚实的物质基础，让我们可以从容地面对所有的挑战。

澳门人民为祖国的伟大崛起而自豪，澳门人民为自己的中华文化而骄傲、自信。我还要告诉大家一句话，澳门人民深深相信，中华民族的伟大复兴是任何力量都阻挡不了的。

产业融合让广大台胞提升获得感

第十三届全国政协委员，台盟中央原秘书长　潘新洋

时间：2021年3月10日

全国政协十三届四次会议

第三场『委员通道』采访活动

地点：人民大会堂新闻发布厅

团结报团结网记者:

俗话说，未出正月都是年。今年春节有许多人为支持疫情防控，选择就地过年，我们发现这其中有不少您的乡亲——来自宝岛台湾的同胞们。能不能请您分享一下和他们一起过年的故事？另外，作为一名台籍政协委员，您对海峡两岸融合发展的前景和祖国统一大业有着怎样的期待呢？

潘新洋:

据我了解，今年受新冠疫情的影响，有7万多的台湾同胞留在大陆过春节，是往年的两倍多。广大台胞纷纷响应政府号召，在当地过年。这本身就是对祖国大陆疫情防控的有力支持，在此我也想为他们点个赞。为了让台胞在大陆同样能够感受到家的温馨和浓浓的年味儿，台盟中央举办了“两岸乡亲云上围炉”和“新春闹元宵”等线上线下联欢活动，数百名台湾乡亲和我们在连线中共话欢乐喜庆的中国年。不少台胞动情地表示，祝愿祖国更加繁荣富强，期盼国家能够早日实现统一。我们想象一下，如果越来越多的台湾同胞都能够心同此想，都能够认清两岸统一是大势所趋，那么祖国统一还会远吗？中华民族的伟大复兴还会远吗？

两岸融合发展的前景，我介绍几个亲身了解到的情况，应该能够说明问题。我认识一位在福建省漳平市种茶20多年的台湾茶农朋友，现在一家四代人生活、工作在福建。全家人安居乐业，生活得幸福美满。还有一位做牛樟芝生意的朋友告诉我，说现在大陆的综合条件和各种社会环境越来越好，他打算把新北市的老母亲接到大陆安度晚年。近两年，台湾到大陆从业的医师、教师、律师以及各种文化事业的工作者，可以用雨后春笋来形容。可见两岸众多领域的融合发展，给广大台湾同胞带来的获得感、幸福感和安全感越来越深刻，越来越明显。当前尽管两岸关系遭遇到了挫折，但是我们始终都有“不畏浮云遮望眼”的底气在，也一定会迎来“病树前头万木春”的盛景。随着大陆“十四五”规划的深入拓展，随着两岸融合发展的深入拓展，我相信两岸一定会应通尽通，也一定会给广大台湾同胞带来实实在在的融合发展的机遇和红利。

作为台籍委员，我们将会把倾听和反馈台湾2300万同胞乡亲的声音作为议政建言的重中之重，实时去关切他们的关切，多多地了解他们的意见和想法，为台湾同胞又快又好地融入祖国大陆多做实事。借此机会我也想呼吁，两岸本来就是一家人，两岸同胞应该大力推动两岸融合发展，应该大力推动早日实现祖国统一。

承担起提升中华文化软实力的重任

第十三届全国政协委员，中华全国青年联合会第十三届委员会副主席　霍启刚

时间：2022年3月7日
全国政协十三届五次会议
第二场『委员通道』采访活动
地点：人民大会堂新闻发布厅

新华社记者：

今年是香港回归祖国25周年，在此之际如何进一步增强香港青少年对祖国的认同感？您是中国香港体育协会暨奥林匹克委员会成员，体育以其独有的魅力，是打破种族、阶层、文化隔阂的一座桥梁，您认为在增进内地与香港青少年爱国主义教育的实践当中，如何更好地发挥体育的桥梁作用？

霍启刚：

今年是香港回归祖国25周年的大日子，值得我们庆祝。自从《中华人民共和国国家安全法》在香港实施以后，香港的社会由乱至治。如果我们希望由治至兴的话，实现真正的人心回归是我们眼前最重要的工作。

回看我自己，我对我们国家第一个印象是我8岁那年，我父母带我到天安门广场看升旗仪式，非常震撼。如果你问我什么时候最感动，最感动肯定是2008年奥运会开幕的时候，我和6万人民一起在鸟巢唱国歌、看升国旗。国旗跟国歌代表了我们国家，是我们国家的象征。我希望我们香港所有的学校，以及我们以后推广的所有青少年活动、爱国主义活动，更重视国歌跟国旗的教育，而且要从娃娃抓起。尊重国歌，尊重国旗，是我们每一位最基本的公民责任。

读万卷书更要行万里路，我觉得推动交流合作是推广爱国教育的一个好办法。在新时代我们追求的是高质量发展，所以在交流项目上我们也得看高质量，还有高效益，还要主题性更强。我们要问问自己：这些孩子参加了交流团以后，有没有增加了他们对国家的认识，有没有培养了他们对某方面的兴趣？我们更要问问自己：有没有帮他们搭台、搭梯，解决他们眼前遇到的一些困难，让他们可以追梦？简单来讲，有没有提升了他们的认同感、获得感、幸福感？

说到这里，我想跟大家分享一个故事。好几年前，我带了 50 名香港的青少年到天津做一个足球的交流。第一天到了训练基地，有一名年轻人走过来，他说：“团长，跟你说一件事儿。我见到真草的球场，我特别特别高兴，我闻到青草的香味，我特别兴奋。我知道这些孩子每天都可以踢球，我希望以后成为一个足球运动员，我可以来天津，服务这个球队。”我听到以后特别高兴，我觉得这个团没有白费。这次团让他了解了国家，了解了这个地方，还让他有了一个新的目标，希望往职业足球那方面发展。我们要问自己：我们在交流团回去以后有没有帮助他们追梦，有没有解决他们眼前的一些问题？

还有一次，我记得是冬天，我带团到哈尔滨去交流考察。很多孩子是第一次感受到下雪，他们非常非常兴奋，也非常非常开心。我们国家刚刚举办了非常成功的冬季奥运会，冬残奥会也正在举办，我们国家已经累计得了 16 块奖牌。我建议以后可以以冬季运动作为切入点，举办更多的交流合作活动。我相信我们香港的年轻人绝对会非常感兴趣。

我们还有另外一个机遇，国家已经批准了广东省以及香港、澳门特别行政区共同承办 2025 年的全运会，我们应该抓紧机会，在这几年以体育为主题举办更多的交流。

不仅仅是这样，我们还要鼓励更多的体育产业融入大湾区的发展，让我们香港的年轻人不光在交流方面，还可以让自己的实践、自己的追梦，以体育为切入点，贡献大湾区的总体发展。

在这里容许我多说一句话，香港现在疫情形势非常非常严峻，我们香港的市民也非常揪心。昨天，韩正副总理传达了中央对香港老百姓的关心和关怀。在这里，我想感谢中央，感谢全国的人民，尤其是感谢前往香港前线的医疗人员、工作人员、专家们。在我们最需要你们的时候，你们给予我们大力的帮助，我想在这里衷心地向你们说一声感谢。

香港与内地本来就是一家人，血浓于水，只要我们团结起来，没有什么困难是我们跨不过去的。

真心实意拥护中国共产党是澳门的主旋律

第十三届、十四届全国政协委员，澳门基金会行政委员会主席　吴志良

时间：2022年3月7日
全国政协十三届五次会议
第二场“委员通道”采访活动
地点：人民大会堂新闻发布厅

中新社记者：

自回归祖国以来，澳门社会各界同心协力，取得了世人瞩目的成就，爱国爱澳传统得到很好传承。请您结合自身观察，谈一谈澳门的历史文化教育工作在其中发挥了怎样的作用。

吴志良：

大家都知道，澳门特别行政区的区旗又称为莲花旗，图案上有五星、莲花、大桥和海水，寓意着五星照耀下的莲花，能让澳门居民产生国家认同感，形象地领会“一国两制”的精神，也是澳门和平美好的象征。

我服务的澳门基金会，过去30多年来，举办了数百场展览，但没有一场像去年我们举办的庆祝中国共产党成立100周年大型主题展览令人感动。预约系统刚刚开放，电话就打爆了。短短23天展期内，超过43000人、占澳门人口6%的观众参观了展览。这是澳门日均观展人数最多的一场展览，真实地反映了澳门同胞对中国共产党的真心拥护。这是一场全民的爱国主义教育，加强了澳门居民对中国近代史、对中国共产党百年光辉历程的系统了解和认识，巩固了澳门社会的政治基础。

爱国爱澳、真心实意拥护中国共产党，是澳门各界最大的共识，也是澳门的主旋律。这是澳门长期坚持历史文化和爱国主义教育的结果。历史文化和爱国主义教育使澳门同胞，特别是青少年，从小认识到我从哪里来、我是谁这两个根本问题。

几年前，一个朋友对我说，他刚刚上幼儿园的小孙子非常调皮，但有一个时间点，却特别安静。每天晚上7点，澳门电视台新闻节目开始前播放国歌的时候，他会马上停止玩闹，立正面向电视机，等国歌播放完了之后才继续他的游戏。

澳门一向与内地血脉相连、守望相助，始终与祖国同呼吸、共命运。“回家”22 年，是澳门历史上经济发展最快、民生改善最大的时期，也是澳门居民共享伟大祖国尊严和荣耀感最强的时期。我相信有爱国爱澳教育，有国家认同，澳门一定会更好地融入国家发展大局，更加繁荣稳定。我们会继续努力。

祖国永远是台湾青年坚强的后盾

第十三届、十四届全国政协委员，福建省人民政府副省长，台盟中央常委，台盟福建省委会主委　江尔雄

时间：2022年3月7日

全国政协十三届五次会议

第二场『委员通道』采访活动

地点：人民大会堂新闻发布厅

中国日报记者：

我们注意到现在来大陆发展的台湾青年越来越多，他们活跃在各行各业。您的工作会接触到许多在大陆的台湾青年，您认为他们的发展如何？另外，您怎么看待近年来有越来越多的台湾青年积极把握祖国发展大势，融入到中华民族伟大复兴的历史进程中来？

江尔雄：

台湾青年在大陆发展得很好，未来会更好。

我就给你讲讲我的小老乡陈文成的故事吧。文成是北京大学的一名体育老师。2011 年的时候，他从台湾彰化来到北京。这些年我时不时地能听到他的好消息：姐，我读博了；我博士后毕业了；我留校当老师了；我结婚了；我有小宝宝了，是个女孩。我总是为他感到高兴。

2008 年北京奥运会的时候，文成还在台湾读本科，他读的是体育教育专业。当时他就在想，如果有朝一日能够参与到祖国的重大体育赛事中就好了。这次北京冬奥会，文成梦想成真了，他成了一名志愿者，在北京紫竹院公园的门口宣传冬奥。他还组织了 50 名台籍大学生到延庆体验滑雪。就像刚才霍启刚委员说的，台湾跟香港是一样的，少见冰雪。但是文成说，3 亿中国人上冰雪，台湾同胞没有缺席。

我始终坚信，海峡隔两岸，不阻彩云飞。越来越多的台湾青年像文成这样，用细心的脚步和扎根的信心，回应大陆不断出台的惠台政策。

光是在我们福建，台青就已经超过 4 万人。两岸青年手拉着手，心连着心。你看，在校园里，他们是“同桌的你”；在职场上，他们是伙伴，是队友；在生活中，他们可能成为爱人。他们就像涓涓细流，汇聚起了实现民族复兴的滚滚浪潮，势不可挡。

事实上，两岸青年一起打拼，他们不仅一起唱响了《爱拼才会赢》这首古早的歌，他们还唱火了另一首歌，叫《我们同唱一首歌》。这首歌是由两岸的音乐人共同创作和演唱的。我很喜欢这首歌，它唱出了我们台湾人的归乡情愫。

说来这首歌背后的故事还跟我有关系。去年，在北京读书的台湾学生林彦辰拿着半张族谱找到了我，说想找到故乡。在我们的帮助下，非常快，彦辰就带着他的弟弟妹妹回到了爷爷心心念念的故乡福建莆田。他们认祖归宗，祭拜祖先。我当时在现场感慨万千。是啊，两岸割舍不断的血脉亲源就是这样，在一代又一代的年轻人身上延续。因为我们血脉里流淌的都是中华民族的血，我们精神上坚守的都是中华民族的魂。

在这里，我想对两岸青年说，当今的时代是中华民族大发展、大作为的时代。祖国永远是台湾青年坚强的后盾，祖国也需要两岸青年来共同建设。正如习近平总书记说的，两岸青年要勇担重任、团结友爱、携手打拼。我们热忱地欢迎台湾青年到祖国大陆来追梦、筑梦、圆梦。

大湾区会成为香港发展大舞台

时间：2023年3月7日
全国政协十四届一次会议
第二场『委员通道』采访活动
地点：人民大会堂新闻发布厅

第十四届全国政协委员，中华全国工商业联合会副主席，信德集团有限公司行政主席兼董事总经理何超琼

香港大公文汇传媒集团记者：

我们知道今年是发布《粤港澳大湾区发展规划纲要》的四周年，想请问，您是否感受到了粤港澳大湾区内的三地协力融通？在大湾区的规划下，香港具备哪些优势？又该如何抓住大湾区未来的发展机遇？

何超琼：

有人说我是澳门人，有人说我是香港人，我会说我是大湾区人。

大湾区内九个城市加两个特别行政区，大家同饮一江水，同享千年岭南文化，都喜欢吃皮蛋瘦肉粥，也都具备同样的吃苦耐劳的品德。《粤港澳大湾区发展规划纲要》在 2019 年出台后，对 11 个城市（特别行政区）的优势发展也带来了非常清晰的指引，尤其在协同合作方面，也给了非常清晰的引导。我们该用好国家支持政策，优势互补，其实“9+2”早已超过了“11”。

大湾区在 2020 年时的人口已经超过 8600 万，在 2021 年，它的经济总量已经达到 12.6 万亿元人民币。这些数据代表什么呢？我看到的是庞大的市场、丰厚的人力资源以及无限的发展潜力。

香港正好也进入了由治及兴的新阶段，也要抓发展，大湾区将会成为香港发展的大舞台。香港是高度开放和国际化的城市，是国际金融、航运贸易中心和航空枢纽，有高品级的专业服务，享誉全球，再加上“一国两制”的独特优势，香港应该担当大湾区“引进来、走出去”的超级联系人。

有优势又如何？那就更要抓紧大湾区发展的机遇，才能把优势赋能到国家建设当中。就像我过去 25 年来在大湾区的工作，在 25 年前就开展了我第一份跟粤港澳合作相关的工作。当时香港才刚回归，内地也正实施历史性的改革开放决策，已经能够为珠三角展示出非常重要的发展潜力。我看在眼中，觉得香港不能独善其身。在 1999 年，就在我要进入这个湾区里面开拓跨境船舶业务的时候，我就与国企合作开拓海上交通网络，发挥香港的独特优势，也奠定了往后湾区的联通交通枢纽，以及今天的大湾区发展的重要基础。

今天我们看到港珠澳大桥也已经建成了，进一步把香港、澳门、珠海连接在一起。我非常幸运，可以在大桥优化完成运输工作上继续投进。到今天，大湾区已经拥有搭建好的全球独有的海陆空接驳多模式联动交通平台，而我在这之中作为一个见证者、推动者、参与者，感到无比光荣和自豪。

香港、澳门与大湾区九个城市本来就是同根同源的一家人，手足之情时刻盘踞在心里，只要目标一致、同心协力、凝聚共识，用好国家赋予我们各自的优势，就能各自定位，把大湾区做大做强。我相信大湾区肯定能在实现中国式现代化与携手共圆中国梦中起到非常好的展示作用，而且为搭建人类命运共同体发出正能量、作出正面的贡献。

支持澳门青年融入国家发展大局

时间：2023年3月7日

全国政协十四届一次会议

第二场『委员通道』采访活动

地点：人民大会堂新闻发布厅

第十四届全国政协委员，澳门特别行政区政府行政会委员　马志毅

中国日报记者：

这些年我们看到国家出台了很多有利于大湾区建设和港澳青年人才发展的政策，想请问您，作为来自澳门的全国政协委员，您在帮助更多的澳门青年积极融入国家发展大局方面都做了哪些工作，有哪些体会？

马志毅：

澳门回归20多年来，在中央政府和祖国的大力支持下，实现了经济社会各个领域的蓬勃发展，取得了令人瞩目的成就。在这个过程中，澳门的青年无疑是一支重要的力量。我非常重视跟青年朋友的交流，鼓励他们树立目标，支持他们融入国家的发展大局。

我曾经举办过多次的政协委员走进校园活动，邀请政协委员给学生讲述他们的奋斗故事，讲述国家的发展与改革的成就，增进他们对国家的认同感和归属感。我很高兴的是，几年来，我们的活动已经覆盖了澳门30多所大中院校，参与的学生超过11000人。

有青年学生跟我讲，过去他们感觉政协非常神秘，但是通过参与活动，他们发觉原来政协就在他们的身旁，各行各业都可以通过自己的奋斗成为政协的一分子。这正是我们举办活动的初心，对学生的成长成才产生了深远的影响，增进他们对国家的认同，让爱国爱澳的观念在一代又一代的澳门青年心中生根萌芽。

我鼓励澳门青年到内地去走走，亲身感受、亲眼目睹国家的发展与变化。2021年，我组织澳门的政协委员与澳门的青年赴贵州从江县考察交流。那里是澳门对口帮扶的县。在走访的过程中，每一位青年都忍不住为村民生活的巨大改善而表示惊叹和高兴。

在推进青年的工作过程中，我发现越来越多的港澳青年十分关心粤港澳大湾区以及横琴粤澳深度合作区的建设。从中央以及广东省市各个层面，都出台有利于港澳人才发展的政策，为他们深度融入大湾区，提供便利的条件和平台。

我曾经跟一个澳门的青年创业者交谈过，他们最初的时候在澳门创业，但是很难请到合适的研发人才。几年前，他们把公司的研发部门搬到横琴粤澳深度合作区，现在已经拥有了一支中等规模的研发团队。

作为澳区的全国政协委员，我会继续努力，通过各种方法为澳门青年解读更多国家以及大湾区的有利政策，让他们能够把握住时代的机遇，支持他们融入国家发展大局，为新时代祖国的发展贡献他们的智慧和力量。

让我们坐着高铁去台北，让台湾乡亲乘着飞机上武当

第十二届、十三届、十四届全国政协委员，台盟中央专职副主席兼秘书长，湖北省委会主委　江利平

时间：2023年3月7日
全国政协十四届一次会议
第二场『委员通道』采访活动
地点：人民大会堂新闻发布厅

人民政协报全媒体记者：

您是连任三届的台籍全国政协委员，能否分享一下对台湾这片故土的印象？在多年的履职工作中，您又是如何跨越浅浅的海峡，去助力推动两岸关系发展的？

江利平：

大家都坚信，民族复兴、国家统一是大势所趋、大义所在、民心所向。

我生长在湖北，祖辈扎根在台湾，十几年前我第一次回台南祭祖，那里的山川地貌、风土人情，让我倍感亲切。几十年来，我在湖北武汉工作生活，每次步行台北路，打卡宝岛公园、高雄社区，常让我深感两岸一家亲，同胞携手行，在双向奔赴中前景光明。

在台盟工作，我结识了很多台湾同胞。慎终追远、敦亲睦族的中华民族优良传统，在他们身上闪耀着光芒。我看到，很多台湾同胞每年农历四月二十六，会在湖北随州举行的世界华人炎帝故里寻根节上，香敬始祖、恭读颂文。

台湾嘉义县中埔乡顶埔村村民，每年农历三月三、九月九都会来到湖北武当寻根谒祖，我们像亲人一样团聚。2011 年，我随团去台湾交流，专程前往顶埔村，乡亲们热情相迎，一见面就拉着我们的手激动地说：“大陆亲人来了。”这感人的一幕，在我脑海里久久回荡。

我有一位台北好友老蔡，上世纪 90 年代末，老蔡带着资金和技术只身闯大陆。我们陪着他乘绿皮火车，踩乡间小路，一个个城市考察，一间间农场参观。他开办了奶牛养殖场和葡萄园。这些年老蔡事业发展稳定，他的三个孩子都考上了在武汉的大学。我去宜昌看他，他专门为我煮了一壶新鲜的牛奶。这牛奶甜在嘴上，暖在心头。

我看到祖国大陆始终敞开胸怀，期待游子，秉持尊重、关爱、造福两岸同胞的理念，推动两岸深化经济文化交流合作和各领域融合发展。以我们湖北为例，截至去年底，湖北连续出台多项促进两岸经济文化交流合作的举措，取得了良好效果。在鄂3500多名常住台胞以及近3000家台资企业实实在在受益。

相信血浓于水的亲情定能跨越浅浅的海峡，让我们一路欢歌、坐着高铁去台北，让台湾乡亲说走就走、乘着飞机上武当。我坚信两岸人民定能更加紧密地手拉手、肩并肩、心连心，共创中华民族伟大复兴的历史伟业。

第二辑

委员说通道

背后的故事

政协委员的“说”与“做”

唐江澎

2021年3月7日上午，在全国政协十三届四次会议举行的第二场“委员通道”集体采访活动上，我回应了媒体关于“教育真谛”的问题。短短4分钟采访，通过媒体传播，意想不到冲顶当天新闻热搜榜，24小时网络点击量达3亿，抖音点赞量破2000万，两会闭幕时网络点击量达10亿，截至2021年底超50亿。这是我担任全国政协委员5年中关注度最高的一次履职活动，也是我从教40年来影响面最广的一节“公开课”。

两会后，中央电视台持续关注这个话题，《面对面》《对话》《朗读者》等栏目邀请我做客访谈；数十家国内主流媒体主动到访我工作所在的江苏省锡山高级中学，发表了800多篇新闻报道。

亮相“委员通道”，有一点可以明确，记者会针对我的特定身份——教育界基层政协委员提问，一定会围绕社会各界关注的教育热点提问。两会前，我梳理过近20个教育方面的热点问题，然后逐步聚焦，剔除过于专业、具体的问题，再针对每一个“模拟问题”撰写“参考答案”。反复打磨每一份材料、每一个字句、每一处细节。走上“委员通道”后，总结这一做法，我将之概括为“1+4+4”模式。

“1”是一个“立意”。立意是答问的灵魂，是决定答问质量的根本因素，也是统摄答问话题的中心思想。“委员通道”场合的答问，面向全球直播，面对亿万受众，要超越一般性、具体性教育问题的纠缠与解释，在立德树人根本任务的站位上“立主脑”，尝试从教育本质的深度与教育理论的高度上来回答“培养什么人”“为谁培养人”“怎样培养人”等教育的基本问题，广泛凝聚社会的教育共识。

“4”是四条要求。一是要有故事，用真实具体、生动可感的场面、细节传达信息，如校长和学生比身高的故事，避免了风干的概念和空洞的描述，在人们眼前呈现出现在的孩子“发育良好、长势喜人”的场景。二是要有数据，数据的力量不仅在于支持观点的可信度，更能显示基层委员调研的深入度。无论是“一个年级有132个男生一个引体向上也拉不上去”，

全国政协“全面加强新时代中小学劳动教育”网络议政远程协商会连线锡山高中现场，唐江澎委员介绍“依托真实情境，养成勤劳习惯”的教育实践

还是“893个学生中戴眼镜的有774个”，都以翔实可靠的一手资料引发人们关注。三是要有热点，要有的放矢迎着热点发声，回应群众关切。选择“分数与素质”“升学率与竞争力”“课外补习与学习规律”等社会热点来谈，增强了针对性、现实性，引发了社会公众的广泛关注。四是要有“金句”，要用有哲理、有内涵、朗朗上口的语言来传播思想。现在大家熟知的“好的教育应该是培养终身运动者、责任担当者、问题解决者和优雅生活者”这句话，实际上是我们学校“毕业生形象”的“学生版”，是长期研究、系统梳理、广泛征求各方意见基础上字斟句酌推敲出来的，是对党的教育方针德智体美劳全面发展培养目标的具体化阐述，是对中国学生发展核心素养的校本化表述，是全球视域下学生胜任力、关键品格的中国化陈述，也是我校百年历史中育人目标的时代化叙述，更是我校教育使命的形象化描述。

后一个“4”是4分钟。要用700字左右的文字量，呈现之前“1+4”的所有要求。

3月6日下午，习近平总书记来到驻地看望医药卫生界、教育界政协委员并与大家共商国是。近三个小时里，总书记与委员深入交流、发表重要讲话。我边听边记边领悟，可以说总书记的重要讲话给我以深刻启示，尤其是教育要“培根铸魂，启智润心”八个字，它深刻揭示了教育的本质和使命，对教育真谛作出了精辟而透彻的诠释。

通道发言能引发共鸣，冷静下来梳理，我的体会是要处理好这样几个关系。

一是“大话题”与“小切口”。“委员通道”短短几分钟，说不完教育这个“大话题”，于是从“40年教龄”的老教师与年轻家长分享心得说起，启发更多人认识“养成良好习惯”与“激发探究兴趣”两大学习基本规律。

二是“大方针”与“新句子”。面对社会公众宣讲“为党育人、为国育才”教育方针时，应注重用新的语言形式，将我们思深悟透的内容深入浅出、形象通俗地表达出来，并努力使这种表达具有凝聚共识的力量。

三是“屏上说”与“务实做”。委员自身角色决定着屏上的言说不能是理念的演绎、口头的宣示，而是经得起检验的务实作为，是真实发生的教育场景。“屏上”说得好，校园对不上号，“网红校长”不只面临舆情大反转的灾难，更麻烦的是损害政协委员的形象、履职尽责的信誉。

“说”也是履职，而且是重要的履职方式。今后要进一步强化责任担当、提高政治站位，把涵育“四个者”、办出“好教育”的生动实践讲出来、传开去，为凝聚人民群众对好教育的共识、携手共育担当民族复兴大任一代新人贡献力量！

［作者系第十三届全国政协委员，中国教育学会副会长，江苏省锡中教育集团总校长，香港中文大学（深圳）当代教育研究所所长，上海交通大学教授，上海交通大学附属实验学校总督学］

为灵活就业群体发声，我更有“底气”了

曹　鹏

聆听政府工作报告、参与小组讨论、上“委员通道”接受采访……每每回想起参加2023年全国两会的情景，我总是心潮澎湃，充满了自豪感和使命感。

如果说，有幸当选全国政协委员，一开始带给我的是一种自豪感、荣誉感，那么，当我走进人民大会堂那一刻，从一名旁观者变成两会亲历者，从学习政策方针到提案参政议政，我感受到了肩膀上沉甸甸的责任，那是强烈的为国履职、为民发声的使命感。

尤其是政协闭幕会当天，我走上“委员通道”，回答媒体关于灵活就业人员的权益保障问题，更加感到意义重大。因为我代表的是身后2亿灵活就业群体，能为这些辛勤工作在一线的劳动者争取保障，不仅责任更大，价值也更大。

灵活就业包括个体经营、非全日制、新就业形态等灵活多样的就业方式，相信大家对这个群体都不陌生，我们经常看见的快递员、骑手、网约车司机等，大部分属于灵活就业群体。

我工作的单位京东集团，就有很多快递员，常年奔忙在一线：

53 岁的檀世旺在安徽石台县送快递十多年了，我们叫他“老檀”。有些在外地工作的子女担心家乡的老人不会收快递，干脆将收件人写成“檀世旺”，托他去送。于是，老檀每天带着上百件“寄给自己”的快递，日均 200 公里跑遍全县 8 个乡镇，一件件送到乡亲们手里。送药时，遇到老人不识字，他耐心地告诉老人怎么吃药；有人家里屋顶破了，他上房补瓦；看见老人毛衣开线了，他自己掏钱买件新的送去。能为乡亲们做点力所能及的事，老檀感到开心。

陕西汉中的罗明，2022 年的关键时刻与身为护士的妻子挺身而出，成为援沪夫妻档。他援沪 75 天，每天除了吃饭睡觉都在送货，住地与妻子相距不到 10 公里却从未见过一面。

还有北京的宋学文，送快递十多年，行程超过 32 万公里，送出 30 余万件包裹，零差评、零投诉、零安全事故，光荣地成为党的二十大代表。

很多灵活就业人员，就像他们一样，在平凡的岗位上默默耕耘，为社会作着贡献。但是，他们当中很多人没有明确的劳动关系，没有缴存社会保险，存在随时失业、保障不足等风险。我看过一组数据，2021 年底，我国灵活就业人员规模已达 2 亿，然而，当年参加职工医疗保险的不到 5000 万，这意味着，每 4 个灵活就业者中还不到 1 人参加医保。你说，他们不知道有风险吗？他们知道。你说，他们不怕吗？他们怕。但是，他们背后没有工作单位去缴纳社保，他们给自己上社保，交的费用就会比在职员工要多，这势必影响他们上保险的积极性和就业稳定性。

这不光影响他们本人，他们背后是亿万个家庭，他们可能就是一个家庭的“顶梁柱”，出不得闪失。党和政府一直关心灵活就业人员的权益保障问题，习近平总书记在二十大报告中作出部署，“健全劳动法律法规，完善

京东物流西南地区第一位退休快递员何光权的退休仪式

劳动关系协商协调机制，完善劳动者权益保障制度，加强灵活就业和新就业形态劳动者权益保障”。我在“委员通道”上发出呼吁，所有用工企业不管是大是小，都有责任也有义务把灵活就业者的权益保障好，把这些家庭“顶梁柱”扶稳了，让他们没有后顾之忧。

何光权是在京东物流西南地区第一位退休的快递员。他年轻时来过北京，去过上海，干过保安，开过餐馆……快 50 岁时，他不想到处跑了，回到老家成都成为一名京东快递员。这份工作，他干了 10 年，送出 30 万单包裹，带出来近百个徒弟，成为受成都市表彰的“城市超人”。前几年，权叔年满 60 岁从快递员岗位上退了下来，每个月可以领上养老金安享晚年了。

这几年，像权叔这样的退休快递员在我们这里越来越多，将来还会更多。京东与超过41万名一线员工签订了正式合同，为他们缴纳“五险一金”，购买商业保险。京东物流一线员工的收入远超行业平均水平，还享有“员工救助基金”“我在京东上大学”等企业福利。未来，京东还要投入数百亿元，为包括快递员在内的所有基层员工设立“住房保障基金”，希望能帮助他们买房安家！

快递员不用为看病、养老担心，还能获得深造学习的机会，假若自身或直系亲属突遭意外或大病，也有公司作为坚强的后盾提供救助。在这样的企业制度下，他们心稳了，工作起来自然是尽心尽责，真心对用户好。

灵活就业者是辛勤的奋斗者，生活因他们更加便利，社会因他们更加美好，他们用辛勤的汗水点燃了万家灯火，是新时代的重要贡献者。用工企业要用好保险工具，社会要撑好“保障伞”，真正让灵活就业者实现老有所养、病有所医、伤有所赔，让2亿灵活就业者受关心，更安心！

为了更好地保障灵活就业群体、新就业群体的权益，助力高质量就业，我有以下四点建议：

一是完善促进新就业形态发展的政策体系。建议加快出台新就业形态管理条例或管理办法，明确界定不同劳动关系标准。完善相关法律法规，出台相关配套制度，如职业伤害保障、算法规制、薪酬标准、休息休假、劳动安全等。

二是研究制定新就业形态劳动者公积金灵活发放制度。调研发现，不少快递员认为从工资扣公积金不如直接发现金。建议研究制定新就业群体公积金操作指引，允许公积金通过补贴形式发放，而非扣除，让他们得到更多实惠。同时，建议对在吸纳就业及社会保障方面有突出贡献的企业，给予就业补贴和财税优惠力度等奖补政策。

三是探索校企合作人才培养新模式。为加强新就业群体职业教育，建议发挥院校和企业优势，深化产教融合。比如建设现代物流学院、智能供应链学院等，在培养、师资、课程等方面探索校企合作新模式。

四是完善企业对新就业群体技能认证体系。建议加快新职业开发和职业通道设计，比如围绕智能设备操作、5G 网络维护、AI 和机器人操作等开发新职业。支持有培训能力的企业开发培训课程，对新就业形态劳动者开展业务能力、综合素质、职业发展等培训，加强企业技能等级认定培育。

（作者系第十四届全国政协委员，京东集团高级副总裁、技术委员会主席，京东云事业部总裁）

坐着高铁去台北，乘着飞机上武当

江利平

要和平、要发展、要交流、要合作，是两岸同胞的共同心声。“坐着高铁去台北，乘着飞机上武当”成为今年“委员通道”后大家见到我提到的高频词。

“委员通道”是政协大会的亮点之一，政协委员和海内外高度关注。一批全国政协委员包括我熟悉的台盟、台联界别和驻鄂全国政协委员在“委员通道”上讲述了政协好故事，传播了政协好声音，展现了委员风采，我为他们点赞。

在政协的大舞台上，如何讲好委员履职小故事，是通道上委员的必答题。作为台盟界别全国政协委员，在“委员通道”上讲什么？怎么讲？两岸同胞当前最希望什么？为了答好题，我认为要秉持两岸“一家亲”理念，以“推进两岸民间交流、促进祖国统一”为主题，体现两岸同胞血浓于水的乡情亲情、难以忘怀的切身感受，以及中华儿女对祖国统一、民族复兴的共同期盼。

2023 年 2 月中旬，我在武汉见到国务院台湾事务办公室新闻发言人朱凤莲，我们一起交流工作心得和体会，探讨一名政协委员如何在促进两岸融合发展、交流合作中发挥更大作用。两岸同名路、同名村是两岸同根同源的历史文化联结，是两岸共有的历史印记。在“委员通道”上，我讲在武汉工作期间，经常去台北路、宝岛公园打卡。会后我看到许多台青去武汉台北路打卡的视频，后来武汉市台北路的尽头是解放大道在台湾引起热议。朱凤莲回应：正如网友所言，“每一条路，都是回家的路”。我们期待两岸网友一起分享这些路、这些村背后的故事，一起发现在大陆的台湾，发现在台湾的大陆。

“委员通道”是全国政协积极探索实现全过程人民民主理论和实践的有效方式。“委员通道”上的委员作为全过程人民民主参与者、实践者、推动者、维护者的感受更为深刻。为了更好履职，更好反映台湾同胞心声，我请台湾民主自治同盟湖北省委员会和湖北省台湾同胞联谊会收集在鄂台胞意见建议，恰逢湖北省台湾同胞联谊会正在组织部分台商台青赴武当山开展今年首次交流活动，湖北省台湾同胞联谊会的同志在活动中专门听取了他们的意见建议。在前几年“委员通道”上，台盟、台联界别委员发挥优势，聚焦两岸，积极建

江利平 2023 年 3 月在湖北武汉准备出席两会

言，得到广泛好评，我向他们虚心请教，通过深入交流，认真研讨，我对通道采访有了更清晰的认识，进一步完善体现履职特色、把准切入点、流露真情实感的答题思路。

我曾担任武汉市政协委员、湖北省政协委员、全国政协委员，接待过许多台湾同胞，在台湾、在祖国大陆、在海外有许多台湾朋友，经历过许多两岸交流的感人故事。台湾嘉义县中埔乡顶埔村村民、老蔡等都是两岸同胞血浓于水的真实写照。我在“委员通道”的视频被湖北省台湾同胞联谊会当即发给台湾嘉义县中埔乡顶埔村主任委员罗健志，正在开车的他当即停车，连看三遍，泪流满面。2023 年 4 月下旬，两岸道教界谒祖联谊暨玄天上帝（真武大帝）文化研讨会在武当山召开，罗健志如愿重返武当山。阔别 3 年多，罗健志与老朋友们紧紧抱在一起，激动得半天说不出话来。老蔡的老大今年已在厦门市一家大医院工作，我又帮他与厦门市台湾同胞联谊会张劲秋会长建立联系，帮助他融入厦门，共同关心青年台胞在厦门发展。

“委员通道”“通民心，道民意”。电视实况转播后，我收到许多电话和微信。一位老领导当晚给我专门打来电话，对我“委员通道”上的发言给予肯定，并告知我许多老台胞收看了实况转播，一些台胞边看边流泪，希望两岸和平，祖国早日统一。同时，许多台商台青在朋友圈转发“委员通道”视频。“委员通道”上我提到了湖北武汉市、随州市、宜昌市、十堰市，当地媒体和市民十分关注。湖北十堰市民争相转发“坐着高铁去台北，乘着飞机上武当”的“委员通道”视频，十堰市委书记黄剑雄同志当晚向我表示感谢。“老蔡”的故事、台湾嘉义县中埔乡顶埔村村民纷纷登上热搜，媒体争相采访报道，两岸“一家亲”浑然天成。

“委员通道”“小切口、大话题”在全过程人民民主实践中开枝散叶。

中华全国台湾同胞联谊会的同志告知我，正是因为“委员通道”的宣传，中华全国台湾同胞联谊会今年将常住大陆台胞代表人士调研考察安排在十堰，调研绿色低碳发展示范区建设，考察“南水北调”工程、现代产业体系建设、美丽中国建设，参观武当山海峡两岸交流基地，进一步促进两岸同胞对同宗同源文化共同体的认同，举办“参与　助力　共享——台湾乡亲与中国式现代化”主题座谈，围绕台胞子女教育、台湾青年在祖国大陆融合发展、中华全国台湾同胞联谊会未来开展联谊活动等议题建言献策。

在中国式现代化新征程上推进祖国统一大业，实现中华民族伟大复兴是大话题，促进两岸民间交流是小切口。政协委员要始终牢牢把握正确的政治方向，把握大和小的辩证关系，讲好人民政协故事，讲好政协委员故事，展现我国全过程人民民主的生机活力。浅浅的台湾海峡，流淌着两岸人民血浓于水的亲情，沉静的历史下沸腾着希望的能量。两岸的好故事源源不断，相信会有更多的委员在“委员通道”中讲述更多的好故事，把好故事讲在两岸人民的心坎上。

（作者系第十四届全国政协委员，台盟中央专职副主席兼秘书长）

每个劳动者的故事都闪烁着生命的光芒

孙德宏

2022 年 3 月 7 日，我在全国政协十三届五次会议的“委员通道”上接受记者采访。记者希望我谈谈对新闻人的期望与建议。

这个问题很令我感慨——30 多年新闻工作的经历，几乎就是我职业生涯的全部。赶巧的是，就在走上“委员通道”的前几天，我刚刚办毕全职调往南开大学做教师的工作手续——也就是说，此时站在“委员通道”上的我，已经不再是一名职业记者，而是一名专职的新闻传播学教师了……

我说，建议新闻传播同行们多去“讴歌我们这个伟大的时代和伟大的人民”，多去“报道普通的劳动者”。因为他们通过自己的劳动和创造，与那些社会声望较高的科学家、企业家、艺术家、思想家一样，“拥有自己的自豪和尊严”。所以，他们每个人的故事“都可以成为新闻热点”“都闪烁着生命的光芒”，他们的正直、敬业、奋斗，一直在塑造并继续塑造着我们这个伟大时代和伟大人民的优秀品质，他们是我们时代的建设者、创造者、贡献者，他们就是“国之大者”。同时，我还觉得，原本就是这些普通劳动者一部分的新闻人——“我们也应该与他们一样，正直、敬业、奋斗”，进而“贡献社会，自豪自己”……

这些认识既是我几十年来新闻生涯的真实感受，也是我几十年来逐渐坚定起来的从事新闻报道的基本价值和阐释立场。

在几十年的职业新闻人的生涯中，我在采写了几百万字的新闻和评论的同时，还结合新闻实务做了一些新闻传播学的学术研究，其中主要是新闻传播美学的研究。在我看来，新闻必须实现审美传播——在互联网时代的今天，无论是传统媒体还是新媒体，它们提供给社会的新闻和言论作为人类精神产品的一部分，其根本目的都是一样的，即新闻传播的最高目标是促进社会的文明进步和人的自由全面发展。在这一点上，新闻传播与其他一切人文社会学科，比如文学、史学、哲学、经济学、法学等完全一样，都是要全力追求“促进社会的文明进步和人的自由全面发展”这个目标。大家所不同的是，各自实现这一目标的方式、手段不同而已。所以我的结论是，优秀的新闻传播产品一定是审美的——美是人的终极理想，所谓“新闻的审美传播”，就是我们的报道要尽可能多地关注人的生命状态，尤其是要更多地关注那些“普通人”的幸福和痛苦，关注他们的追求，既关注他们的物质需求，也关注他们的精神需

孙德宏委员在南开大学的课堂上授课

求——人文关切就是审美关切，审美关切就是人文关切，人文关怀才是新闻审美传播的核心价值。

把这样的“理念”落实到具体的新闻传播实务中去，就要求我们的传播主体，也就是记者、编辑们以真诚、平等、客观的心态，全身心地理解和尊重采访对象，尤其是那些普通劳动者——报道他们也就是报道我们自己。其实，在人格上，那些社会声望较高的科学家、企业家、艺术家等也都是普通的劳动者，我们新闻人也完全一样，只是大家贡献社会、完善自我的方式不同而已。具体而言，新闻人必须以求真求实的科学精神和求善求美的人文精神作为自己的职业价值观和方法论，努力提高自身的新闻价值判断能力，按新闻传播规律办事，在俯拾皆是的新闻事件中捕捉、挖掘、报道那些有利于社会的文明进步和人的自由全面发展的东西……

记者在提问中说到我 20 多年前所采写的新闻通讯《寻找时传祥》“留下了一个时代的印记”。我说，如果这个作品能够在很多年后还被人记起，那是因为它确认和弘扬了体现在那些普通劳动者身上的“诚实、敬业、奋斗”的优秀品质，是因为它与当时乃至今天的人们对人的精神家园的追求与渴望产生了心灵共鸣……我想，这就是我对这个报道及其影响的基本认识，也是我期望和建议年轻新闻人多去“报道普通劳动者”的原因吧。而现在这里所说的建议新闻人们把“求真求实的科学精神和求善求美的人文精神作为自己的价值观和方法论”，就算是对当时在“委员通道”上答记者问的一个引申吧——在互联网时代的今天，我更是坚定地认为，树立这样的价值观和方法论，才是一个“合格新闻人”成为“卓越新闻人”的“渡船”，是一个“合格新闻人”成为“卓越新闻人”的必由之路……

后来，听中央广播电视总台的同事们说，我和其他几位委员的这场“委员通道”的答记者问，通过各种渠道的受众达数亿之多，而且在后来很长的时间里很多同行和学生还经常与我谈起这个“答记者问”……这令我很吃惊，也很感动——认真想来，一个正常采访之所以有如此之大的反响，应该是它与大家有了“价值认同”的思想共鸣：“做一个诚实、敬业、奋斗的人是光荣的”——这岂止是一个新闻人的基本价值，它完全应该而且可以成为全社会所有人的基本价值。

非常感谢，在我结束记者生涯的时候有一个这样的机会思考并小结一下我的职业生命和体会，在几乎是全世界最大的传播平台上与年轻的新闻同行们进行交流。

我期望，在新闻传播教育的岗位上，把这些体会与青年学生——未来的新闻人做些交流，并期待他们在学习、掌握新闻传播基本手艺和基本规律的同时，使得上述这些价值也能成为他们的基本价值，成为他们的职业追求，进而为“促进社会的文明进步和人的自由全面发展”作出我们的贡献。

还是答记者问最后的那句话——贡献社会，自豪自己。

（作者系第十三届全国政协委员，南开大学新闻与传播学院教授）

建造中国人自己的空间站

杨利伟

2018 年 3 月 3 日，我在全国政协十三届一次会议首场“委员通道”采访活动上，回应了记者关于空间站的提问，得到了社会各界广泛关注。

一、背景和初衷

1992 年 9 月 21 日，党中央立足世界科技革命迅猛发展的时代背景、着眼我国社会主义现代化建设全局，为推动我国科技进步和创新、提升我国综合国力、增强民族凝聚力，作出实施载人航天工程的重大战略决策，从顶层制定了载人航天工程建设发展“三步走”战略目标，揭开了中国人进入太空的恢宏篇章。

自工程立项以来，历经 11 年攻关，2003 年 10 月 15 日，“神舟五号”任务实现首次载人航天飞行，中华民族实现了千年飞天梦想。随后 2005 年，“神舟六号”任务实现多人多天飞行，圆满实现了工程第一步任务目标。2006 年至 2013 年我们又成功实施了 3 次载人飞行任务，实现了我们自己的航天员身着自己研制生产的“飞天”舱外服执行首次出舱活动，迈出中国人漫步太空的第一步。

党的十八大以来，中国特色社会主义进入新时代。以习近平同志为核心的党中央，将航天事业置于中华民族伟大复兴战略全局，统筹擘画，整体推进，发出“探索浩瀚宇宙，发展航天事业，建设航天强国”的伟大号召；将建造空间站、建成国家太空实验室作为建设航天强国的重要引领性工程，要求我们“不断开创载人航天事业发展新局面，使中国人探索太空的脚步迈得更稳更远”。习近平总书记对工程研制建设任务的倾情关注、亲切关怀和谆谆嘱托，给我们以巨大的鞭策和鼓舞，为事业发展指明了方向、提供了遵循。

进入新时代，载人航天以蓬勃之势走上创新发展快车道。2016 年至 2017 年，我们圆满完成“长征七号”首飞、“天宫二号”、“神舟十一号”、“天舟一号”共 4 次飞行任务，建成空间实验室大系统，突破并掌握了航天员中期在轨驻留、空间站货物运输、推进剂在轨补加等关键技术，顺利实现工程第二步任务目标。可以说，经过 25 年的自力更生，我国空间技术水平和研制试验能力得到大幅提升和检验，为建造空间站奠定了坚实基础。

发展载人航天，是强国兴邦的战略举措，是建设创新型国家和科技强国的重要内容，是实现中国梦航天梦的生动实践。当今世界，太空是世界科技竞争的战略制高点，载人航天是大国博弈的重要领域。建造空间站是国家重大战略科技工程，空间站的建成有助于提升国家太空话语权，极大提升中华民族自信心和民族自豪感，也将为服务国家国计民生发挥重要引领作用。

空间站的建造是世界航天史上迄今为止最为复杂的高科技工程，放眼全球也只有美俄掌握此项技术，对于我们这样一个起步较晚、基础较弱的国家难度可想而知。建成我们中国自己的空间站，是我们这一代航天人向党、国家和人民许下的庄严承诺，我们有骨气、有底气、有信心、有能力去实现。2018年载人航天工程已全面进入备战空间站建造任务阶段，工程全体同志发扬“两弹一星”精神和载人航天精神，不忘初心、牢记使命，“撸起袖子加油干”，空间站三个舱段、“长征五号B”等航天器和火箭研制，以及航天员乘组训练工作紧张有序深入推进。

载人航天，人是关键要素，航天员是我国载人航天事业长远发展不可或缺的重要力量。空间站建造期间和未来长期运营，我们的航天员将长期在空间站连续驻留，对空间站进行在轨安装、维护维修，并开展大规模空间科学实验，任务的需要和发展对航天员数量、能力和素质都会有新的需求。经过充分研究论证，我们2018年上半年启动我国第三批预备航天员选拔，我们不再局限于从空军飞行员中选拔航天驾驶员，航天员类型更加丰富，选拔范围也会扩大到全国，涵盖科研院所、企事业单位、高校等，航天员队伍将迎来新同志，他们将肩负新的使命，参与和见证空间站的建造。

二、后续发展情况及影响

经过一代代航天人接续奋斗，历经10年砥砺奋进，我们优化形成了具有中国特色、规模适度、技术先进的空间站总体方案，新研空间站天和核心舱、问天实验舱、梦天实验舱三个舱段，以及“长征七号”和“长征五号B”两型运载火箭，形成了由神舟载人飞船和“长征二号F”运载火箭组成的天地载人往返运输系统，以及由“天舟”货运飞船和“长征七号”运载火箭组成的天地货物往返运输系统。

我们科学制定空间站建造任务规划，通过关键技术验证和建造两个阶段共12次飞行任务完成空间站在轨组装建造。2020年5月，我们成功实施了“长征五号B”运载火箭首飞，拉开了空间站建造任务的大幕。2021年4月至2022年11月，一年半时间，我们先后成功发射天和核心舱、问天实验舱、梦天实验舱3个空间站舱段，并通过4次“神舟”载人飞船和4次“天舟”货运飞船发射，实现了空间站在轨“T”字形结构组装建造和稳定运行，如期实现了工程第三步战略目标。

通过空间站的成功建造，我们国家突破和掌握了航天员长期在轨驻留、空间站组装建造、柔性大型舱外设置、出舱活动等多项重大关键技术，创造了中国航天员最长连续在轨飞行187天的纪录，成为世界第三个独立掌握空间站建造技术的国家，中国人在太空的脚步迈得更稳更远。

在紧张筹备空间站建造任务的同时，2018年5月我们正式启动了第三批预备航天员选拔工作，计划选拔17—18名预备航天员，除延续从空军飞行员中选拔航天驾驶员外，还从国内地方科研院所、高校、企事业单位中选拔航天飞行工程师和载荷专家两类航天员，首次将从事航空航天工程及相关领域专业的工程技术人员和从事载人航天工程空间科学研究及应用领域的科研人员纳入选拔范围。第三批预备航天员的选拔激发了国民参与载人航天的热情，在国内社会上掀起一拨载人航天热潮。

2020年9月，经过初选、复选、定选三个阶段的层层筛选，从全国约2500名报名候选对象中最终选拔出18名预备航天员，包括7名航天驾驶员、7名航天飞行工程师和4名载荷专家，他们是我国航天员队伍的新成员。通过第三批预备航天员的选拔，我国航天员队伍体系不断完善、结构更加合理，为我国航天员队伍长远建设、空间站建造及后续发展奠定了重要基础。

（作者系第十三届、十四届全国政协委员，载人航天工程副总设计师）

成长的通道，履职的舞台

杨　洋

长期以来，我对政协工作及其影响力深有感触，并且受益匪浅。由于我的本职工作具有较强的社会属性，几乎每年都会撰写相关的政协提案。比如每年3月3日的爱耳日，就是来源于1998年万选蓉、邓朴方、舒乙、叶廷芳等17位政协委员提交的政协提案《关于建议确立"爱耳日"宣传活动》，这一提案旨在改变我国耳聋发病率高、数量多、危害大、预防工作薄弱、科普宣传缺乏深度广度、群众爱耳护耳意识淡漠的现状。1999年11月30日，国家卫生部、教育部、民政部，中国残疾人联合会等十个部门积极落实提案，共同会签了文件《关于确定"爱耳日"的通知》，明确规定：每年3月3日为全国"爱耳日"，自2000年开始施行。这20多年来，在每年"爱耳日"活动期间，全国上下都会举办形式多样、声势浩大、影响广泛的宣传活动，据有关专家论证，实施"爱耳日"活动，我国每年可减少1万名新生听障儿童。

因此，当我知道自己担任第十四届全国政协委员后，深感使命光荣，责任重大。而参加"委员通道"采访，让我很兴奋，因为残障群体特别是听障群体，这30多年来，真的是跟国家一起进入了新时代，有了翻天覆地的变化，这是我特别想向大家表达的。

听力障碍从外在是看不见的。就算是佩戴上助听器或人工耳蜗，也还是有一些频率听不见。这会导致我们听到的声音不够完整，甚至是扭曲的，周围的声音世界像是打上了马赛克。这样导致了听力障碍成为一种隐性、容易被误解的残疾。1988 年中国残疾人联合会成立，即开展了抢救性的听障儿童康复工作。1995 年人工耳蜗在时任中国残疾人联合会主席邓朴方的关怀下首次进入中国。2005 年中国残疾人福利基金会“听力重建启聪行动”逐步开展。2011 年中国残疾人联合会“0—6 岁残疾儿童抢救性康复项目”诞生并顺利开展。2017 年语音转文字技术首次向民用普及，且对普通话语音文字转写准确率在 90% 以上。几乎每 5 年都有不同的发展，每一次的发展都给群体带来了相当大的助力。助听辅具和信息无障碍环境得到了极大的发展，自然就推动着融合教育和融合就业工作的进展，形成良性循环。

举一个小小的例子，可以想象一下，接打电话，对大家来说就像吃饭睡觉一样自然。但对听障群体来说，曾经是一项不可能的任务。因为电话全靠听，时间又短，它是完全地挑战我们的生理短板。多年来我们养成的习惯就是，不接电话，或是请身边的家人或同事帮忙接听，或是自己连猜带蒙。但是只要在社会当中生活，大家都知道，是离不开电话的。这样自然导致听障人士找工作处处碰壁，用人单位会怀疑我们无法独立完成工作。我们想贡献社会的同等能力因此仿佛被禁锢住了，受到遏制施展不开。

而现在可以利用语音转文字技术，接打电话了！不仅听力障碍群体可以使用“语音转文字”来协助听，而且手语朋友、言语障碍朋友还可以利用“文字转语音”来协助自己说。我自己就是 40 多年都没有接打过电话。我平生第一个电话对象是个熟悉的陌生人，他习惯打电话，很少用短信和微信，之前他找我从来都是给我办公室的其他同事打电话转告给我。这样来往传递半天才能讲清一件事情。而我下定决心直接跟他电话沟通，10 分

中国残疾人联合会理事杨洋参加人工耳蜗植入者研讨活动，正在观看植入人工耳蜗的听障小朋友们演出

钟就落实了三件事情。不单是我，包括他，都觉得十分便利快捷。接打电话的畅通拓展了听障群体的就业、生活环境，因听力障碍导致的信息缺失壁垒自此逐步消失。

没有人能预见到当下的无障碍环境的发展，包括我们自己。正因为我们生活在当下的幸福时代，才有了今天幸运的机会。是科技时代下的辅助器具助我们打破沟通壁垒，融合教育让我们插上梦想的翅膀，融合就业点亮我们整个人生，成就了我们享受幸福生活的根本。自此我从一个需要被照顾的人，成长为一个为残疾人服务的社会工作者，表面是个人的成长与蜕变，背后却得益于整个社会对残疾人接纳程度的明显提升。这些都离不开党和国家的格外关心和无障碍环境的逐步完善，化不可能为可能。

很荣幸我能够在“委员通道”的短短 4 分钟时间里，把以上的思考表达了出来。更感谢政协和社会对我们残障群体的支持、理解和包容，让我们获得了全社会的瞩目。其实我们残障群体的最大心愿就是，虽然我有残障，但我也能做到，也能照顾别人和帮助别人。我们最愿意外界把我们当成跟大家一样的普通人。我很高兴我做到了。

“委员通道”之后，我获得了很多的关注，使我有能力和机会能够多为社会和残障群体做点儿事，多解决实际问题。

社会也在不断地发展和进步。2023 年 6 月 28 日，十四届全国人大常委会第三次会议表决通过《中华人民共和国无障碍环境建设法》。这部法律自 2023 年 9 月 1 日起施行。《中华人民共和国无障碍环境建设法》采纳了我们的相关修改意见，比如第三十条，明确“同步字幕”，这对应以前的“字幕”是一个巨大的进步和升级，这是精准了解听障群体的信息缺失困境，在进行全面的行业调研后，提出的解决对策。这也是进入新时代后，社会文明进步的体现。

我们在果壳网的帮助下，推出深度科普稿件《植入人工耳蜗之后（他们听见了，但又没完全听见）》，3 天内浏览量达 6.3 万。我的政协提案也陆续得到国家卫生健康委员会医政司、国家药品监督管理局医疗器械注册管理司、最高人民法院信息技术服务中心的反馈。在双方沟通的过程中，我有机会向国家药品监督管理局医疗器械注册管理司反映了 106 位等待植入骨桥的听障儿童家长的呼声，都得到了积极的反馈。未来，希望能够在政协平台的助力之下，推动助听器和人工耳蜗纳入医保，推动视听一体化的听觉无障碍，也就是所有的语音都能被听见听清，可分辨，也都能被看见。想要做的事情太多，而“委员通道”的经历已成为我一生中最温暖的记忆，每当自己坚持不下去的时候，总是能从中找到积极的反馈和力量的源泉。

（作者系第十四届全国政协委员，中国残疾人联合会理事）

巡回审判，让正义更快，让民心更暖

李迎新

“巡回审判是如何让群众在家门口感受到公平正义的？”在2022年全国政协十三届五次会议首场“委员通道”上，《法治日报》的记者向我提出了这个问题。

“这要从一张病床说起。”面对提问，我首先想到的是自己此前办理过的案件。在这起案件中，农民工小张不慎在工地摔伤，包工头却拒绝赔偿，为了方便已经住院治疗的小张，我们走出法院，在小张的病床前开起了庭。经过两个小时的释法和调解，包工头一改蛮横态度，当场支付了医疗费并同意支付后续赔偿金。半年后，小张康复了，专门来信感谢法官“替我讨回公道，给了全家希望”。

这个案件其实就是巡回审判的一个简单缩影。近些年，经过各级法院尤其是基层法院的努力，巡回审判的发展道路上涌现出了很多感人的故事、精彩的瞬间：法官背着国徽爬山、骑马、溜索，跋山涉水去到偏远地区，将法庭搬到船上、田间、屋前，成为一道山村间的独特风景；还有的法官将法庭设在科创园区、搬到国境线上、开到老人床前，把司法公正直接带到群众身边，打通了服务群众的“最后一公里”。因为“就地立案、就地开庭、当庭调解、当庭结案”的优势特点，巡回审判得到了老百姓的真心认可，被人民亲切地称为“百姓身边的法庭”，把司法公正的阳光雨露送到了老百姓的身边。

事实上，巡回审判在我国由来已久。早在20世纪40年代初，红色革命根据地就已经孕育出了以时任陕甘宁边区高等法庭陇东分庭庭长马锡五同志名字命名的“马锡五审判方式”，这就是现代巡回审判的雏形。马锡五对司法工作非常重视，经常有计划地下乡，深入调查研究，开展巡回审判，及时纠正错案。他依靠群众、教育群众、尊重群众、便利群众，深受群众欢迎。他的办案方式减少了当事人的诉讼成本，将司法资源直接送到“田间地头”，将便民原则贯彻到每一个案件办理中去。1943年，马锡五根据《陕甘宁边区婚姻条例》依法审理了轰动一时的封捧儿与张柏儿婚姻案件，赢得了当地干部群众的好评和拥护。1955年，毛泽东同志在接见全国司法会议代表时，曾握着马锡五的手热情地说：“马锡五你来啦！你来了，事情就好办啦。”

2023年，李迎新在法院图书馆查阅资料

虽然已时隔数十年，但马锡五审判方式对于今天的我们仍然具有鲜明的时代意义，依旧闪耀着历久弥新的时代光芒。在新时代协调推进“四个全面”战略布局的背景下，继承和发展马锡五审判方式，持续发展巡回审判，对于促进司法为民、公正司法，全面推进依法治国具有重要意义。因此，诞生于新民主主义革命时期的巡回审判不仅是人民司法的一面旗帜，更是中国司法在红色传统中汲取的宝贵力量和财富。

优良的传统需要不断赓续和创新，才能富有蓬勃旺盛的生命力。巡回审判所展现的精神内核，正是司法为民、司法便民和审调结合。坚持司法为民立场，就要积极回应人民群众的新要求、新期待，切实维护人民群众的合法权益，将天理、国法、人情融入案件审判之中，积极修复因诉讼破裂的社会关系，为构建和谐社会贡献审判智慧与司法力量。贯彻司法便民原则，就要将司法资源主动下放到基层，在案件审理中以方便群众诉讼为主要目的，基于当前城乡差异和司法资源分配不均的现实考量，进一步拓展“送法下乡”深度和广度，同时完善司法进乡村的各项配套资源。落实审调结合机制，就要在新时代背景下持续巩固具有中国司法显著特征的制度机制，把能动司法嵌入人民群众的司法新需求，让老百姓真正在司法案件中得到“多、快、好、省”的实惠。

如果说此前的巡回审判主要集中于家事、邻里、经济纠纷等领域，那么现在的巡回审判则向更广阔的细分领域延伸。为贯彻绿色司法，巡回审判开进了山林间、矿区里；为优化营商环境，巡回审判走进了商务楼宇、企业厂区；为守护未成年人，巡回审判来到了校园里、课堂上……巡回审判不仅承载了便民的重要功能，更重要的是在巡回的过程中，能够将法律知识带进乡村、社区、机关、企业、学校，让平时鲜有机会接触法律、学习法律的不同群体在无须动身前来法院的前提下即可零距离观摩庭审，通过办理一案收到了带动一片的良好社会效果。

“随着时代的发展和互联网技术的运用，巡回审判也在不断创新和发展。”在“委员通道”上，我也向记者、现场的来宾和收看直播的观众们介绍了巡回审判换上技术外衣后的新面貌。以我所在的北京法院为例，近几年，“云法庭”的出现让巡回审判变得“触手可得”。2020年、2021年，北京法院在线庭审率连续两年位居全国首位，2022年在线庭审更是达到60余万次。此外，为解决群众因上班、农忙等无法及时参与诉讼的问题，确保司法服务“不打烊”，部分法院应需开设了“夜间云庭审”“周末云庭审”。针对部分群众反映的“到法院参与诉讼程序麻烦、办事晕头转向”的问题，北京法院还推出了一站式诉讼服务窗口、建立立体化智慧集约诉讼服务体系等举措，为群众带来了全新的高质量诉讼体验。在经济社会相对发达的地区，人们对于在线诉讼的需求催生了技术的不断更新迭代，从法庭到家门口再到随时随地，巡回审判的方式已经发生了翻天覆地的变化，在不变的精神内核下，巡回审判在新时代逐渐呈现出崭新面貌，司法便民有温度更有速度。

一次在“委员通道”上的简短回答，让巡回审判受到了更多人的关注。我相信，未来全国各级法院在持续拓展巡回审判场景、探索巡回审判更多可能性上将有更大作为，人民群众也将在不断完善的巡回审判制度中更加深切地感受到公平正义就在身边。

（作者系第十四届全国政协委员、社会和法制委员会委员，北京铁路运输中级法院副院长）

发挥自身之所长，贡献国家之所需

陈冯富珍

2019年两会期间，我有机会走上“委员通道”，向世界讲述中国应对突发重大疾病的强大能力和对全球的突出贡献。虽然我的讲述只有短短几分钟，但这沉甸甸的成绩单背后，是几十年来全国上下团结一心、长久努力的成果；是国家立足国情、放眼长远，把功夫下在平时，对人民群众生命安全和身体健康的切实维护；是国家对中国特色卫生健康发展道路的坚持与发展；是国家为推动世界和平发展、践行联合国可持续发展目标作出的巨大贡献。

国家对人民健康的保障和维护始终不变，从未停止。这些年来，我国居民健康状况得到明显改善，各项指标均达到发展中国家前列。同时，我们在深化医改、健康促进、医疗服务、基层卫生服务等能力建设方面也取得了显著的进步。从大家奋发向上的精神面貌和发自内心的笑容中，我们可以真切地感受到，中国人民是幸福的、快乐的，中国人民的获得感、幸福感、安全感在不断增强。国家始终将人民健康放在优先发展战略地位，2016年发布的《“健康中国2030”规划纲要》，为中国未来十几年的卫生健

陈冯富珍出席博鳌亚洲论坛全球健康论坛第二届大会

康工作指明了方向。通过有序、有效地推进这一纲要，我们一定会持续提升卫生健康发展成果，保障人民健康，维护国家安全和社会稳定。

与此同时，中国对全球卫生健康的贡献也日益突出。近十几年来，中国积极参与全球传染病疫情防控、重大灾害卫生救援等行动，先后加入应对圭亚那黄热病、西非埃博拉等疫情抗击工作，并倾力驰援菲律宾风灾、尼泊尔地震等自然灾害。中国主动参与全球卫生治理、推动全球卫生合作，如积极参与“南南合作”，签署“一带一路”卫生领域合作的谅解备忘录，开展对外医疗援助，引领国际应急救援行动，支援发展中国家卫生基础设施建设，参与全球重大政策问题的讨论和规则制定，搭建公共卫生领域全球合作与交流平台，举办卫生人才能力培训班等等。通过对发展中国家的公共卫生能力建设，聚焦消除贫穷、消除饥饿、加强医疗卫生教育等，贡献自身在卫生与健康领域的理念和实践经验，努力保障世界人民的生命健康。可以说，中国已从全球卫生合作的受益者，逐步成长为积极的建设者和贡献者。

"委员通道"让我有机会向世界分享中国在医疗卫生领域付出的极大努力，讲述中国兼济天下的情怀与担当，传递中国开放自信、踔厉奋发的好声音。"委员通道"也为政协委员们打开了展现履职风采、彰显使命担当的一扇窗。通道上，来自全国各地、各行各业的声音，都在为国家的建设与发展建言献策，为国家发展与社会进步贡献力量。我在"委员通道"上停留的时间有限，但我作为全国政协委员积极发挥主体作用、担当有为的脚步从未停止，我积极推动"人人享有健康"的努力从未松懈。

履职全国政协委员以来，我深感政协委员的身份不仅是一项政治荣誉，更是一份政治责任。几年来，我充分发挥港区委员的"双重积极作用"，充分发挥专业优势，积极推动公共卫生领域人才培养，努力提升我国公共卫生的国际影响力。

作为清华大学万科公共卫生与健康学院的创始院长，我深刻认识到大学在知识传播和国际交流中的重要作用。我带领学院与世界顶尖公共卫生学院在人才培养、科学研究等方面开展合作。经过三年的努力，学院与美国、瑞士、新加坡、泰国、智利、墨西哥及非洲等国家的顶尖公共卫生学院共同构建全球公共卫生学院院长联盟，致力于通过集结全球力量，推动双边及多边研究与创新，培养未来的公共卫生领袖，携手应对共同的公共卫生挑战。与此同时，我积极借助高端国际合作平台，分享中国卫生健康发展经验，支持和呼吁全球合作；牵头组织高水平国际会议，扩大对话和交流，传递中国好声音，讲述中国好故事。

卫生健康愈发成为人类生存与可持续发展的核心要素，是社会进步和经济复苏的新动能，推动卫生事业发展意义重大。放眼未来，我将继续发挥自身之所长，贡献国家之所需，在新时代新征程上持续为推动人人享有健康贡献自己的力量！

（作者系第十四届全国政协委员，博鳌亚洲论坛全球健康论坛大会主席，清华大学健康中国研究院学术委员会主任）

讲好深圳故事，唱响创新强音

陈志列

党的十八大以来，在以习近平同志为核心的党中央坚强领导下，人民政协事业在继承中发展，在发展中创新，完善了协商议政格局，强化了民主监督职能，拓展了团结联谊工作，加强了履职能力建设。从 2018 年开始，在全国两会上开设“委员通道”，邀请不同领域的委员代表接受集体采访，通过与媒体“零距离”交流的平台，向世界讲述改革开放的中国故事；让“新鲜出炉热气腾腾”的民意直达两会，让“民之所盼”直通“施政所向”，更增强了委员们的履职责任，让人们真切感受到中国式民主的脉搏为人民跳动。

2021 年 3 月 7 日在北京人民大会堂的经历，让我记忆犹新，至今历历在目。作为从深圳来的委员，在 2021 年全国政协十三届四次会议第二场“委员通道”上接受媒体记者的采访，我深感荣幸、倍感珍惜、倍感自豪。作为民营企业家委员的代表，要在“委员通道”上讲好深圳企业家的故事，更感到使命与责任重大。

在“委员通道”上讲述，我的思路是作为深圳的民营企业家代表，通过围绕讲述自己企业在创新发展过程中经历的几个典型事例，反映深圳民营企业在这片改革开放的创新沃土中奋力拼搏、茁壮成长的历程。其中一个例子是1995年深圳在中国创新了一个词叫“民办科技企业”。银行也敢于创新，1997年深圳发展银行的一个支行行长来到我们公司调研，我领他到工厂转一圈，他说具体技术没太看懂，但我们申请的300万元贷款就准备放给我，原因是：第一，我们从创业到现在快5年了没关门，那就是有盈利能力；第二，在车间的全过程中没人看他，说明员工手里活多、管理规范。另一个例子是1999年10月首届深圳中国国际高新技术成果交易会（简称“高交会”）开幕。当时深圳第一家创业科技投资公司（简称“创新投”）在高交会前几个月找到我们，说政府要投资高科技企业，但只做小股东，研祥是在高交会上首批签约的公司之一。“创新投”按照我们公司的估值，给我们投了2000万元，占12%的股份，这也意味着政府间接承认研祥的市值近2个亿。对当时注册资本不到100万元的我们而言，这简直是天文数字，无疑注入了一支强心剂，让我们底气大增。

3月7日上午在人民大会堂现场听到记者提出的问题：企业家在改革开放中如何勇立潮头？我当时就想到格局要再大一些，要提升到以在深圳改革开放精神激励下和良好营商环境沃土中，深圳民营企业坚持创新发展、不断攀登高峰为主线，来讲好深圳故事。所以，我马上调整思路，重新组织已有的素材，比较好地回答了这个问题。

民营经济发达、企业家活跃、高新技术发展迅速是深圳发展的重要特征。习近平总书记在深圳经济特区建立40周年庆祝大会上指出：“深圳是改革开放后党和人民一手缔造的崭新城市，是中国特色社会主义在一张白纸上的精彩演绎。”因此，我先分享了自己创业的故事。“我来自广东省深圳市南山区的粤海街道，研祥集团是这个‘网红街道’里的众多高科技企业之一。”“1991年我刚到深圳的时候，身上只有500块钱，今天研祥集团

陈志列在生产线

是中国企业500强。所以我发自内心地想说，没有改革开放就没有深圳，没有深圳就没有研祥。我们民营企业家就是党的改革开放好政策的见证者、受益者，当然，也是感恩者！”桃李不言，下自成蹊。我的亲身经历和切身感受，是深圳这座城市发展的一个生动注脚。我们深圳的民营企业有那么多是做高科技的，其中一个重要原因就是企业家们知恩图报，他们听党话、跟党走、不犹豫，他们敢喝“头啖汤”，他们走科技自立自强的道路，已经尝到了甜头，他们自信：“中华民族不比谁差！”

深圳的营商环境建设一直走在全国前列，一流的营商环境一直是深圳保持发展活力和创新动力的重要保障。党政机关、各级政府部门不断优化政务服务流程，他们实实在在是用“辛苦指数”换取企业的“发展指数”

和市民的“幸福指数”。针对这个特点，接下来我又讲了一个故事：有一年我去拜会国外一个著名城市的市长，当时，这个有着经济学家和律师头衔的市长向我抛出了一个问题：“陈先生，你今天要用一个我从来没有听过的理由，来解释为什么中国经济的发展速度比西方国家要快。”我当即回答说：“其中一个原因就是中国的公务员没有私人时间，他们周六和周日也在工作。”我想表达的是，党的政策对创新的强大支撑力和一线公务员的强大执行力，给予创新者们强大的动力，这就是中国走向富强的动力所在。

深圳的城市氛围、营商活力、公共服务和创新创业精神，为民营企业提供了茁壮成长所需的“阳光雨露”。在这里，“宇宙大厂”纷纷出圈、“小巨人”们扎堆涌现、中小企业“漫山遍野”，是深圳最引以为傲的一件事，也是深圳不断发展的最强势能。这就让我当时在“委员通道”上脱口而出：“改革开放让我们深圳的土特产早就不是荔枝了，现在深圳的土特产是企业家！”营商环境不好，怎么能盛产企业家呢？没想到我这一番妙喻，竟然让深圳“土特产”走红全国。新闻报道以后我的手机信息都“爆”了，引起了很多人的共鸣，当时用“现在深圳的土特产是企业家”作为关键句在百度搜索到的信息超过 200 万条。我通过讲述改革开放以来深圳民营企业的创业故事，道出了改革开放以来深圳的巨变与企业家的荣光。我这句“深圳的土特产是企业家”的宣传推介深圳的话语，让大家更进一步认识、了解了深圳，也为深圳赢得了美誉。

进入新时代，身处改革开放最前沿的我们，深深感受到了党中央和各级政府关心支持民营企业的力度和决心，深切感受到了全国营商环境的持续向好，也深刻感受到了当前国际形势变化对于企业增强自主创新能力的新要求。在改革开放 40 多年后的今天，深圳经济特区肩负着更加重要的使命，企业也应有更大的担当。人就是要有一口气，企业也应有一种精神。

我们要永葆“创”的精神，“闯”的劲头，“干”的作风，续写出更多的“春天故事”。现在研祥正怀揣着一个梦想，就是不仅要经营好一家企业，更要打造出一个能为民族争光的世界品牌；不仅要做中国业内领先，更要做这个行业在全世界的 No.1。扎根深圳 30 年的研祥，是深圳高新技术产业发展的一个缩影；与深圳这座极富改革开放创新基因的伟大城市共同成长，是高新技术企业之幸，更是研祥之幸。

（作者系第十三届全国政协委员，广东省工商业联合会主席）

千县工程百城行动，促优质医疗资源下沉，助基层诊疗能力提升

周　清

从事恶性肿瘤临床诊治工作 20 多年，“实现恶性肿瘤慢病化管理”已经成为支撑我临床和科研工作的核心动力。2023 年 3 月，首次作为全国政协委员心潮澎湃地聆听政府工作报告，跟医药卫生界的政协委员们一起商讨大家共同感兴趣的促进优质医疗资源下沉、加速建设信息化网络、助力规范化分级诊疗等话题，更是让我充满了使命感和自豪感。到了闭幕式那天，“委员通道”上短短几分钟娓娓道来的那个历尽艰辛异地就医的张奶奶的故事打动了无数屏幕前的观众，直播当天新浪微博的点击量过亿！那句“让恶性肿瘤成为在家门口医院诊治的慢性病”得到了各个角度观众的共鸣：医疗界同行发来信息说他们看了热血沸腾，患者家属转发给我各个病友群里的热议和感动，诸多媒体发来邀请要进一步深度报道……那一刻，我真正体会到了全国政协委员的影响力和责任使命，更意识到，那句话不应该只是口号或梦想，而是脚踏实地的行动！

一、组织撰写中国首部《县域肺癌临床诊疗路径》

肺癌是我国最常见的恶性肿瘤，不论城市还是农村，肺癌均位居恶性肿瘤发病率和死亡率首位。县域医疗机构在基层首诊、双向转诊、急慢分治、上下联动的分级诊疗模式中起到核心作用，但目前县域医疗机构对肺癌的诊治能力仍亟待提升。当前肺癌诊疗实践主要参考的临床指南包括《中国临床肿瘤学会（CSCO）原发性肺癌诊疗指南》、《中华医学会肺癌临床诊疗指南》、国家卫生健康委员会《原发性肺癌诊疗指南》、《中国肿瘤整合诊治指南・肺癌》（CACA）等，这些指南规范了肺癌的临床诊疗实践，促进了肺癌先进诊疗方案的落地实施，但在县域医疗机构层面的临床实操性仍需进一步提升。

为了推进“健康中国 2030”战略，落实全国整体肺癌分级诊疗政策，加速实现 2025 年国家“千县工程”目标，促进广大县域医院肺癌规范化诊疗，政协会议结束后，我组织成立了由十几个国内顶级肺癌专家组成的指导专家组和二十几个来自县域肿瘤中心的医生组成的编委会，我担任主编，共同撰写了我国第一部《县域肺癌临床诊疗路径》（简称《路径》）。为了让这个肺癌诊疗路径更加适合基层医疗机构，我们充分整合了学术证据、医保政策和县域可及性等多重因素，使这个路径成为提高县域肿瘤中心肺癌规范化、同质化诊疗的指导性文件。经过多次线上和线下研讨，修稿十余版，终于在 2023 年 7 月 18 日国家卫生健康委员会主办的“2023 健康中国发展大会”上正式发布了！该路径也得到了国家卫生健康委员会的认可、指导和支持，列为“千县工程”的推进工作内容之一，《路径》将全文发表在国家卫生健康委员会与中国医师协会委托的“医视界”平台和《中华肿瘤杂志》，作为县域肿瘤防治中心建设的指导依据和培训材料，填补了我国肺癌分级诊疗领域规范的空白。在完成这项工作的过程中，我充分体会到王沪宁主席讲到的“三个作用”和今年政府工作报告中指出的医疗卫生界工作重点“优质医疗资源下沉”的重要价值。

二、发起“合理用药·百城行动”

近年来，新型抗肿瘤药物层出不穷、发展迅猛，科学、合理、规范地使用抗肿瘤药物是规范化抗肿瘤临床实践的重要环节。自2018年至今，连续6年来，我作为主要执笔专家和学术秘书撰写了国家卫生健康委员会发布的《新型抗肿瘤药物临床应用指导原则》(简称《指导原则》)，并作为呼吸系统分册主编出版了呼吸系统肿瘤用药培训教材。为了让《指导原则》尽快落地，我作为中国胸部肿瘤研究协作组（CTONG）的副会长和秘书长，通过CTONG平台以及国家卫生健康委员会医政司委托健康报社主办的“合理用药·中国行动”全国宣传平台，于2023年3月18日共同发起了“合

“合理用药·百城行动”项目启动会

理用药·百城行动”项目。在全国各省市宣传和解读《指导原则》，联合多方力量共同推动肿瘤预防和规范化诊疗工作，保障诊疗水平均质化，为患者提供高质量肿瘤诊疗服务。截至目前，本项目已在全国22个省（直辖市）进行了73场会议的解读，有6000多名临床医生、药师和肿瘤管理一线的医务人员通过线上、线下的会议学习了《指导原则》，预计在今年11月底完成百场宣讲活动。

本项目得到了卫生健康委员会领导和合理用药组委会的高度关注。项目在各省落地执行时，福建、陕西、北京、内蒙古等省（市、自治区）医政领导也出席了本省的解读会。基于本项目对加强肿瘤用药管理和肿瘤规范诊疗推进的重要意义，“合理用药·百城行动”组委会推选本项目入围2023年“合理用药·中国行动”优秀案例榜单，上榜案例会在明年1月接受来自卫生健康委员会相关司局负责领导的评审。同时，主委会将编发“合理用药·中国行动”2023年度优秀案例合订本报送至国家卫生健康委员会相关司局，并散发给各级医院交流学习。作为制定《指导原则》的专家组成员和“百城行动”的发起人之一，我也将由组委会推荐申报2023合理用药年度人物的评选。

明年将立足于百城行动在今年取得的成效基础上，积极推动“百城行动2.0”，加强基层医院合理用药规范化指导与赋能，并出台口袋书等一系列学习工具，让《指导原则》落地于基层临床工作实践，使更多患者受益。

三、远程医疗名医在线，打造优质医疗资源下沉新模式

优质医疗资源下沉提升了基层医疗机构的服务水平，优质医疗资源得以普及到更广泛的地域和人群，使得更多的患者能够在家门口享受到优质的医疗服务，减轻了他们的经济负担，同时也增强了基层医疗机构的吸引

力。为了提高优质医疗资源下沉的效率和成效，我以广东省人民医院在江西赣州的分院肿瘤中心为试点，在广东省人民医院肿瘤医院、我院信息处和赣州医院肿瘤中心的共同推动下，建立了肺癌、乳腺癌、胃肠肿瘤和淋巴瘤四个病种每周各一次的“省医名医赣州查房”的远程查房模式，成功实现了实时病历分享，多学科 MDT 讨论，线上查房、线上会诊和线上教学“三位一体”的远程同质化诊疗模式。远程查房模式的开启，让革命老区的肺癌患者在家门口的医院就能接受到我院专家团的实时诊疗指导，也为当地的肿瘤团队带来了前沿的诊疗理念，提升了肿瘤的规范化诊疗，加速推进了国家区域医疗中心项目建设。

2023 年 8 月，广东省卫生健康委员会组织开展了“广东省肿瘤专科优质医疗资源下沉行动”，我作为首批优势医院的下沉行动负责人，承接了与珠海市人民医院的对口下沉工作，目前已经完成双方医院的合作协议，将依托《广东省肿瘤专科优质医疗资源下沉行动方案（2023—2025 年）》，利用我们与赣州医院远程医疗的经验，切实带动珠海市人民医院肿瘤专科的建设和发展。

推进分级诊疗制度，落实优质医疗资源下沉是实现医疗公平和高效的必经之路。在这个过程中，政协委员既是荣誉也是责任。随着规范化分级诊疗制度进一步推进，随着“千县工程”进一步落地，一定会在更大范围内实现“让恶性肿瘤成为在家门口医院诊治的慢性病”。而作为医药卫生界委员，我将持续认真履行委员的职责，立足本职，坚持积极建言资政，广泛凝聚有质量、有温度的共识，积极提出意见建议。让我们一起努力，让广大患者能够在基层医院得到有效的治疗和管理，让医疗资源得到更加合理的分配和利用。随着分级诊疗与优质医疗资源下沉的实施，将为医疗事业的发展注入新的动力和活力。让我们共同期待这个美好的未来，为更多的患者带来希望和福祉！让“委员通道”中提到的那个在基层医院诊治的张奶奶的故事成为千千万万群众的真实故事。

（作者系第十四届全国政协委员，广东省人民医院肿瘤医院院长）

回应社会热点是政协委员的责任

周玉梅

2021 年 3 月 7 日上午，我参加了全国政协十三届四次会议第二场“委员通道”采访活动，回应了记者提问。我是中国科学院微电子研究所从事集成电路领域研究的科研人员，我想我被提问应该是因为当下的“芯片热”。

因为地缘政治原因，我国的集成电路企业受到了美国的不平等对待，我内心很犹豫，犹豫的是在“委员通道”上的短短的问答时间里，是否能够准确地把一个专业性很强的领域观点用简洁易懂的语言表达出来，并且形成正面的能量传播出去。

自从华为海思被限制使用世界先进工艺制造芯片、荷兰阿斯麦（ASML）不再向中国大陆出售最先进光刻机开始，微电子、集成电路、芯片、7 纳米、5 纳米、EUV 光刻机等这些专业术语在媒体上频频出现，一时间似乎全国人民都了解了芯片，各个角度的新闻报道层出不穷，专业与不专业的表述，对的错的夹杂在一起，其中还有把旧新闻裹挟在新热点里，出现了“关公战秦琼”。与此同时，在 2020 年 12 月，国务院学位委员会批准设立集成电路科学与工程一级学科，并归类在新设立的新学科门类——交叉学科，这也成为热议的话题。

周玉梅 2018 年参加“加强国家技术创新中心建设，提高企业创新能力”主题调研

国家高度重视集成电路领域，连续几年在政府工作报告中都提到集成电路的发展，同时它也是媒体追逐的热点。准确地展示我国集成电路行业的成果，能让大众对我们当下的发展有清楚的认知，对未来充满信心。这是我在“委员通道”上要表达的，同时要用公众听得懂的语言来表达。

3 月 7 日上午“委员通道”采访活动顺利结束，由于是中央广播电视总台现场直播，其他很多媒体转播，采访内容被快速地传播，我收到了很多同行和朋友的反馈，认为讲得好，需要有专业的人士在媒体上正面发声，那一时刻让我感受到的就是委员的责任，也真正体会到“小切口、大话题”的作用。也是那一年，在中国科学院大学我遇到一个新入学的研究生，他说就是看了我在“委员通道”上被采访的视频，决定跨专业报考集成电路专业，我被这位热血青年感动。

两年时间过去了，每到两会期间仍然会有朋友把视频再次转发给我，为我点赞。我认为这是公众对“委员通道”履职形式的认同。

当今天再次回顾2021年全国政协十三届四次会议第二场“委员通道”的情景，浮现出来的仍是那句话：“回应社会热点问题是我们委员的责任！”感谢“委员通道”组的全体人员，没有他们的辛勤付出和全力支持，就不会有展现给世人的精彩的“委员通道”采访活动。2021年3月7日，一个让我记忆深刻的日子。

（作者系第十三届全国政协委员，中国科学院南京智能技术研究院院长）

好电影是硬道理

皇甫宜川

那天，我站在那里，努力让自己平静下来。

我下意识地去拿手机，才想起手机放在了人民大会堂外的保存柜里。

我抬眼望去，此刻的新闻大厅灯火通明，数百名中外记者的“长枪短炮”正对着数米之外的“委员通道”，丁佐宏、宋海良和曹鹏三位委员正站在那里回答记者的提问。

我和范扎根委员站在大厅一侧，静候上场。我们是第二组。第三组的周清、余静和韦朝晖三位委员也在附近等候。

那天是 2023 年 3 月 11 日。下午 2 点，全国政协第十四届一次会议第三场“委员通道”采访活动正式开始。这也是本次会议最后一场“委员通道”采访活动。之后，下午 3 点，在人民大会堂将举行本次会议的闭幕式。

紧张是必然的。我正了正领带。

作为一名电影工作者，有机会上“委员通道”，我既深感荣幸，更觉得责任重大。我必须珍惜这次机会，尽可能准确地表达出当下电影行业的心声，回答好社会关切的问题。

我是一名电影研究者，也是一本电影核心学术期刊的主编，还是国内

2023 年 6 月，皇甫宜川主持第二十五届上海国际电影节开幕论坛

唯一一份电影行业报的社长。对中国电影的历史及其当代发展，对中国电影面临的机遇与挑战，特别是三年疫情后，在刚刚过去的一个季度里，中国电影市场的表现对行业未来发展能提供什么样的指引，我当然有自己的观察和思考。我有专业上的自信。但是，真要站在万众瞩目的“委员通道”上，面对全国乃至全世界，回答社会对中国电影行业的关切，我真的能行吗？

答案当然只有一个，必须行！

是的，这个机会我不可能放弃。这个机会中国电影行业也不可能放弃。既然“必须行”，我能依靠的就只能是自己的专业积累和一直以来对行业发展的观察与思考，以及对中国电影深深的热爱。我相信，在经历了三年疫情后，中国电影行业能否快速复苏，一定是社会最关切的问题，实际上这也是电影行业自身最关切的问题。

那么，面对这样的关切，当下电影行业最需要的是什么呢？

毫无疑问，就是信心！

三年疫情，无论中国电影行业经历了怎样的困难，现在都必须要站立起来！这个时候，没有什么比信心更重要了！

那么，信心又从何而来呢？在我看来，今年“春节档”的市场表现，就是对信心的最好背书，或者说，今年“春节档”的市场表现，为中国电影行业重拾信心进行了一次几乎完美的市场验证。它表明，中国电影行业近几十年创新发展所积累的市场能量和市场基础仍然存在。它表明，三年疫情期间，中国电影行业不仅以各种方式为抗疫作出贡献，作出牺牲，而且许多电影人在严格遵守防疫要求的前提下，仍然在想方设法继续坚持创作和生产，坚持高品质保障下的艺术创新。今年“春节档”市场提供的丰富多样、品质优良的电影，就是最好的证明。

在我看来，“春节档”市场表现出的一系列数据，正是所谓“春江水暖鸭先知”。特别是1.29亿的观影人次，它表明，观众又再次回到了电影院，对中国电影行业来说，这就是鼓舞和希望，这就是信心！

是的，无论届时记者问什么样的问题，我都要把这种“信心”传递出去，用市场数据和学术逻辑告诉大家，中国电影行业不仅能够承续疫情之前良好的发展态势，而且将更加充满活力地为社会提供越来越丰富的优秀电影。

等待的过程比事情发生的过程更让人紧张。终于，现场主持人邀请下一组委员进入“通道”的声音在大厅里响起。这时候，突然间我觉得自己真的平静了下来，一直以来的紧张和压力似乎瞬间消失了。

我和范扎根委员向“通道”走去。

我用近4分钟的时间回答了新华社记者的提问。当谈到“面对疫情，面对从未有过的挑战和冲击，中国电影人从来未曾放弃对光影梦想的探索”时，那一刻我几乎要控制不住自己的眼泪。是的，三年疫情，中国电影人经历了太多的磨难。但是，我们扛过来了！

我终于结束了我的“答记者问”，鞠躬致谢！在心里，我真诚地感谢全国政协对电影行业的关心，真诚地感谢这样一个难得而重要的机会。

走出“委员通道”，我轻轻舒了一口气，竟然觉得异常平静。

参加完闭幕式，我驱车从会议住地返回家中。一切似乎都很平静，手机一直静悄悄的。晚上9点左右，似乎是突然间，新华社记者的提问和我回答的视频开始在互联网上以各种形式大量出现，几乎所有主流媒体以及许多自媒体都在报道和评论。微博和微信朋友圈开始热闹起来，大家纷纷转发并发表自己的看法。一些领导和朋友也发来私信表示赞赏和祝贺。这条视频很快成为当晚的文娱热搜。“好电影”也一时成为热词，不断有人在网络上发表对“好电影”的理解。直到今天，“有好电影才能有观众，有观众，电影才能够生存和发展”，以及“拍好的电影，以多样化的优秀的电影来满足人民日益增长的对美好生活的需要，就是中国电影发展的硬道理和着力点”，仍然是大家经常提及和议论的话题。

是的，拍好的电影，不仅是为了满足人民日益增长的对美好生活的需要，也是电影创作和生产规律的必然要求，更是“以人民为中心”这一理念在中国电影产业实践中的具体体现。

对于中国电影行业来说，好电影难能可贵，它是理念，是观众，是信心，是中国电影可持续发展的一块一块扎实的基石。

在本文交稿的时候，今年的“暑期档”即将收官。这是中国电影史上迄今为止票房最高、影片种类最为丰富、整体品质表现最为优良的“暑期档”。它再次表明，基于中华民族悠久历史与文化、基于当代中国社会实践与科技进步的中国电影创作与生产，是具有充沛活力和持续生命力的。同时，它也再次表明，中国电影行业近几十年创新发展所积累的市场能量和市场基础，正在得到有效释放，正在发挥重要的作用。特别是，中国电影观众对国产电影的热情和需求，不仅一如既往，而且正在日益增强，他们一直是并将继续是中国电影发展和创新最为重要的动力。是的，正是所有这些，为我们实现电影强国梦提供了坚实的基础和信心。

是的，无论如何，好电影是硬道理。

（作者系第十四届全国政协委员，《当代电影》杂志社社长、主编）

摆脱贫困是我人生最大的梦想

洛桑山丹

我出生在青海省化隆县一个普通的农民家庭。我的父母都是勤勤恳恳的农民，终身与土地打交道。父母的言传身教影响了我的一生，我从他们身上学到了艰苦朴素、勤劳善良、乐于助人的好品质。回望童年，吃一顿饱饭、穿一件新衣服是我们那个时代孩童最大的期盼，吃饱穿暖、摆脱贫困成了那时我们人生最大的目标和追求，也深刻体会到了贫穷是穷人最大的公敌。1978 年，我怀着孩童时的梦想随朋友到拉萨，就是这次偶然的机会，让我与西藏结下不解之缘。1983 年，经过艰难的长途跋涉，我又来到冈仁波齐神山和玛旁雍错圣湖所在地——西藏阿里。阿里曾是我多年心心念念的地方，来到阿里后，我更加热爱这片广袤无垠的土地。当时的我，从未曾预料到，我将在这片美丽的土地上生活这么长时间。

那个年代，我所接触的阿里偏远牧区，公共服务设施非常落后，信息闭塞、通行条件差、外来人员很少，群众吃穿住等基本生活都非常困难。慈悲利他是佛陀的根本情怀。为了践初心、行善事，20 岁时，按照普兰县信教群众的愿望，我选择留在阿里，除了念经祈祷，还力所能及地做一些寺庙文物修缮、赡养孤寡老人和残疾人、修路搭桥等方便群众的事情，但我总感觉收效甚微。

时间飞逝，转眼间我在阿里已经工作和生活了40个年头。这些年，我亲眼目睹和亲身体会到，党和国家为推动阿里发展和提高农牧民群众生产生活水平投入了不可估量的财力、人力、物力，阿里地区经济社会实现了一次又一次跨越，各项事业取得了历史性成就。党中央的亲切关怀和祖国内地兄弟省市的无私援助、数不胜数的便民利民惠民政策，以及边疆群众脸上洋溢的幸福笑容，仿佛都在说中国共产党才是将西藏人民从苦难引向幸福美好的“活菩萨”，我也更加崇拜和信仰中国共产党。

就在参加全国政协十三届四次会议前，我深入各县广泛调研、详细询

2023年9月4日，洛桑山丹副主席深入改则县先遣乡康绕村宣传动员群众搬迁工作，与群众促膝交谈，面对面倾听群众呼声

问相关部门，并了解到那次两会的前一年（2020年），阿里地区生产总值达到68.6亿元，是1965年的873倍；农村居民人均可支配收入达到13892元，是1965年的154倍；城镇居民人均可支配收入达到43988元，是1965年的116倍；固定资产投资完成52亿元，是1965年的2276倍；一般公共预算收入达到4.45亿元，是1965年的1105倍；社会消费品零售总额实现14.47亿元，是1965年的856倍；全地区工业总产值达到4.57亿元，是1965年的960倍。这都得益于中国共产党的英明领导和习近平总书记对阿里各族人民的特殊关怀，得益于对口支援单位的无私援助和各族人民的共同团结奋斗。

在党中央的亲切关怀、无限投入和全国兄弟省市的无私援助下，阿里地区群众出行难、住房难、吃菜难、取暖难、供氧难等问题得到基本解决，教育、医疗、就业、社会保障等民生事业实现跨越式发展。基础设施建设大幅提升，阿里与藏中电力联网工程正式投运，昆莎机场改扩建稳步推进，新建普兰机场顺利开工，新疆民丰至改则国道边防公路建设进展顺利，G317、G216国道全线贯通，公路通车里程达到2.13万公里，县、乡、村公路通畅率分别达到100%、95%、85%，行政村通信、通邮率达100%。建成加木灌区、热布加林灌区和狮泉河、象泉河流域治理等一大批重点水利项目，多油水库工程开工建设。5县县城和14个高海拔乡镇实现集中供暖，7县县城和37个乡镇实现集中供氧，全地区城镇化率达到30%。

特别让我兴奋的是，脱贫攻坚成绩斐然，截至2019年底，全地区累计减贫6124户23293人，7个贫困县顺利摘帽，139个贫困村全部退出，历史性消除绝对贫困。

短短几十年，跨越上千年。我从小为之奋斗的摆脱贫困梦终于实现了，喜悦和感恩的心情使我内心深处产生了一种大力宣传这些好事喜事的强大动力。

全国政协十三届四次会议已经开幕了，我有幸在人民大会堂新闻发布厅“委员通道”接受两会记者采访。站在“委员通道”上，面对国内外众多新闻媒体，我想说的故事数不胜数，想介绍中国共产党对西藏各族人民的特殊优惠政策，想介绍西藏和平解放以来翻天覆地的变化，想介绍西藏各族人民在党的英明领导下用勤劳双手脱贫致富情况，想介绍西藏的美丽风景和藏族群众脸上洋溢的幸福笑容，最终我选择了阿里亚热乡牧民向瓦的致富故事作为切入点，向全世界介绍了党的十八大以来，在习近平总书记的亲切关怀和党中央的特殊关心、全国各族人民的无私援助下，西藏取得的全方位进步、历史性成就。特别是 2020 年与全国一道如期完成脱贫攻坚任务，全面建成小康社会取得历史性重大成就，实现西藏人民生活方式一步跨千年的人间奇迹。

说着说着，我越来越激动。“我要为家乡代言，我希望为我们充满脱贫致富活力的西藏人民代言”这句话从我内心深处油然而发。我要感谢伟大的中国共产党，感谢伟大的祖国，感谢无私援助的兄弟省市，没有党的英明领导和特殊关心，没有祖国内地的无私援助，西藏人民脱贫致富的力量和信心无从谈起。

（作者系第十三届全国政协委员，西藏自治区阿里地区政协副主席、一级巡视员）

“委员通道”推动国家重要政策落地实施

敖虎山

“委员通道”关注人民对美好生活所需

作为十三届、十四届全国政协医药卫生界委员，我分别于2018年、2021年两次通过“委员通道”，倡导全社会关注和重视心肺复苏技术普及和院前急救事业发展。2018年，我手持自动体外除颤器（AED）走上两会“委员通道”，介绍心肺复苏技术的特点、我国心肺复苏普及工作存在的短板、提高我国心肺复苏普及率和AED配置率的有关建议等。2021年，我再次走上“委员通道”，介绍自2018年以来我国心肺复苏普及以及AED配置工作取得的显著成绩，同时呼吁将每年的1月20日设立为“国家急救日”，这项提议在当年两会期间获得3.7亿浏览点击量。两次介绍引起全社会广泛关注，同年“救命神器”AED成为两会媒体热词，各部门、各级政府、各企事业单位及有关机构都开始重视并通过各种方式推动AED普及率和配置率的提高，取得明显实效。特别是经历新冠疫情之后，院前急救事业也获得了更大的发展机遇，是提升整个国家应急救护能力建设的重要内容，“委员通道”在推动这一关乎人民健康的重要工作过程中发挥了不可替代的积极作用。

2022 年 1 月 20 日，中国心胸血管麻醉学会主办——该出手时“救”出手，“心手相连　点亮生命”·120“国家急救日”倡议行动网络直播现场，敖虎山委员正在进行急救科普教育

“委员通道”保障人民利益取得扎实成效

据统计，2019—2022 年，全国 AED 总体装机量快速增长，累计装机量超过 25 万台。在深圳市，2018 年当年在公共场所新配置 500 台 AED，截至目前已达到 2.3 万台，成功抢救近 60 人；2019 年前 3 年北京地铁站有 6 例心脏骤停患者无一例救活，2019 年北京市地铁站推行 AED 配置全覆盖，先后有 6 例心脏骤停患者在地铁里被救活，AED 配置使北京地铁增加一项重要的生命保障；北京冬奥会期间，北京、延庆、张家口三个赛区所有竞赛和非竞赛场馆全部配置 AED，为赛事所有参与者提供安全护航；同时 AED 设备及时进入清华大学、中国科技大学、北京师范大学、故宫博物院、毛主席纪念堂、中国人民革命军事博物馆、中国人民抗日战争纪念馆等单位，越来越多的公共场所开始注重配置 AED；海南、福建、湖北等地多个城市大部分中小学都逐步安装 AED；广东韶关将心肺复苏培训列入当地十

大民生实事，三个月完成培训 8.5 万人的目标。

“委员通道”推动国家重要政策落地实施

相关部门也将 AED 配置列为发展规划，比如《健康中国行动（2019—2030 年）》《“十四五”健康老龄化规划》等发展规划中，都明确要加快 AED 急救设备在各重要场所的配置。2019 年，公安部联合有关专业团体，在全系统开展“心手相连　点亮生命”现场急救训练进警营活动，在全国范围内开展民警干警的急救能力培训。同时部分中央国家机关也将心肺复苏技术列为干部职工教育培训的内容之一。2022 年，健康中国行动推进委员会办公室、国家卫生健康委员会办公厅、教育部、交通运输部等十三部委联合发文，在全国范围内开展“关爱生命‘救’在身边”活动，推动应急救护培训进社区、进农村、进校园、进企业、进机关、进家庭，逐步普及公共场所急救箱（包）等配备，要求各级政府和部门行动起来，在全国范围内掀起应急救护培训的新高潮。同年，心肺复苏急救知识正式写入全国普通高中教科书。部分省级政府、教育部门、交通运输部门也都纷纷印发文件，落实提高心肺复苏普及率和 AED 配置率的有关任务。在国家有关部门的指导下，国内有关专业团体针对我国心脏骤停发病率持续攀升的现状，研发适合我国人群特点的、可走入家庭的心肺复苏培训模拟人和便携式 AED，以科技创新来支撑院前急救事业发展。在全社会的共同努力下，我国心肺复苏普及率和 AED 配置率快速提升，全社会重视院前急救工作的氛围逐步形成。

“委员通道”是人民政协宣传工作的重要创新

作为一名医务工作者，每次走上“委员通道”，都深感责任重大、使命光荣，每一次发言我都确保聚焦人民健康事业发展中的重点问题。两次“委员通道”推动了新时期我国院前急救事业发展，为保障人民健康提供了更加坚实的基础。

一是“委员通道”为资政建言提供了一个新平台。“委员通道”为政协委员提供了一个聚焦经济社会发展重要问题、传达民情民意、展示中国发展新成就的全新平台。相比传统的方式，这种模式具有更加广泛的传播力、更加深远的影响力和更加生动的感染力，通过这种方式有力推动解决一些重要的民生问题，加强对国家治理的监管，让世界更好地认识中国。

二是“委员通道”可以凝聚更大共识，提振信心。时至今日，我通过“委员通道”呼吁的提高我国心肺复苏普及率和 AED 配置率的有关话题，仍被持续宣传，各项建议仍在持续推动落实中，影响深远。“委员通道”不仅表达现象，还定期追踪各项政策建议的落实情况，实实在在体现了了解民情要“真”、治国理政要“实”，进一步就经济社会发展的重要问题凝聚了社会共识，增强了公众的信心，提高了国际社会对中国的信心。

三是“委员通道”让参与者成为忠实的践行者。在“委员通道”的引领和感召下，我充分发挥专业优势，汇聚国内优秀的麻醉、急救专家和各方力量，主动成为提高我国心肺复苏普及率和 AED 配置率的忠实践行者，在创新培训模式、加强科技研发、推广公益普及等方面积极行动。按照习近平总书记提出的“国之大医”的要求，时刻牢记国之大者、民之所愿，以“委员通道”给予我的力量和期望，继续为保障人民健康作出自己应有的贡献。

（作者系第十三届、十四届全国政协委员，中国医学科学院阜外心血管病医院医保办公室主任）

被看见的力量

海尼扎提·托呼提

我从来没想过自己能够站在“委员通道”上，和全国乃至全世界人民分享我的故事。更没想到，自己能够临场发挥，用直播的黄金时间给自己的家乡新疆打广告，从而引起全疆人民在朋友圈的疯狂转发，邀请祖国各地的朋友来新疆旅游。

人的一生，没有那么多一蹴而就的高光时刻，大多时间都是在默默前行，等待收获。而在“委员通道”的那几分钟时间，当全世界的摄像机都对着我，镜头外所有的目光都聚焦于我的时候，我才知道，自己多年来的默默前行，终于得到了肯定，也成为我 30 多年来的最高光时刻。

我在“委员通道”落落大方、热情洋溢的表达，获得了所有人的认可和肯定。

我出生于一个普通的维吾尔族家庭，我有三个姐姐。20 世纪 80 年代，父亲就力排众议，让自己的孩子都去上用普通话教学的学校，那个年代，大部分的少数民族家庭都会选择让自己的孩子去上当地的民族语言学校，而我父亲的这个选择，让我的国家通用语言的表达力，要超过身边很多少数民族家庭的孩子。

当我看到身边的同学都能引经据典，用简短的古诗词来表达内心所想，抑或行云流水般完成一篇作文时，我除了惊叹于中华文字的博大精深，也暗暗发誓自己也要努力做到和大家一样。所以我从小就去其他汉族同学家里借书，开始背“四书五经”，背字典。我的小学同学王林伟，家里有整整四墙面的书柜，我们两个就经常泡在一起，他念一段，我念一段，于是我的普通话发音也变得越来越纯正。

也正是这个原因，我的大部分创业经历或者从事的相关工作，都和文字、表达相关。哪怕现在做短视频，虽然一个视频只有不到200字的文案，我也会帮助出镜的同事精雕细琢，打造爆款文案，一个视频获得几百万的播放量也轻轻松松。

我想，这就是岁月沉积的力量吧。你的所有的努力，都会在某个时刻最终融为一体，给予你回报。

而我全然没想到，自己终有一天，会站在“委员通道”上，向全世界诉说自己的故事，被全世界看见。

从创业开始，对于一个少数民族众多，各民族都有的新媒体行业，我就一直坚持带领团队学好国家通用语言，了解中华文化，了解彼此的生活习俗。我深知对于中华民族的家

海尼扎提参加新疆乌鲁木齐推动高质量发展会议，并作为出席嘉宾上台发言

庭成员，如果你的作品想要被全中国或者全世界看见，就需要学会用普通话交流表达。一开始，因为团队成员普通话不好，所有的作品都是维吾尔语，我告诉大家："这样不行，就算说不好普通话，也要让所有人能看见、看懂。"于是我让团队成员在视频底下打了普通话字幕，这在七八年以前，也算是首创。所以当时很多其他省份的网友看到我们的视频，都惊叹：原来新疆人这么搞笑，原来新疆年轻人的生活也这么丰富多彩。等到团队的人到了北京、上海这些大城市也可以被路人认出来的时候，他们开始主动学习普通话，我也亲自带领他们学习。到最后，我们的每个作品都是用普通话表达，而最终，我们的作品也获得了社会的极高认可，我也将团队取名石榴，寓意各民族像石榴籽一样紧紧抱在一起。

从"委员通道"下来的瞬间，我的眼泪从脸颊滑过。父亲在 2023 年 1 月 13 日去世，仅仅过去一个多月，我在 3 月 7 日经历了自己的高光时刻，父亲却没有看到，他也不会想到，他在上世纪 80 年代力排众议的选择，会成就自己的儿子站在祖国最高荣誉的采访台上，用标准流利的普通话，轻松自如地回答记者提问。

父亲转业前是一名驻守喀喇昆仑山的边防军人。他曾经给我讲过，他的班长，在上世纪 60 年代，陪他一起在氧气稀薄的山上，就给他教普通话，并且告诉父亲，热爱这个国家的方式有很多，不一定非要去轰轰烈烈，那点点滴滴的平凡小事的积累，就像学好普通话，更加了解中华文明，融入祖国的大家庭，也是一种热爱。

而他们也不会相信，他们在山上传递的那种精神，最终会散作满河星。

我想，比起很多能站在"委员通道""代表通道"回答记者提问并且有过很多轰轰烈烈事迹的前辈，我只是最平凡的一个。我之所以能站在那里，并不是我一个人，我是承接了上世纪 60 年代就从喀喇昆仑山上父亲和他的战友们传递下来的精神接力棒，用互联网新媒体传递给了千千万万的网友，而这种精神，点点滴滴汇聚成一条大河，用视频的方式，传递到了祖国各地，筑牢中华民族共同体意识，一代传递一代。

这种精神，就叫石榴精神。

（作者系第十四届全国政协委员，新疆石榴精神文化传媒有限公司总经理）

以体育为载体，凝聚青年力量

霍启刚

不知不觉，在“委员通道”发言已经是一年多前的事情了。每次回想起2022年3月7日全国政协十三届五次会议第二场“委员通道”采访活动的场景，记者的提问、众人注视的目光还是历历在目，5分钟发言的每字每句和动作依然深藏在我心中。能让我透过“委员通道”这个平台向全国人民分享我的心声，绝对是我的光荣。

还记得当日的发言中，我主要聚焦于如何促进青年融入国家发展大局。“青年兴则国家兴，青年强则国家强”，青年是改革创新路上的排头兵，也是国家长远发展的重要动力，可谓其中一个最重要的群体。现时，国家正处于实现第二个百年奋斗目标的新时代，需要大力推进中国式现代化，加上面对着百年未有之大变局的挑战，凝聚青年共同为国家作出贡献变得更为重要。

事实上，青年工作就是我参与社会事务的起点。我最早参与的活动是民政事务总署举办的“青少年暑期活动”计划（Summer Youth Programme），负责带领香港青年到上海进行交流，让他们了解内地的发展情况。随着时间推移，香港不同团体都开始组织交流和实习活动，让青年有更多机会认识祖国，提高众人的国民意识和民族自豪感。

过去10多年，我从担任香港青年联会的骨干开始，到成为广东省青联委员、天津市青联委员，直至现在担任全国青联副主席，我一直都不忘支持青年发展、为青年争取机遇的初心。近年，我发现大多数香港青年都有到内地的经验，响应政策的号召，他们充分认识到国家发展之快，但对如何共同获取国家发展红利却毫无头绪。因此，青年人对交流团的需求出现了重大转变，希望有清晰主题性，让他们找到融入国家发展大局的机遇。因此，我在香港特别行政区政府的青年事务委员会担任青年内地交流及实习工作小组召集人时，积极推动青年工作建立新模式，以满足青年为融入国家发展大局的需求而改变。

在林林总总的交流模式中，我选择了以体育作为载体。体育是一种跨越地域的共同语言，也是凝聚人心、解决纷争、促进文明互鉴的重要方法，奥林匹克精神人所共知。在改革开放之初，祖父霍英东先生创立了省港杯，就是透过体育赛事加强内地和香港的人文交流。我认为这种模式多年来依然行之有效，这是香港青年人融入国家发展大局的重要切入点，让他们有机会在赛场上结交朋友，了解如何投身国家的文化体育产业。因此，我曾在全国两会中撰写相关提案，提出定期

霍启刚

举办足球和其他文化体育项目以促进内地与香港青年交流。我亦身体力行，在新冠疫情前筹办了多次的相关交流活动，包括我在“委员通道”中提到的香港青年到天津进行足球交流的活动。

新冠疫情已经结束，内地和香港的青年交流将会逐步回到之前的水平。今年开始，香港中学的必修课——公民与社会发展课规定学生要到内地考察，未来的青年交流团应该要增加具有主体性的学生双向交流和体验，并让他们可以有后续发展，这样才能吸引年轻人参与，提高交流成效。我认为可以聚焦与高质量发展相关的领域，例如科技、文化等，以配合国家发展大方向，促进人才间的交流。我将会传承祖父的精神，以体育为主体，加入其他元素和扩展项目种类，包括善用我国的海岸资源，发展水上体育项目，推动“一程多站”旅游等。

接下来，2025 年全运会将会在粤港澳大湾区举行，有部分项目会落户香港，相信能有效加强大湾区内青年的互动。在消息公布后，我亦以中国香港体育协会暨奥林匹克委员会、香港特别行政区立法会议员等身份推动工作，希望透过建立志愿者服务计划，让香港青年有更多参与感，加强身份认同和民族自豪感。除了青年交流，我认为这项盛事的另一层意义是促进中华文化输出和传播。过去，国家透过体育以“乒乓外交”重返国际舞台；在新时代下，将文化输出到世界每一个地方，让更多人认识我们的中华文化，建立人类命运共同体是我们需要完成的工作。香港作为中外文化艺术交流中心，将可以在这次的体育盛事中展现“一国两制”的优势，吸引来自世界各地的游客前来观赛，认识我们引以为傲的中华文化。

最后，我亦想谈一下在“委员通道”我对中共中央、全国人民，以及前往香港的医疗人员、工作人员和专家们做出的鞠躬感谢。国家一直以来都非常关注香港，这个躬我几年前就想鞠了。2019 年中央及时出手，支持香港止暴制乱，出台《中华人民共和国香港特别行政区维护国家安全法》，完善特区选举制度，使香港社会成功实现由乱及治，迈向由治及兴。在新冠疫情时，中央不断为香港提供物资和医疗支持，保障了香港居民的生命安全，这种恩情实在难以用笔墨来形容。

未来，香港与内地之间的互动将更为紧密，做好青年交流工作将可以为共同发展打下稳固基础。我亦会继续发挥我在社会上不同身份的优势，以不同平台为推进青年交流、发展作出贡献，特别是以体育为载体，凝聚各界人士和青年，让这些新力军撑起国家发展。

（作者系第十三届全国政协委员，中华全国青年联合会第十三届委员会副主席，中国文学艺术界联合会委员，香港特别行政区立法会议员，香港艺术发展局主席，霍英东集团副总裁，富融银行独立非执行董事，中粮集团有限公司外部董事）

第三辑

记者眼中的“委员通道”

胸怀“国之大者”，点亮“万家灯火”

中央广播电视总台　翟　壮

分级诊疗、灵活就业、惠企政策、扩大消费……从2018年首次开启“委员通道”采访活动以来，这些民生话题就开始在掌声和快门声的交织中，不断透过基层委员的声音传递出人民群众的关切，也让党的一项项惠民政策通过“委员通道”这个新平台“飞入寻常百姓家”。

2018年3月3日下午，两会历史上首场“委员通道”开启，来自科技、航空航天、农业、教育、文艺等领域的11位政协委员走上通道，回答了现场近百家媒体的采访。回望通道诞生六年来的历程，140余名来自不同领域、不同界别的全国政协委员先后走上红毯，在这条民心通道上，与中外记者“零距离”接触，在亲切质朴的现场交流中传达民意、凝聚共识。

一、汇聚不同界别委员　让基层委员在通道上传递心声

为做好“委员通道”的报道和直播呈现，中央广播电视总台新闻中心经济新闻部报道团队提前与全国政协新闻局的各位同人一起沟通策划，共同设计整体流程和话题选择，积极参与内容设计，一起定内容、抠细节。

工作中的翟壮

“委员通道”上，既有来自像杨利伟、杨洋这样的社会知名人士自带关注度的声音，也不乏来自基层委员最具泥土气息的呼吁。来自云南边境贫困地区学校教师张敏、北京方庄社区服务人员吴浩这样的基层工作人员，将自身工作的特色和习近平总书记思想、国家重点战略紧密结合，把在各自领域的实践和耕耘的心得从祖国的四面八方带到这条备受瞩目的红毯上。

二、直面问题　让“委员通道”更加立体客观

汇报成果、讲述成就，并不是“委员通道”开启的初衷。总台直播团队一直倡导能够让广大人民群众在通道上听到委员履职过程中对发现问题的思考，将国家有些方面亟待改善的事情在通道上真实表达出来。在 2019

年的首场“委员通道”采访活动中，来自贵州省盘州市淤泥乡的村党委书记余留芬就谈到农村垃圾和污水处理问题，并呼吁改善落后的农村网络环境。央视新闻主播海霞在通道上表示，在履职中发现在西部一些贫困地区，普通话的普及率并不高，她希望通过推广普通话来助力脱贫工作。这些民生问题的展示在体现委员们一心为民、主动作为的同时，也增强了“委员通道”的现实意义。

三、以新技术作保障　让现场细节更丰富饱满

2018年通道首次开启之时，直播团队就在人民大会堂中央大厅布设了由5个机位组成的直播系统，其中包括一个摇臂机位，希望从多角度全方位把通道上的精彩瞬间通过直播传递出去。央视新闻频道在每次通道开启时都进行了全程直播，全力保障活动的完整性。2018年，周晔委员现场教大家用手语说“谢谢你”，直播画面准确地捕捉到这一细节，镜头呈现出现场轻松温馨的氛围。整个直播过程流畅，让首次开启的这场“委员通道”接足了地气。

为了将“委员通道”这种“接地气”的气质更加自然、真实、准确地传达给观众，报道团队在机位及镜头设计方面苦下功夫、精心雕琢。2019年两会的直播报道中，报道团队增设了二楼高点机位，希望使整个现场叙事更加丰富完整，烘托出大会气氛。同时调整了进场机位，从视角上有效拉近了委员与观众的距离，增强了亲和力与感染力。在出场的方式上，也在前一年基础上做了微调，通道上的委员们分别从两个进口入场的形式，有效规避了委员们出场走成一条直线的情况，使得现场氛围更加真实自然，最大限度还原出现场细节。

四、优化报道形式　让表达方式更接地气

作为讨论最贴近基层群众的国计民生话题、传达基层民意的阵地，“委员通道”的动态一直以来备受关注。2023年两会报道中，3月4日下午14点时段“委员通道”在CCTV-新闻频道收视较两会前一周同时段提升幅度高达119%。

大屏端报道收获广泛关注、表现亮眼，小屏端同样敏锐捕捉、用心挖掘。为了满足全媒体报道两会的需求，新闻中心经济新闻部专门成立新媒体报道团队，拓展延伸新媒体直播路径，深挖“通道”和记者会现场以及背后的热点、亮点。在“通道”开通前半小时，新媒体平台就进行了直播，和观众一起预测哪位代表、委员、部长可能接受采访，可能就哪些社会关切答问等，引导收视期待。同时还带着网友一起探访记者会幕后的多个场景，让观众了解了以往不曾见过的两会现场。记者以自己独特的现场发现能力，挖掘出很多具有趣味性和揭秘性的细节，明显提升了节目吸引力和收视效果。同时，直播记者和观众进行实时互动，通过直播视频下的留言，记者就能了解到大家关注什么、观众还想看什么，从而为观众继续揭秘，形成线上线下的良好互动。

在直播会场之外，报道团队更进一步挖掘资源，制作融入记者发现和思考的深度报道。2019年两会期间，在《新闻联播》推出了《新闻特写：两会通道：通往民心　道出民意》《新闻特写：两会通道：通向世界　道出自信》《委员通道：讲述中国故事　共话发展蓝图》等多条重点报道，采用新闻特写、记者观察的方式，以记者发现的细节串联现场和采访，让现场更加生动鲜活。在节目中还大量采访了境外媒体，以外媒的视角立体展示了两会通道的新气象，深度呈现了开放民主的局面。

2022 年制作的融媒体系列节目《通道前后》在央视新闻新媒体、新闻频道同步推出，以耳目一新的表达方式，讲述了政协委员参政议政、实践全过程人民民主的中国故事。其中《五年见证委员通道“变”与“不变”》这集以记者观察的方式，深入挖掘当年两会通道的特点以及幕后故事。从“委员通道”开启五年的变化入手，发掘出五年间的“变”与“不变”——变的是通道的地点、记者提问的形式；不变的是主动发声，回应关切，传递信息。

在大屏小屏两端、会场内外，报道团队摸着石头过河，为能够更加生动讲述中国故事、传递中国声音，不断探索着创新性表达的可能。

五、应对挑战　让“委员通道”再次迸发新亮点

基层委员们的心声和呼吁从通道上源源不断地传出，而聚焦着委员们的镜头却经历了从未有过的挑战和波澜。2020 年突如其来的新冠疫情无疑给两会的宣传报道工作增加了不小难度。两会会期缩短、程序精简、上会记者人数大幅压缩，而发布会、通道等将在人民大会堂设置主会场，在梅地亚两会新闻中心设置分会场，首次采用异地视频连线的形式进行。

不同的对话形式，如何延续通道独有的“轻松自然、平等交流”的气质？如何讲好履职故事？这对报道团队的公共信号提供和直播工作提出了新的要求和挑战。为应对最新变化，新闻中心直播团队经过反复研讨沟通，首次设立两级切换系统，在人民大会堂一楼新闻发布厅、人民大会堂三楼金色大厅和梅地亚两会新闻中心等三个场地架设转播设备。两级切换系统之间，通过各种角度、景别、运动轨迹的镜头和双视窗勾连，体现出视频采访活动的特点和意境。同时在三个场地各架设一路安全镜头机位，作为备份使用，确保安全有效地提供 11 场活动的实时公共信号。

2020年5月21日，全国政协十三届三次会议开幕会在人民大会堂举行。会前，首场“委员通道”开启。与往年相比，“委员通道”首次以视频连线的形式开通采访，记者在梅地亚多功能厅提问，政协委员在人民大会堂新闻发布厅回答问题。新技术的运用，确保了两个会场的无缝对接。

在极为有限的筹备时间里，直播团队迅速适应和融入新的场地和流程，反复进行演练、打磨现场，克服诸多时艰，以专业素养平稳应对了挑战。具有创新性的报道手法和系统架构，加上“5G+4K/8K+AI”等新技术的加持，成就了“隔屏”的两会通道，使得普遍的视频连线采访在新形势下的两会报道中格外引人关注。

回顾“委员通道”开启以来六次的采访历程，从当初全国两会的一次创新开放之举，到成为讲述委员心声、回应民生关切的现实通道，“委员通道”走过的六年生动展现着我国全过程人民民主的蓬勃生机与源源活力。国之大者，“江山就是人民，人民就是江山”。而源于委员们胸怀“国之大者”，在各自领域辛勤实践、传达民意的建言献策，正通过深度协商、积极互动和充分表达，凝聚起各方力量和共识，筑起畅谈民意心声、传递信心力量的民心通道。胸怀“国之大者”，点亮“万家灯火”。六年间的“委员通道”为传递自信、民主、开放、立体的中国声音注入澎湃动力。

强信心、暖人心、聚民心

人民日报　杨　昊

“我留意到现场有不少记者戴着眼镜。当前，很多青少年儿童视力下降严重，您认为加强视力保护应该采取哪些举措？”

“谢谢你的提问，我首先观察到你也戴着眼镜，而且据我观察，眼睛度数在 400 度左右。”

这一幕发生在全国政协十三届二次会议开幕前一小时的首场“委员通道”上。

2019 年 3 月 3 日，作为全国两会的上会记者，我有幸在首场“委员通道”上向北京同仁医院眼科中心主任王宁利委员提问。我和王宁利委员这一次小小的互动，不仅活跃了现场的气氛，也回应了社会公众对于青少年近视问题的关切。

我国青少年儿童近视眼发病年龄小、患病率居高不下、度数深比例增加，王宁利委员认为，重点要做好“一增一减”。“‘增’是指增加户外活动时间，治疗近视既无‘神器’也无‘神医’，必须‘运动’和‘户外’二者兼备，才能起到预防效果。‘减’是指减少学生用眼负担。”在王宁利委员看来，重要的是全社会行动起来，“不能这个学校减，那个学校不减，或者学校减了，家里不减”。

“小学的近视，表现在学校，但根源在幼儿园。近视眼防控要关注中小学生，更要关注学龄前儿童。”王宁利委员说。

青少年的身体素质关系着整个民族的未来，王宁利委员的建议直面问题、切中肯綮，引来不少共鸣，还上了当天的微博热搜，不少新闻网站都对此进行了报道，后续传播影响力可见一斑。

这次“委员通道”上的提问，也让我对全国两会有了更加直观且深刻的体会：委员们发言诚恳、生动，聚焦问题，言之有物，提出自己的思考与建议，通过和媒体的互动，展现出大会务实、高效、民主、开放的办会理念。

2023 年 3 月，我再次以上会记者的身份参与全国两会。时隔四年，“委员通道”采访形式从网络视频连线、隔屏提问，再次回归现场面对面交流。委员们走到话筒前，接受媒体的集体采访，讲述心愿和心声，传递温暖与

人民日报社记者杨昊在全国政协十三届二次会议首场“委员通道”上提问

希望，这种感觉真是久违了。

2023年是全面贯彻落实党的二十大精神的开局之年，也是全国政协换届之年。“委员通道”上，委员们共话热点关切，传递信心力量。这一次，我非常荣幸作为全国政协十四届一次会议首场“委员通道”第一个提问的记者，向全国政协委员——中国共产党历史展览馆党委书记、馆长吴向东提问。巧的是，这一次提问的主题也与青少年相关——“中国共产党历史展览馆作为学习传承党的光辉历史的重要载体，为青少年提供了哪些好的体验？未来还会有哪些举措引导广大青少年学习党史？”我向吴委员提问。

“中国共产党历史展览馆全方位、全过程、全景式展示党的波澜壮阔的百年奋斗历史。”吴向东委员在“委员通道”上介绍，从开馆以来，中国共产党历史展览馆接待社会公众150多万人次，接待社会团组5000多个，其中青少年占了1/5。“中国共产党历史展览馆作为系统权威的‘红色教科书’、鲜活立体的‘红色基因库’、精彩纷呈的‘红色大课堂’，让前来参观的青少年感到有形、有神、有趣，成为学党史、悟思想、立志向的重要阵地。”

吴向东表示，未来将从三方面引导青少年学习党史：一是要把看展览和思政课结合起来，用心用情讲好党的故事；二是要用好新技术、新手段，打造沉浸式体验项目，提高展览的参与性、互动性；三是要以仪式感增强使命感，在中国共产党历史展览馆举办入党、入团、入队仪式，引导青少年扣好人生第一粒扣子，让红色薪火代代相传。

这一次的“委员通道”相比于四年前议题更加丰富多元，不变的是委员一如既往的真诚。记者开门见山抛出疑问，委员专业解答回应关切。现场的问答互动干货满满，讲述生动故事，畅谈民意心声，传递信心力量。

如果说全国两会是观察中国民主政治的一扇窗口，那么“委员通道”则是其中一道亮丽的风景。委员们讲述履职故事、回应公众关切，成为展示中国民主、开放、自信形象的平台。短短通道，连接会内会外，正是全国政协委员知责于心、履责于行的生动缩影。委员们建睿智之言、献务实之策、谋长远之举，既传递社情民意，又广泛凝聚共识，让“委员通道”现场充满强信心的底气、暖人心的温度、聚民心的力量。

强信心，源自委员们胸怀“国之大者”，在各自领域辛勤耕耘、积极献策，激扬发展进步的澎湃动力。中国航空工业集团有限公司型号总设计师唐长红委员亲历运-20飞机研制，谈及实现高水平科技自立自强，“在国家需要时想用就有、想干就能”的话语令人感动；中国旅游研究院院长戴斌委员介绍，中国护照的含金量越来越高，“说走就走”的旅游目的地越来越多。委员们以高质量建言助力高质量发展，展现着一个更加开放自信的中国。

暖人心，源自“民有所呼、政有所应”的“双向奔赴”，彰显“人民政协为人民”。“被光照耀的我们，也能成为光照耀别人。”中国残疾人联合会理事杨洋委员的一席话令人动容。她将持续为听障人士发声，把履职尽责体现在行动中。政协委员坚持为国履职、为民尽责的情怀，将更好发挥桥梁纽带作用，让群众诉求进入国家议事日程，以人民民主之光照亮更多人的梦想。

聚民心，源自建真言、献良策、鼓干劲，汇聚强大奋斗力量。中央民族大学教授蒙曼委员建议以亲子阅读、主题阅读、专业阅读等形式营造浓厚的全民阅读氛围，国家传染病医学中心（上海）主任、复旦大学附属华山医院感染科主任张文宏委员呼吁建设有韧性的基层卫生体系……“委员通道”上，亲切朴实的话语，传递百姓心声；坦诚自信的姿态，展现时代风采。最终凝聚成共促发展的干劲，营造万众一心的社会氛围。

大话题，小切口；通民心，道民意。“委员通道”上，一个个温暖人心的故事，一幅幅踔厉奋发的图景，生动展现生机活力，让中国发展彰显民生温度。

“通”达民意，“道”出自信

新华社　谢希瑶

有一条“通道”，它距离不长，意义却尤为深长，它让“民之所盼”直通“政之所向”。

政协是“中国式商量”的最好平台，“委员通道”自2018年全国两会期间设立以来，广泛邀请来自不同界别、不同领域的全国政协委员与中外记者交流互动，成为外界观察中国社情民意、政策走向的生动窗口。

5年来，新华社记者近距离与委员们提问交流，放大通道“好声音”，生动传播好故事，既是“委员通道”的参与者，也是民主奋进中国的见证者。

40分钟，11位委员，4组亮相……虽已过去五年，情景历历在目。成为首场“委员通道”的提问记者，于我而言，是一份荣耀，更是一份责任。

2018年，党的十九大之后的首次全国两会备受关注。3月3日下午2时许，“委员通道”在人民大会堂东门内中央大厅北侧首次开启，20多米的通道，早已汇聚万众目光。

当天下午，我的问题是关于农产品质量安全的，提给了当时的全国政协委员、农业部副部长张桃林。至今还记得他说的“食品安全是‘产’出来的，也是‘管’出来的”，“哪怕有1%的不合格，也要付出100%的努力”。

像这样的金句，在通道上频频出现。委员们的金句，是履职尽责深入调研后的真切心声，也是凝聚力量奋进新征程的号召与呼唤。我们与委员面对面提问互动的过程，是近距离感受委员们履职风采的过程，也是见证新时代大国成就与风采的过程。

从“中国载人航天工程全面转入空间站建造阶段”，到“我国量子保密通信研究在国际上处于全面领先地位”，再到“我们自主研发设计的芯片，已经占领全球计算机图像输入芯片 60% 的市场”……一个个大国成就在委员们的生动讲述中精彩绽放，这份新时代中国的新气象新面貌，是每个中国人的骄傲，更是我们新闻工作者应该记录与书写的自豪。

每场“委员通道”持续 40 分钟，但时间转瞬即逝，记者们也意犹未尽，结束后纷纷拉住委员继续采访。相比以往的“部长通道”，提问席上明显增加了更多外国面孔，足见外媒对新设通道的兴趣。

其中一位中阿卫视记者名叫馨玥，曾多次出现在中国重要活动采访现场。结束后她正忙着出镜，工作间隙与我们分享了感受：参加“委员通道”报道收获非常大，一次性接触到来自各行各业的委员，感受到中国的发展和变化。“这是非常难得的机会，也说明中国越来越开放、包容。”

过去四年，我有幸两次在“委员通道”上获得提问机会，近距离感受全国政协的民主新风，感受新时代中国的开放、透明与自信。

第一次是 2019 年 3 月 3 日，在人民大会堂中央大厅北侧举行的全国政协十三届二次会议首场“委员通道”。开始前 2 小时，通道的红地毯一侧就已经站满了等待提问的记者，架设了各种“长枪短炮”。

当委员们开始登场亮相时，现场气氛一下子热烈起来。从探月工程“新进展”到 5G 时代“新场景”，从长江生态“新变化”到文物保护“新成果”，从乡村振兴“新难题”到近视眼防治“新问题”……短短 40 分钟，

新华社记者谢希瑶

来自不同行业和界别的九名委员直面社会关切、表达群众期盼、提出意见和建议。

在回答我关于“推进乡村振兴中还有哪些困难”的提问时，贵州省盘州市淤泥乡岩博联村党委书记余留芬委员话语质朴：“大城市都快进入5G时代了，我们村还只有酒厂覆盖4G信号，其他地方都是2G信号。年轻人为了蹭网，很冷的天气里都拿着手机蹲在酒厂墙边，想开网店也无法实现。我们也想像城里人一样享受网络便利。”

委员们情真意切的讲述，不仅让记者们听得入神，也吸引了不少委员“旁听”。一些委员放慢了走向会场的步伐，还有的干脆停下来驻足观看。通道活动结束后，施一公委员被意犹未尽的记者团团围住。他说：“很高兴能在‘委员通道’回答提问，这种开放的形式为委员直面公众关切、直接对话媒体提供了机会，有助于拉近两会与百姓的距离。”

第二次提问，是2022年3月4日全国政协十三届五次会议首场“委员通道”。7名委员通过网络视频回答提问，同样令记者们收获满满。

这次我的问题提给了冯远征委员，他既是一位家喻户晓的优秀演员，又是北京人民艺术剧院的“掌门人”，他的回答让我深刻感受到文艺工作者的满腔热情和深厚情怀——“这两年，我们不断加大对青年人才的培养力度，大胆起用年轻创作班底，创排了一批佳作。我们推出的新经典、新阵容、新力量，正是守正创新、传承发展的姿态。”谈到向老一辈艺术家学习，冯远征深情说道：“清清白白做人、认认真真演戏，这句话看似很平常，但是一路走来我深刻体会到，要想做到真的非常不容易。”

短短通道，连接会内和会外。就像一扇窗，几分钟的简单勾勒，就能让人感知委员个人魅力，以及他们所代表的这个国家前行的速度。

2021年，我有幸参加全国两会报道。在此之前，全国政协“委员通道”已经开设了三年，每年都围绕社会热点、民生关切，架起了政协委员与人民沟通的桥梁。于是，我提前做足功课，梳理当年的热点，包括脱贫攻坚、文化传承等，精心设计了几个问题。

由于疫情防控的缘故，那一年记者与委员们分别在梅地亚中心和人民大会堂，记者是通过屏幕提问的。

很荣幸，我被主持人点到正式提问了。怀着激动的心情，我的问题抛给了中国美术家协会主席范迪安：“2021年2月25日，习近平总书记在全国脱贫攻坚总结表彰大会上庄严宣告，脱贫攻坚战取得了全面胜利，中国完成了消除绝对贫困的艰巨任务。作为文艺工作者，如何助力脱贫攻坚战，又将如何投身全面推进乡村振兴新阶段？”

还记得当时范迪安委员诚恳又激动地回答：“全国各地决战脱贫攻坚的新风貌、决胜全面小康的新气象，为艺术创作提供了取之不竭的灵感源泉，也推动美术家们实现用画笔为时代精神造像、为祖国山河立传的使命理想”，“文化振兴是乡村振兴的重要一环，文艺工作者也将拥有更广阔的施展才华的天地。乡村之美从来都令人向往，在乡村环境中要加强美的设计和营造，使美丽乡村成为人民向往的美好家园，成为美丽中国画卷中的亮点”……

提问结束后，我将问答写进报道里，得到了很好的传播效果。这次提问，也注定成为我记者生涯里一次难忘的经历。我将永远牢记属于新华社记者的职责，紧跟时代步伐，倾听人民心声。祝愿“委员通道”越办越精彩，做通民心、道民意、建真言、谋良策的好平台。

2023年是全面贯彻落实党的二十大精神的开局之年。走过疫情阴霾，大地春潮澎湃，如期而至的全国两会凝聚着更多希望与暖意。本届“委员通道”以何种形式开展？会关注哪些议题？从年初开始，带着这些疑问，我怀着激动又忐忑的心情，一边做功课一边倒计时。

3月4日下午2时许，全国政协十四届一次会议首场“委员通道”在人民大会堂新闻发布厅如约拉开帷幕。时隔三年，屏幕没了，委员们与记者们面对面互动交流，现场气氛十分热烈。

新的一年，我国再次迎来旅游业“开门红”。我把问题抛给了本届新政协委员中国旅游研究院院长戴斌。关于我国旅游业发展前景，我想听听他的见解。

短短几分钟，戴斌深情讲述了我国旅游业的发展史、一名“小镇旅行家”的故事，以及自己的“旅游梦”。回答引人入胜，令人惊喜。他刷新了包括我在内的很多人对于旅游的认知，激发了更多人通过旅游去享受高品质生活的热情，也生动展现了一个在开放发展中绽放活力的中国形象。

我想这就是“委员通道”的魅力之所在，每一名走上“委员通道”的委员都是民情民意的贴心人、民族自信的代言人、改革创新的推动者——解读国产大飞机奇迹密码的唐长红委员，解答年轻人读书之惑的蒙曼委员，建议加快社区医疗卫生体系建设的张文宏委员，用短视频向世界讲述美好新疆故事的海尼扎提·托呼提委员，在澳门出生、到香港发展多年但说自己是大湾区人的何超琼委员……他们立足各自领域，回应百姓关切，传递民情民意，汇聚发展信心。

五年来，虽然“委员通道”的地点和形式不尽相同，但凝心聚力的宗旨始终不变，温度节节攀升。

短短通道，通民心向未来，我们怀着同样的期待，在每年的“委员通道”播撒新的希望，凝聚新的力量！

“委员通道”上的光明记忆

光明日报 “委员通道”报道组

白驹过隙，光阴似箭。五年时光荏苒，全国两会政协“委员通道”上的身影始终意气风发、神采灼烁。

日常生活之中，他们有着迥异的社会角色；走进“委员通道”，他们却共享同一个身份，那就是“全国政协委员”。这不足百米的小小“通道”，恰似全国政协委员们参政议政的一幅微缩画卷，在万众期待瞩目之中，彰显了新时代开放的新气质，演奏出社会主义民主政治制度化、规范化、程序化的交响乐，宣示着大国执政党的开放襟怀和深蕴自信。

人民政协作为国家治理体系的重要组成部分、中国社会主义民主政治的重要建设力量，汇聚了爱国统一战线的广泛智慧，凝聚着同心共筑中华民族伟大复兴中国梦的磅礴力量。

“委员通道”作为我国全国性政治会议期间的民意渠道，是对人民政协工作的重大推进，更为广大人民群众敞开更为宽广的议政大门。

犹记得 2018 年 3 月 3 日，全国政协十三届一次会议开幕倒计时一小时之际，11 位来自各行各业的全国政协委员亮相首次开设的“委员通道”，接受中外记者采访。全国政协社会和法制委员会驻会副主任吕忠梅表示：

委员“懂政协、会协商、善议政”，有高质量的建言；委员会以“钉钉子精神”抓成果转化，查实情、说实话、出实招、见实效。扎实亮眼的成绩贡献，是广大政协委员们自觉提升履职能力的生动写照，更是政协开设“委员通道”的底气自信。

顺着委员们回答提问的关键词蔓延开来，眼前便生动呈现出今天中国的发展掠影。既在先进科技创新领域求索突破未知，也在社会生活范畴守护百姓所需，不断观照着国家民族发展的过去、现在和未来。而作为以知识分子为主要读者对象的思想文化大报、党和国家联系广大知识分子的桥梁和纽带,《光明日报》始终坚持与真理同行，与时代同步，以具有思想性、学理性、文化性的提问与报道，全面阐释刻画“委员通道”的不同面向。

如何看待社会各界广泛关注的热点议题？政协与社会民众之间的桥梁纽带如何更加牢固紧密？统一战线释放智慧、资政启民的智库功能怎样更加有效发挥？光明日报委员通道报道组的提问记者们和委员面对面近距离交流，有倾听，也有回应；更真实，亦更可感。

关切文艺工作风貌，光明日报记者王斯敏提问中国国家话剧院演员、刘慧芳饰演者张凯丽委员：“文艺工作者应该怎样为提升社会道德发挥作用？”张凯丽委员由衷感慨：“文艺工作者的人品作为、一言一行，或好或坏，或正面或负面，都可能产生广泛的社会影响。因此，我们无论演什么样的角色，在生活中都应该做一个好人，一个有善心也有善行的人。”

展望建设强国目标，光明日报记者晋浩天提问中国科学院院士、西湖大学校长施一公委员：“归国十年，从做一流科研到办一流高校，您有怎样的体会？您认为未来的中国教育需要向哪些方面发力、突破？”施一公委员动情地表示，西湖大学的诞生和发展建立在中国高等教育大发展的土壤之上，其建立不仅是应时势之变，也是应教育之需。尖端核心技术是买不

2023 年 3 月 4 日下午，全国政协十四届一次会议首场“委员通道”，光明日报记者王禹欣（右三）提问

来的，必须也只能靠我们自己去创造。我们要培养更多更优秀的、富有社会责任感的拔尖创新人才。

面对新冠疫情大考，光明日报记者李丹阳就“中国抗击疫情为什么能取得显著成效”向中国中医科学院首席研究员王阶委员提问，王阶委员有感而发：“我们在前线能够非常真切地体会到，文化的力量、体制的力量和国家的力量为取得这次抗疫的重大胜利奠定了坚实的基础，是这次抗疫取得胜利的重要原因。”“在全世界没有特效药的情况下，中医利用自身体系的病因病机，辨证论治，因人、因时、因地进行诊治，给了患者一个在短时间内诊疗、处方、用药、见效的体验。”

聚焦内外经济发展，光明日报记者訾谦向红杉资本全球执行合伙人沈南鹏提问：“如今国内创业风潮方兴未艾，您如何看待创业和当下的创业环境？”沈南鹏委员振奋地说：“创业是‘用大情怀、做实在事、创真价值’，创业无论大小，初心是帮助真正需要帮助的人。创业者面对的是责任，创造的是希望，创业者都是在为美好明天而奋斗。”“2020 年，中国成为唯一正增长的主要经济体。中国各地政府都在推出孵化器和引导基金，同时也有相应的鼓励政策，鼓励高科技企业，这让年轻人今天的创业更加容易。”

筑梦航空事业腾飞，光明日报记者王禹欣提问中国航空工业集团有限公司型号总设计师唐长红委员：“我国大飞机‘家族谱系’的完善，都经历了哪些考验、挑战？航空事业由大到强发展背后，又折射着怎样的精神密码？”唐长红委员自豪地表示：“作为一名航空科技工作者，我深深地体会到，实现高水平科技自立自强，事实上就是在国家需要的时候，想用就有，想干就能。”“我们已经踏上高水平科技发展万里征程，在打造大国重器的征程上，我们探索创新的步伐不会停歇，航空报国，不负重托，我们必须也一定能为国家强盛和民族的复兴作出新的更大的贡献。”

从经济发展、科技创新、乡村振兴、国际合作，到基层治理、文化教育、生态保护、医疗就业……人们在一问一答中上下交通、协同意志，共同望见个体之微与社会之大、庙堂之高和江湖之远、家之温暖与国之壮阔，在心与心的联通中感受时代脉搏，在全社会达到“上下同欲者胜”的志同所盼、砥砺奋斗。

以提问记者的现场提问为原点，光明日报充分发挥全媒体传播的矩阵效应，以报纸特刊、网站专题、社交平台等为载体，刊登报道了一系列的综述报道、专栏文章，全面解读“委员通道”的精彩瞬间、深刻内涵。

在《记者手记》栏目，光明日报记者尚文超写道：“从政协开设的‘委员通道’中，最能直观地感受到全国两会高效的会风、中国开放自信的姿态和委员履职尽责的风采。问答之间，委员们对自己领域的数据总能脱口而出，简单的数字背后是大量工作的汇总，严谨的作风与举重若轻的表达相映成趣。”光明日报记者李晋荣写道：“9位委员来自不同界别，为了同一个目标轮番上场，声音恳切，把党和国家的新政策，人民讨论关注的新热点，通过记者们的‘长枪短炮’、话筒文字，传递给全国人民。”光明日报记者李睿宸写道：“在危机中育新机，于变局中开新局。三场‘委员通道’，每场仅仅40来分钟，但无一例外都涌动着奋进的旋律，释放出强大的信心。通道两侧，这头连着期望，那头接着实干。”

通则不痛，痛则不通。通过畅通民意来处理痛点，是“委员通道”设立背后的重要逻辑。从记者的诚挚提问中，我们看到民心所系、民生所痛；从委员的恳切回答中，我们得以集聚智慧、加快变革。由此，通过疏通引导打通关节、变通途径，让民生“痛点”成为全面深化改革的起点，在实践经验与真理探讨的辩证统一中改变世界，给人民群众带来实实在在的福祉，方为“通道”之根本。

天地交而万物通，上下交而其志同——“委员通道”的光明故事依旧在不断续写，共同带领广大读者体味奋斗初心、聆听时代回响、书写光明未来，在踏上新征程的宏阔前程中，一路长风破浪、扬帆起航！

我眼中的“委员通道”

人民政协报　刘　彤

“委员通道”是什么?

它是一条有形的路——是全国两会期间铺设在人民大会堂中央大厅（后改在新闻发布厅）的一条长约 20 米的通道，于 2018 年首次设立。政协委员是界别群众的代表、各行各业的精英，能走上通道的政协委员更是优中选优，两会期间，他们会在铺着红毯的“委员通道”上回答中外媒体记者的提问。

它也是一条无形的路——是架设在政协委员和老百姓之间的“心”路，通民心、道民意。小到一粒种子，大到北斗卫星，委员们的讲述紧贴时代热点，用亲身经历回应百姓关切。

我有幸多次参加“委员通道”集体采访。在我看来，透过“委员通道”这个平台，人们可以对政协委员这一群像有更清晰的认识，对“人民政协为人民”这句话有更深刻的感触。

为什么?

我想用几个关键词来回答：指引、提气、温暖。

指引，是因为“委员通道”上发出的声音能让人们收获新的思考、新的理念，对工作生活有所帮助。比如，2021 年开始实施的《中华人民共和国民法典》是当年的社会热点。全国政协委员、中华全国律师协会副会长朱征夫委员在那年的“委员通道”上表示，《民法典》的实施对于依法治国、建设社会主义法治国家、维护人民群众的合法权益具有十分重要的意义，法律服务机构、法律专业人员应争当主力军，讲好、讲对《民法典》，让《民法典》走进群众心里。

再如，广大家长们焦虑怎么培养孩子，全国政协委员、江苏省锡山高级中学校长唐江澎就在“委员通道”上表示，分数是重要的，但分数不是教育的全部内容，更不是教育的根本目标。他告诫家长们，好的教育应该是培养终身运动者、责任担当者、问题解决者和优雅生活者，给孩子们健全而优秀的人格。当年，唐校长的这些“金句”刷爆网络，频繁出现在各大媒体平台、朋友圈，不少家长口口相传，甚至改变了固有的育儿理念。

提气，是因为“委员通道”上发出的声音有理有据，振奋国人信心。比如，老百姓关心的吃饭问题，全国政协委员、中国农业科学院副院长万建民就在“委员通道”上表示，粮食安全，种子是关键，中国正在加紧建设国家作物种质资源库，种质资源库建成之后，种子资源的容量将达到 150 万份，居世界第一。

再如，我曾向全国政协委员、北斗卫星导航系统工程总设计师杨长风提问，请他介绍北斗系统建设发展的最新进展。面对中外媒体的镜头，杨长风自豪地说：“经过几代北斗人的不懈努力，中国的北斗系统用 20 多年时间走过了国外卫星导航系统 40 年的发展道路，创造了世界卫星导航发展的奇迹。”从他的回答中大家知道，目前世界上已经有半数以上的国家在全球范围内使用中国的北斗。如果北斗全球系统建成，那么，无论你在世界的任何角落，北斗系统都会向你提供满意的服务。杨长风说：“中国北斗，

人民政协报记者刘彤在全国政协十三届四次会议“委员通道”上提问

服务全球，造福人类，这是我们的一个期望。”

温暖，是因为“委员通道”发出的声音直抵人心，让人产生强烈共鸣。比如，全国政协委员、国家传染病医学中心（上海）主任、复旦大学附属华山医院感染科主任张文宏讲述了疫情高峰时期，在社区医院的努力下，一些新冠重症患者通过接受专家线上会诊以及就地治疗后康复出院的故事。在“委员通道”上，他呼吁加快社区医疗卫生体系的建设，通过动员基层医疗卫生体系的力量，赋能社区医院的医生，形成三网联动，分层、分级、分流，积极应对未来的公共卫生挑战。

再如，今年的全国政协十四届一次会议第二场“委员通道”集体采访中，我提问了全国政协委员、台盟中央副主席江利平，请他分享一下对台湾这片故土的印象以及如何在履职中助力两岸关系发展。他回答道，大家都坚信，民族复兴、国家统一是大势所趋、大义所在、民心所向。江利平回忆了自己去台湾交流访问时当地乡亲们夹道欢迎的情景，讲述了台湾好友的故事。最后，江利平发出两岸人民的心声：相信血浓于水的亲情定能跨越浅浅的海峡。让我们一路欢歌、坐着高铁去台北，让台湾乡亲说走就走、乘着飞机上武当！

…………

政协委员是人民政协工作的主体。走过70多年辉煌历程的人民政协事业凝聚着一届又一届政协委员的不懈奋斗。中国民主同盟代表费孝通先生曾这样回忆对政协委员这个群体的印象：“……当政协会一开，给了我耳目全新的感觉。在会场上我看见很多人，有穿制服的，穿工装的，穿短衫的，穿旗袍的，穿西服的，穿长袍的，甚至还有一位戴瓜皮帽的。这些一看就知道是身份不同的人物，能够聚在一起开会，讨论建国大事，对我来说真是平生第一次遇到。……我满载而归，有如获得新生。”

时过境迁。当年费孝通先生描述的情景如今已大不相同。然而，不变的是人民政协具有广泛的代表性，不变的是政协委员的初心使命，不变的是人民政协的宗旨理念。通过“委员通道”，人们可以看到新时代人民政协的新样子，看到新时代政协委员的新形象。他们心中有柴米油盐酱醋茶的民生情怀，也有寄托星辰大海、勇攀高峰的理想信念，从他们的鼓与呼中，世界也可以看到一个正在发展中的中国，一个可信、可爱、可敬的中国！

在“委员通道”，感受中国企业实现“双碳”目标的努力

工人日报　车　辉

时光荏苒，虽然距离我作为工人日报记者在“委员通道”向委员提问已过去了近1年半的时间，但当时的场景仍如昨日发生，历历在目，再次想起，心情久久不能平静，似乎再次穿回了那激动人心的场面。

2022年3月10日，天气晴好，全国政协十三届五次会议第三场“委员通道”集体采访活动开启。当天一大早，参访记者们就赶到了梅地亚两会新闻中心。因为疫情，本次集体采访依然采取了“隔屏问答”的形式，即记者在梅地亚中心提问，委员在人民大会堂内视频回答。虽然这和日常的新闻采访形式不同，一些记者甚至觉得不够“过瘾”或者不适应，但考虑到疫情原因，为了大家的健康，保障大会的顺利开展，这已经是能想出的最好的办法了。

当天也是全国政协十三届五次会议最后一场“委员通道”集体采访。在本场集体采访中，主持人给了我一次宝贵的提问机会，我提问的对象是金风科技股份有限公司董事长武钢委员。

当时，北京冬奥会刚结束，风电助力整个冬奥场馆，实现奥运史上第

工人日报融媒体中心
记者车辉

一届碳中和的奥运会，傲人的成就引起了世界瞩目。特别是一句“张北的风，点亮了北京奥运的灯”在大江南北流传开来。

参加本场“委员通道”集体采访活动的委员里，有我国风电行业的领军企业——金风科技股份有限公司董事长武钢委员，他是中国风电行业的“老兵”和专家型人才。如果有机会提问到这位委员，我想就中国新能源企业如何助力实现“双碳”目标来进行提问，我特别想了解，“风电行业发展助力‘双碳’目标达成的信心和底气来自哪里”，毕竟实现“双碳”目标前提是清洁能源行业的成熟发展，我们的企业技术和发展水平到底行不行。

当麦克风交到我手上时，相机镁光灯就闪了起来，虽然之前也经历过一些大型采访，但这样“万众瞩目”的感觉，还确实吓了我一跳，之前在脑海里想要提问的问题似乎都想不起来了。但看着对面屏幕上武钢委员和蔼可亲的样子，我内心稍微平静了些，稍微定了定神，我抛出了我的问题。

“您好，我是工人日报中工网记者，我的问题提问给武钢委员，碳达峰、碳中和是我国向全世界作出的庄严承诺，北京冬奥会上‘张家口的风点亮了北京的灯’，请您结合您的经历说明，我国风电行业发展助力‘双碳’目标达成的信心和底气来自哪里？”

随后，压力就来到了武钢委员这边。这个问题虽然我很关心，但毕竟是一个比较大的话题，不知道武钢委员能否在限定时间内把这个问题回答完善。

武钢委员不愧是大企业的领军人物，从事风电行业多年，关于这个问题的答案，我相信在他脑海里已经萦绕了很多遍，难不住他。

果然，武钢委员面对全球的转播，从容地回答了自己关于这个问题的思考。

“从 2008 年为北京奥运会供电的官厅风电，到今年环绕冬奥赛场周边的风电，来自张北的风一直在为北京输送着绿色电力。”武钢委员称，“双碳”达标的信心和底气不仅来自看得见的事实，也来自事实背后的一些数据。他介绍，中国已连续 10 年在全球风电装机中排名第一，并已成为全球最大的风电装备制造重地和全球整机及零部件的出口基地。

“目前全球排名前十的风机制造企业中，中国有 6 家。”武钢委员介绍，中国造的风机将绿色能源送到千家万户，将点亮全球更多地方的灯。“中国实现‘双碳’目标，我们充满信心，我们已经在路上！”

一个个案例，一串串数字从他嘴中脱口而出，足见他平时对本行业的熟悉和钻研程度。“不愧是业内行家！”我心中暗自佩服。

一来一往，整个采访很顺畅。整个“委员通道”的集中采访都很顺利，采访结束后，我既兴奋又紧张，兴奋的是自己有机会提问，在这个世界瞩目的采访活动中提出了我和公众关心的问题。紧张的是，武钢委员的回答展现了中国风电行业的发展对“双碳”目标达成的贡献，展现了中国在“双碳”问题上的担当，向全世界展示了一个负责任大国的形象。我应该努力把这个有价值的答案写好，报道充分。

工人日报融媒体中心的同事们在电视上看到转播后，非常兴奋，随即制作了海报、短视频等系列的新媒体产品，在社交媒体引发了热烈反响。特别是武钢委员再次借用的“张北的风，点亮北京的灯”这句话引爆舆论场。

赶回驻地，我打开笔记本电脑，即刻敲下文字，写出了本场“委员通道”的消息《在第三场“委员通道”上，委员妙语回答生态文明建设相关问题——“张北的风，点亮了北京奥运的灯”》。当晚报社两会夜班的编辑同志，配发图片上版，成为一组版面的报道亮点。

工人日报每年两会报道都会对“委员通道”进行浓墨重彩的报道，经常是在四版进行图文并茂的报道，形成版面亮点。同时剪辑相关视频亮点、制作精美海报，运用融媒体产品形式扩大报道的影响力，展现委员风采，提炼精彩观点，让委员的精彩发言传得开、叫得响。

在我之前和之后，工人日报都有记者在“委员通道”集体采访中向委员提问，他们有的是在基层岗位卓有建树的产业工人委员，有的是患有重度听力障碍的委员，虽然事迹不同，但都在自己的岗位上发光发热，都积极参政议政，都心怀天下献言献策。在提问采访的过程中，我们既收获了问题的答案，更领略了委员的风采，时时让我感动。

“委员通道”是新闻富矿，是新闻记者采访两会都应该关注的时段，我们相信“委员通道”这一品牌式的采访活动将越来越“出圈”，影响力会越来越大，我们将对此保持强烈关注。希望再有机会在“委员通道”上，收获更多有价值的新闻内容，看到一个蓬勃发展、砥砺奋进的中国。

民心通道通民心，“三农”强音强“三农”

农民日报　孙　眉

“农，天下之本，务莫大焉。”“务农重本，国之大纲。”历史和现实都告诉我们，农为邦本，本固邦宁。千百年来，农业、农村、农民问题始终是关系国计民生的根本性问题。“三农”向好，全局主动。在全面建设社会主义现代化国家的新征程上，“三农”的基础地位和保障作用将比以往任何时候都重大。

“委员通道”作为全国两会的“明星”栏目，始终坚持小切口大视角、通民心道民意。一个个温暖人心的故事，一幅幅踔厉奋发的图景，一场场“民有所呼、政有所应”的“双向奔赴”，让全世界了解了中国“三农”发展的伟大历程和辉煌成就。《农民日报》作为我国历史上第一张面向全国农村发行的中央级党报，从 2018 年“委员通道”创设之初，连续六年为农民代言，替农民说话。作为提问记者，我有幸跟随“委员通道”的脚步，感知中国农村改革发展的光辉历程，体悟“三农”“国之大者”的深刻内涵。

一段大历史的温情凝眸，探寻个人命运与时代巨变的交汇

1996 年 1 月 18 日，联合国总部。公共大厅内树起了一座监测全球消除贫困进程的“贫困钟”。钟面上显示世界贫困人口的红色数字随秒跳动，昼夜不歇。这是一座自启动之日就旨在停摆的时钟。人类从进入文明时代的第一天起，便为摆脱贫困苦苦追寻。这其中，或许没有哪个民族比中华民族对这个目标的追求更为急迫和痴情。

2020 年 5 月 21 日 14 时 20 分，全国政协十三届三次会议首场“委员通道”采访活动在人民大会堂新闻发布厅举行。作为上会记者，我争取到了最后一个提问机会，向全国政协委员、四川省凉山彝族自治州人大常委会主任达久木甲提问：“最近昭觉县阿土列尔村，也就是大家关注的‘悬崖村’，84 户贫困户告别了悬崖爬梯，搬进了县城新居，有人说这是啃下了凉山最难啃的‘硬骨头’。请问，今年凉山如期脱贫目标的信心和力量来自哪里呢？”达久木甲委员用“脱贫攻坚有多难，扶贫干部有多拼”“点亮一盏灯，照亮一大片”“曾经一步跨千年，而今跑步奔小康”三句话概括了这些年脱贫攻坚给凉山带来的巨大变化。

“凉山”“彝族”“脱贫”……三分钟、超一亿的传播点击量无疑是对这项人类减贫伟大壮举的认同和肯定。达久木甲在第一句话回答后讲道：“在凉山，活跃着一支天天走村入户的扶贫干部队伍。五年来，在脱贫攻坚战场上，有 151 名干部负伤，有 23 名干部献出了宝贵的生命。”这里，有每一个共产党员“宁愿苦战不愿苦熬”的奋斗精神。这里，有每一个共产党员“越是艰难越向前”的责任担当。这里，有每一个共产党员“万众一心众志成城”的守望相助。英国《经济学人》赞叹：“中国是世界减贫事业的英雄。”我要说，每一个奋战在这场没有硝烟的战场上的人，都是

我们的英雄。

每一颗为脱贫攻坚助力的心，都是一簇带来希望的星星之火。正如达久木甲在第二句回答中所讲的：“在凉山州金阳县布拖村集中安置点，马哈木日卓老人 6 岁的小孙女说，家里的萤火虫飞走了，现在有了‘灯芯’向下的电灯，有了电，奶奶能看有人的戏匣子了。灯意味着光明和希望，它给了山区人民群众前行的力量。”是啊，伟大的事业，必要有坚定的信念作为灯塔，方能领航漫漫征程。伟大的政党，必然有坚定的初心，方能带领一个国家穿透历史的迷雾。

“只要还有一家一户乃至一个人没有解决基本生活问题，我们就不能安之若素；只要群众对幸福生活的憧憬还没有变成现实，我们就要毫不懈怠团结带领群众一起奋斗。”这是习近平总书记在艰苦卓绝的战“贫”路上，重申共产党人不变的抉择。达久木甲委员在第三句回答中说道：“彝族同胞一步跨千年，从奴隶社会直接跨入人民当家作主新社会。2020 年底，彝居群众将不落一人步入全面小康社会。”这也是向世界宣告百年目标，已成为奋斗的节点，牢牢地书写进共和国的历史。那些在荒芜的雪原、高深的峡谷、贫瘠的土地上生长起来的繁荣幸福，终将成为中华民族下一段漫漫征程的滋养，成为支持整个人类共同发展的财富。

一段大主题的使命担当，聆听百年农史与家国情怀的交响

“五谷者，万民之命，国之重宝。”中国粮食，中国饭碗，习近平总书记始终高度重视，念兹在兹，反复强调。

2021 年 3 月 4 日，全国政协十三届四次会议首场“委员通道”采访活动在人民大会堂新闻发布厅举行。首个问题由我向全国政协委员、中国工程院院士、中国农业科学院副院长万建民提出：“今年是中国共产党成立

2021 年 3 月 4 日，全国政协十三届四次会议首场“委员通道”首个问题由农民日报中国农网记者孙眉向全国政协委员、中国工程院院士、时任中国农业科学院副院长万建民提出

100 周年，也是‘十四五’开局之年，确保粮食安全意义重大。保障粮食安全，种子是关键。今年中央一号文件提出，要打好种业翻身仗。目前我国粮食安全的总体情况怎么样？下一步如何做大做强民族种业，牢牢把住粮食安全主动权？”

面对提问，万建民委员先算了一笔账：“我国粮食产量连续 6 年稳定在 1.3 万亿斤以上，14 亿中国人的人均粮食占有量已经超过 470 公斤，高于国际公认的 400 公斤粮食安全线。特别是作为口粮的稻谷和小麦，多年更是产大于需。我国的粮食绝对是够吃的。”是的，解决“10 亿级”人口大国的吃饭问题，是治国理政的头等大事，关系着国家民族的生死存亡。粮食问题不仅是一个重要的经济问题，更是一个重大的政治问题。2021 年是中国共产党成立 100 周年的特殊重要节点，是我国开启全面建设社会主义现代化国家新征程的第一年，要巩固党的执政基础，我们首先要把饭碗牢牢端在自己手中。兵马未动，粮草先行。如果在迈步新征程的关键时刻，14 亿人口吃饭出了问题，可想而知将会面临怎样的局面。践行党的宗旨，首先要满足人民吃饱吃好这个最基本的需求，否则一切对美好生活的追求都是无源之水、无本之木。

随后，万建民委员说道：“粮食安全的弦任何时候都不能松，要让国人吃饱吃好，一靠政策，二靠科技。好地好种产好粮。经过‘十三五’育种科技攻关，良种对我国粮食增产的贡献率在口粮上已经达到 54.85%。农作物良种覆盖率达到 96% 以上，自主选育品种面积占比超过 95%。‘中国粮’主要用上了‘中国种’。”正如万建民委员所说，回看新冠疫情对全球的影响，粮食的战略意义更加凸显，一有什么风吹草动，各国就先捂住自己的“粮袋子”，疫情期间多国囤粮就是活生生的案例。假若说芯片被“卡脖子”还只意味着一个产业的被动，那么粮食问题一旦被“卡脖子”就会陷入全局被动。任何时候，中国的粮食供应都不能靠买饭吃、讨饭吃，必须以“不畏浮云遮望眼”的战略定力，立足自身牢牢抓好粮食生产，以此之不变应彼之万变。

手中有粮，心中不慌。新形势下怎样才算是实现了粮食安全呢？万建民委员表示，首先数量要足，其次供应要稳，再其次质量要提。不仅要保总量，还要保多样，更好满足人们日益丰富的农产品需求；更要保质量，守护“舌尖上的安全”，实现从“吃得饱”到“吃得好”“吃得健康”。

一段大征程的亮眼答卷，见证平民感度与大国高度的交融

民族要复兴，乡村必振兴。经历了“普遍性贫困”“区域性贫困”和“个别性贫困”，正在走向“新时代乡村振兴”的中国，迎来了新的更大挑战，需要解决更深层次的矛盾。“全面推进乡村振兴”是“三农”工作重心的历史性转移，农村贫困群众从摆脱贫困到实现高质量发展，其要义在于做好巩固脱贫攻坚成果与乡村振兴的有效衔接。

2022 年 3 月 10 日，全国政协十三届五次会议第三场“委员通道”采访活动在人民大会堂新闻发布厅举行。就如何通过生态产业化和产业生态化推动少数民族地区乡村全面振兴这一问题，全国政协委员、广西壮族自治区罗城仫佬族自治县副县长欧彦伶回答了记者提问。

欧彦伶委员举例说，罗城四把镇棉花村过去是一个仫佬族聚居的深度贫困村，曾经山歌这么唱：“有女莫嫁棉花郎，一年四季闹饥荒；天天累得脚抽筋，没吃没喝没有房。”幸运的是，村里有一个自然形成、深达 326 米的罕见漏斗形“超级大天坑”。“通过对天坑进行资源保护性、民族特色性开发，短短几年，棉花村摇身一变成为远近闻名的旅游村，集体经济年收入超过 50 万元，不仅摘掉了贫困帽，还带动了村民致富。”除充分利用独特的生态旅游资源外，罗城还着力打造特色农产品品牌。在罗城县内的九万山国家级自然保护区里，远古时代的花岗岩缝隙中流淌着天生天养的负离子山泉水。“喝过的人都说，罗城的水有两奇，一奇长煮无水垢，二奇结石跟水走。我们倍加珍惜大自然的馈赠，努力打造‘中国好水罗城山泉’品牌，壮大高端优质山泉水产业集群。”欧彦伶告诉记者，罗城还积极打造中国米香型白酒生产基地。此外，罗城山野毛葡萄饮料、油茶、“三特”水果等一大批优质特色农产品也成为群众致富“香饽饽”。

如今，“绝对贫困”已经走入历史，解决“相对贫困”将永远在路上。于农村而言，跨过贫困线的父老乡亲对发展空间、公共服务、精神生活必然有着更高的要求，擘画“振兴中的乡村”，将是一幅浓墨重彩的丰收图，更是一幅风轻云淡的水墨画；于城市而言，随着农村人口向城市的逐步迁移，相对贫困的空间性也将发生转移。持续深化和推进改革，将低收入人口纳入相对贫困治理的视野，将是下一步社会治理体系的应有之义，也是进一步促进城乡协同发展的切入口。

新闻是明天的历史，历史是昨天的新闻。“十四五”规划中，对“扎实推动共同富裕”的强调道出了亿万群众的心声，社会主义的中国，已翻开第二个百年奋斗目标的崭新一页。未来，农民日报将继续与全国政协一道，走近“三农”，向着中华民族伟大复兴的航向，进发！

在这里进一步读懂法治中国

法治日报　蒲晓磊

2018 年，“委员通道”在全国两会首次开启。自此开始，“委员通道”每年都会在全国两会期间如约而至。

自 2018 年以来，每年都有一名有着法律背景的全国政协委员站上“委员通道”。连续 6 年来，法治日报每年都有机会在“委员通道”上就社会关切的法治问题进行提问，与社会公众一起从委员的回应中感受到法治中国建设所取得的成就。

谈到司法体制改革，刘红宇感受到“司法体制改革给律师行业注入更多信心活力”；对于律师发挥的作用，吕红兵认为“我们办的不是案子，是他人的人生”；说到巡回审判，李迎新坚信“巡回审判路开，公平正义自来”；提起公益诉讼，甄贞认为“中国方案使群众享受到公益保护获得感”；对于宣传《民法典》，朱征夫表示“法律专业机构和专业人员应当争当主力军”；讲到高校毕业生就业，马怀德建议“把个人理想融入新时代的奋斗之中”……

来自法律领域的委员们，在“委员通道”上发出法治声音，让人们在法治故事中进一步读懂法治中国。

回应社会关切话题

在维护人民群众合法权益方面，律师能做些什么？对于这个众多社会公众关切的话题，“委员通道”作出回应。

2018 年 3 月 10 日下午，人民大会堂，第二场“委员通道”开启。

司法体制改革在全面深化改革、全面依法治国中居于重要地位，对推进国家治理体系和治理能力现代化意义重大。为回应社会对司法体制改革话题的关切，本报记者向全国政协委员、北京金诚同达律师事务所合伙人刘红宇提问：“司法体制改革对律师执业环境有何影响？”

“司法体制改革的重要环节之一，就是有效改善律师执业环境。律师职业的特殊性决定了律师权利是当事人权利的延伸，如果律师权利行使受阻，当事人的权利就会受到影响。”刘红宇说，党的十八大以来，司法体制改革力度大、步伐快，律师执业状况得到了明显的改善。

2019 年 3 月 9 日下午，人民大会堂，第二场“委员通道”如约而至。巧合的是，这次又有一名律师委员站在了“委员通道”上。

全国政协委员、国浩律师事务所律师吕红兵这样讲述律师的初心——是作为当事人的代理人，以精湛的专业服务，依法维护当事人的合法权益；是作为司法公正的推动者，与检察机关各司其职，为人民法院作出公正裁判提供事实和法律依据。特别是在防范冤假错案方面，律师是司法机关最值得信赖的“同盟军”，不可或缺，无法替代。

大力弘扬法治精神

努力使尊法学法守法用法在全社会蔚然成风，是众多法律人的使命担当。

2021 年 3 月 4 日，全国政协十三届四次会议开幕前的首场“委员通道”上，全国政协委员、中华全国律师协会副会长朱征夫说，宣传《民法典》，法律专业机构和专业人员应当争当主力军。

“学习法律，就是要让法律条文从纸面上走出来，走进群众心里，让法律规定成为法律意识和法律信仰，这也是我们向社会推送学习成果的原因所在。”朱征夫说。

2020 年 5 月 27 日，在第三场“委员通道”上，全国政协委员、国务院参事甄贞讲述了公益诉讼的故事和理念。

在甄贞看来，公益诉讼离不开所有公众的参与，“我们要坚持低碳生活、垃圾分类、绿色出行，对侵犯公益的行为坚决说‘不’，打赢保卫公益的人民战争，让我们共享美好生活，共享望得见青山、看得见绿水、留得住记忆的美丽中国”。

法治日报记者蒲晓磊

彰显为国为民情怀

在“委员通道”上，委员们不会生搬法律条文进行生硬说教，而是喜欢讲述他们工作中遇到的人和事，以人们喜闻乐见的方式讲出法治故事，传递法治温度。

2022 年 3 月 4 日，全国政协十三届五次会议开幕前的首场“委员通道”上，在谈到巡回审判时，全国政协委员、北京市通州区人民法院副院长李迎新分享了一个她审理过的案件：农民工小张在工地不慎摔伤住院，因生活困难而且包工头拒绝赔偿，无奈诉至法院。考虑到小张已住院治疗无法出庭，法院将巡回法庭搬到了他的病床前。经过近两个小时的释法说理和耐心调解，包工头当场支付了拖欠的医药费，并就后续赔偿金达成了调解协议。至此，一起侵权责任纠纷案件，顺利调解结案。

“巡回审判不仅仅是一种工作方法，更是一种理念，一种作风。实践中，只要人民群众有需求，我们的法官就会坚守初心和使命，坚持‘巡回审判路开，公平正义自来’，让人民群众切实感受到公平正义就在身边。”李迎新说。

2023 年 3 月 7 日上午举行的第二场“委员通道”上，对于法治日报提出的“高校毕业生怎样才能找到合适的工作”问题，全国政协委员、中国政法大学校长马怀德举了自己学校两个毕业生的例子：2019 届博士毕业生欧阳果华，毕业后奔赴边疆，到新疆伊犁州新源县吐尔根乡工作，积极参与基层社会治理，助推全县万人成讼率最低，让人民群众切实感受到公平正义就在身边。2018 届硕士毕业生刘勇刚，毕业回到家乡内蒙古做了一名中学思政课教师，用自己的学识回报家乡。

“在奋斗与追求的过程中，一定有收获和喜悦，也会面临困难和压力。

我想对同学们说，时代构筑舞台，需要创造精彩。无论顺境逆境，都要守初心、担使命，把个人理想融入新时代的奋斗之中，让青春之花绽放在祖国和人民最需要的地方。”马怀德说。

念念不忘必有回响

委员们在“委员通道”上的回应，一次又一次直抵人心，引发社会广泛关注。

吕红兵那句“我们办的不是案子，是他人的人生”，经由新闻媒体报道后，在网络上引起舆论热议；马怀德希望高校毕业生要心怀“国之大者”，话题在当天上午即登上微博热搜榜第二，据全国政协的大数据监测，该话题在全网流量破亿……在“委员通道”上，委员们以真挚、专业的话语，将法治中国建设取得的成就展现在人们面前。

6 年来，随着法治中国建设的持续推进，委员们在“委员通道”上对于社会关切作出的回应，也都有了回响。

党的二十大报告在总结十年来的成就时指出，司法体制改革取得重大进展；十四届全国人大常委会立法规划将检察公益诉讼法（公益诉讼法）列入第一类项目，即“条件比较成熟、任期内拟提请审议的法律草案”；2023 年初，中共中央办公厅、国务院办公厅印发了《关于加强新时代法学教育和法学理论研究的意见》，要求“坚持立德树人、德法兼修，努力培养造就更多具有坚定理想信念、强烈家国情怀、扎实法学根底的法治人才”……

6 年来，委员们主动发声、回应关切、传递信息，让“委员通道”展现出其应有之义——民有所问，我有所答；民有所呼，我有所应。

“委员通道”是一个窗口，形象地展示了我国法治建设所取得的辉煌成就；是一条纽带，让政协委员和社会公众之间的联系变得更加紧密；是一座桥梁，让记者与委员能够建立友谊并持续关注相关法治话题。

通过“委员通道”，人民群众进一步读懂法治中国，也更加有理由坚信，在新时代新征程上，我国能够也必须更好发挥法治固根本、稳预期、利长远的保障作用，在法治轨道上全面建设社会主义现代化国家。

跨越新冠疫情，两上“委员通道”

中新社　李雪峰

2022年和2023年，我连续两届参加全国政协“委员通道”采访活动，并幸运获得提问机会。从“隔空对话”回归面对面问答，我成为“特殊时期”的亲历者，两次采访的感受也不尽相同。

2022年，我首次参加“委员通道”集体采访活动。受新冠肺炎疫情影响，全国两会的“代表通道”“委员通道”从人民大会堂通往会场的通道搬进了新闻发布厅，媒体记者改为在新闻中心与代表委员们隔空对话。

回忆首次参加“委员通道”的采访经历，一个细节让我印象深刻：定于早上8时许开始的采访活动，6点天色微亮，就有记者在气温逼近零度的梅地亚新闻中心外排起了长队。

的确，一年一度的全国两会，吸引着境内外媒体的目光。这既是中国政治生活中的一件大事，也是世界观察和了解中国的一扇窗口。而“委员通道”自2018年设立伊始，便已成为外界观察政协如何建言献策的一条重要途径。

采访开始后，设在新闻中心二楼大厅正前方的蓝色背景大屏幕上，来自不同界别的全国政协委员纷纷亮相，记者们争相举手提问。一块屏幕，

中新社记者李雪峰

让身处两地的记者和委员“隔空对话”。

这种特殊的沟通方式让我心生感慨。回想数年前的全国两会，记者的采访方式是在代表委员经常出入场的通道上守候，“目标”出现后以围追堵截的方式一拥而上，在很短时间内完成采访，场面热烈但不无混乱。

“委员通道”的设立，目的不仅是为媒体开展采访活动提供便利，更是对国家政治传播制度进行完善优化。通道上的各方委员中，既有来自基层一线的工人、农民、消防员等，也有来自专业领域的专家学者、政府官员，包括各民主党派、无党派人士、人民团体、各少数民族和各界代表等，具有广泛代表性，议题更是包罗万象，紧扣民心关切。

而在疫情防控之下，如何架起政府部门与媒体、公众间的沟通桥梁，是对有关方面提出的新考验。利用技术手段进行线上采访，可谓“因疫制宜”，把风险降到了最低。

整场采访活动给我留下的深刻印象，是全国政协对媒体展现出的开放包容姿态，以及积极主动回应关切、坦诚交流的责任意识。

彼时，2022 年北京冬奥会闭幕不久，三位航天员仍在太空，中国“双减”政策实施半年有余，农民工索赔难问题偶有发生，港澳台青年融入祖国发展、凝聚共识亟待加强，这些热点话题成为媒体关注焦点。

面对提问，通道上的委员们结合专业与工作，不回避、不遮掩、切热点、亮观点，以小切口诠释大问题，既满足国内公众信息需求，也回应国外舆论关注，真正做到了积极主动、开放透明。

2023 年的“委员通道”，是时隔三年后再度从“隔屏对话”回归面对面采访。人民大会堂新闻发布厅内，政协委员以近距离受访这种更接地气的方式直面社会关切，现场回应难题。如果说此前连续三年的“委员通道”都离不开“防疫”这个关键词，那么此次采访则传递出满满的信心。

这种信心首先来源于疫情形势的好转。2022 年底，中国逐渐走出疫情大流行，经济社会全面恢复常态化运行。张文宏、戴斌等委员围绕疫情主题答记者问，以专业视角，向民众传递出积极信号。

面对面采访的一个好处是，记者可以在现场观察到更多细节。受访者一个眼神、一个动作，都已在不经意间释放出某种信号。采访开始前，我的目光“扫描”着人民大会堂新闻发布厅的每一个角落。不远处的会场门口，委员们站定身姿等待入场。吉利控股集团董事长李书福双手交叉于身前，昂首挺胸，面带微笑，这一幕给我留下深刻印象。

李委员的微笑源自他对中国新能源汽车产业发展的信心，也源自中国经济发展的韧性。通道上，他答记者问表示，中国是世界上最大的新能源汽车生产国、消费国，中国新能源汽车产销量连续 8 年保持全球第一。举手投足间，他已向外界展示出中国经济疫后复苏动力。

疫情三年，全国各行各业遭受不小冲击，防疫政策也遭受到境外势力的恶意抹黑。以往，人事变动、机构改革等重大议题吸引眼球，但三年来，医疗、养老、教育、就业等经济民生问题尤其受到关注。面对境外不实指责，中国当如何应对？百废待兴之下，中国经济如何复苏？这些成为两会上关注的焦点。而先于“部长通道”和“代表通道”登场的“委员通道”，自然成为外界观察中国的风向标。

两上“通道”采访，纵跨新冠疫情。变的是方式，不变的是初心。通道上，一张张亲切的面孔，一个个暖心的故事，描绘中国发展图景，回应普通民众诉求。委员们各自的真知灼见，清晰描摹着一个朝气蓬勃的现实与未来中国。“通道”虽小，却是“国之大者”。如北京大学教授张颐武委员所说：“我们要认真履职尽责，既要关注‘国之大者’，也要聚焦‘民之关切’，广泛汇聚同心共圆中国梦的强大合力。”

从“委员通道”上的一句“抱歉”说起

中国网　张宁锐

2019 年 3 月 3 日，春节刚过，城里乡下还沉浸在浓郁的正月气氛里，人民大会堂已开启了新一年的“两会模式”。在红毯铺就的“委员通道”上，我有幸获得向全国政协委员、故宫博物院副院长宋纪蓉提问的机会。我先描述了刚刚过去的春节期间，一票难求的“紫禁城里过大年”活动。并请教宋纪蓉委员，近年来文物在全社会“热起来”“火起来”也“活起来”的背景下，故宫博物院等单位要如何更好开展文物保护工作。

我记得特别清晰，宋纪蓉答记者问的第一句话是：“向没有抢到票的朋友们说一声抱歉，展览还在继续，欢迎大家去参观。”宋纪蓉还介绍，这次活动拿出了将近 1000 件藏品，而且许多藏品是第一次提出库房。

各路媒体都在直播“委员通道”，宋纪蓉委员首先一句抱歉，瞬间温暖了观众和网友的心。这是我当场的体会，也是后来听到的普遍反馈。

2019 年伊始，偌大中国，千行百业，都在为实现“第一个百年”奋斗目标而撸起袖子；化解“人民日益增长的美好生活需要和不平衡不充分的发展之间的矛盾”，也正在成为各行各业奋斗的着力点。

张进故宫过大年的门票，就是我们国家面临的“主要矛盾”中间的一个具体矛盾。

毫无疑问，类似“紫禁城里过大年”这样的活动，首先是奔着满足人们对春节“美好生活需要”去的，“一票难求”的境况也从侧面反映出人们对活动的认可和需要。但是，一方面，空间有限的故宫显然不可能满足所有人的需要；另一方面，从文物保护的角度也难以对所有游客“来者不拒”，这就是一组供需矛盾。当时，因为买不着票，网友已有吐槽的声音。

发展中的矛盾，往往就是这般具体、现实，不无纠结，也带着希望，——也许有人会说，不发展（不举办这样的活动）就没有这样的矛盾，但新时期人民的故宫理所当然要为人民提供更为丰富的精神文化供给；要

2019 年 3 月 3 日，中国网记者张宁锐在全国政协十三届二次会议首场“委员通道”上提问

主动担当使命，就得积极化解发展中产生的新矛盾。而让更多人理解发展，化解矛盾，形成共识，这又恰是新时代政协委员“建言资政与凝聚共识双向发力”的应有之义。所以，宋纪蓉委员的一声“抱歉”，既是故宫人的担当，也是政协委员通过“委员通道”化解矛盾、促进团结、凝聚共识的履职作为。

当时，我内心就为宋纪蓉委员点赞，如果政协委员不从人民（故宫游客）的角度将心比心，如果不能理解“委员通道”下通民情、上达民意的平台价值，这份“抱歉”可能就不会那么自然地流淌出来。

宋纪蓉委员还在“委员通道”上呼吁，文物保护修复等方面的人才较匮乏，要培养更多实用型的、符合文物保护需要的人才，也就是“文物医生”。那一刻，“文物医生”这个词汇得以在百千万的网友、观众人群中传播。那场“委员通道”之后的第二年，也就是2021年10月，人力资源和社会保障部、国家文物局共同颁布《文物修复师国家职业技能标准》，文物修复师作为新职业引发社会高度关注。如今网上搜索“文物修复师”关键词，竟然有不少“90后”人群的故事，让这个曾经的“冷门”领域热度陡增。

宋纪蓉介绍，也是从那次“委员通道”之后，很多单位邀请她去做讲座，“在不同的场合，很多朋友抑或是陌生人，也主动和我探讨文物保护的事情”。从自己身边的人的反馈可以明显感受到，社会大众对文物保护的意识增强了。

尤其令宋纪蓉感到欣慰的是，“各级政府部门越来越重视文物保护了，他们主动听取我和其他专家的意见，主动探索如何把文物保护好、利用好。大家发现：文物也是珍贵的社会资源，既能给当前的文旅产业赋能，还能为城市的长远品牌树碑”。

离开“委员通道”后的几年里，宋纪蓉没有忘记自己的使命，多次参加全国政协文化遗产保护调研、红色遗址视察团等，持续关注文物保护工作，并多次提交提案。

从“委员通道”的红毯上一路走来，宋纪蓉委员的一些提案和建议，在各方共同努力下正在变成现实。比如，她提出《关于加强革命文物和红色遗址保护利用的提案》，建议在全国范围建立健全革命文物管理机构，统一指导革命文物的征集、保护、修复、展示以及革命文物和红色遗址保护利用人才的培养工作。她了解到，至2023年，不少省份的文物局设立了革命文物处，相关工作正在系统化、规范化。

2023年9月初，我再次电话联系宋纪蓉委员，与她谈及“文物医院”的事。她说，文物包括有机质文物，也有无机质文物，但都和人一样是有生命的，也会受损伤、生病，所以保护文物也得有一颗“医者仁心”。早在2009年，宋纪蓉就在故宫博物院提出、建设了“文物医院”。这几年，全国各地博物馆里的“文物医院”明显多起来，大一点儿、综合一些的博物馆建设了“文物医院”，还有很多建设了“文物诊所”。

宋纪蓉委员还告诉我，她担任全国政协委员期间，曾在不同场合呼吁加强文化遗产保护相关领域的各类人才的培养工作。近几年，她发现这项工作也有明显的改进，文物保护修复的专业人士慢慢多起来了，通过一些媒体和视频平台的宣传，全社会也更加尊重和支持文物保护工作了。有一些社会公益人士，还向“文物医院”和各类文保基金会捐资，帮助“文物医生”增加设备，改善条件，更好地工作。“这是非常好的善心！”宋纪蓉认为非常值得鼓励，她说，文化遗产是人类极其珍贵不可再生的文化财富，是一个国家、一个民族历史与文化传承的重要载体和实证，是国家、民族发展的重要历史见证和社会文明进步的重要标志，一定要保护好。

如今回首4年前在人民大会堂的那场“问答”，不免感慨：其实彼此说的都是一些质朴、平实的话，却为百千万网友了解“共商国是”打开了一扇窗，也为国家文物保护领域留下一缕绵长的暖风，更让政协委员那些“睿智之言、务实之策”回响得更加辽阔、久远。

“育”见“委员通道”的六年

中国教育电视台　亢晓倩

一条通道，140余位全国政协委员。6年间，每年如期开启的这条“通道”，一头连着百姓，一头向着国家。

作为全国两会的“品牌栏目”，“委员通道”通民心、道民意，是“民”与“政”双向奔赴的生动缩影。作为一名新闻工作者，我在“委员通道”见证国家发展、感知民生变化、感受时代脉搏。作为一名发问者，正是我们的一个个问题架起百姓与全国政协委员、与国家的桥梁，这份重任，不能负。

通民心、道民意、更得民赞，4分钟唱响“中国教育好声音”

“学生没有分数，就过不了今天的高考，但孩子只有分数，恐怕也赢不了未来的大考。一个学校没有升学率，就没有高考竞争力，但教育只关注升学率，国家恐怕也没有核心竞争力……”2021年3月7日早上8点05分，全国政协十三届四次会议第二场“委员通道”开启，首个问题被我抢到，提问全国政协委员、江苏省锡山高级中学校长唐江澎，这便是唐委员在答问开头就引爆全网的一段话。

中国教育电视台记者亢晓倩在全国政协十四届一次会议第二场“委员通道”提问苏华委员

面对首先上场的三位委员，作为中国教育电视台记者，来自教育界别的唐江澎委员必然是我提问的“首选”，我的问题是：“过去一年从停课不停学到全面恢复教学，教育工作者的付出是全社会都看在眼里的。但与此同时，关于教育的一些忧虑也一直困扰着家长们，比如学生作业的问题，比如教育培训机构乱象的问题等等，究其原因好像都离不开对分数的追求。所以想请问作为校长，您怎么看？您认为教育的真谛究竟是什么？”

作为提问者，我自然知道这并非是一道易答题，但我更认为这是我该问的。就在前一天，3 月 6 日，习近平总书记在看望参加政协会议的医药卫生界、教育界委员时强调，对群众反映强烈的突出问题，对打着教育旗号侵害群众利益的行为，要紧盯不放，坚决改到位、改彻底。我想我的问题只有直指教育难点痛点，才能引导更多人正确认识教育的意义，缓解教育焦虑，树立正确教育观。

面对提问，唐江澎委员一开口便坦言“这个问题难度系数非常大”，但同时也给出了正面全面的回答，他的回答让我全程瞪大眼睛听完，因为确实出乎意料。

他在回答中金句频出，例如“学生一生一次高考，家长一生两次高考，但我们这些高中校长可是每年一次高考”“分数很重要，但分数并不是教育的全部内容，也不是教育的根本目标”“让幼儿园的孩子养成整理东西的习惯远比早识字重要，让小学生多读书远比多做阅读理解题重要”……当然，最“出圈”最被家长、网友们熟知的还要数他在回答中提出的“四个者”理念，即：“好的教育，应该是培养终身运动者、责任担当者、问题解决者和优雅生活者，给孩子们健全而优秀的人格，赢得未来的幸福，造福国家社会。”不仅被各大媒体争相报道，也很快在朋友圈刷屏，引发大家强烈共鸣。

很快，这段有故事、有数据、有热点、有金句的答问冲顶并占据当天热搜榜前五，短短 4 分钟的采访，24 小时网络点击量达 2.39 亿，抖音点赞量破 2000 万，成为当天包括《主播说联播》栏目在内的各媒体各平台头条内容，至今点击量已过 10 亿。来自江苏无锡的县中校长唐委员“出圈”了！成为“网红校长”，也因此获评“全国政协委员优秀履职奖”，正如颁奖词所说：“建言素质教育有用，凝聚社会共识有效，‘四个者’唱响‘中国教育好声音’。”

一个提问者能遇到一个好的采访对象，是难得的幸运。对于新闻工作者，作品像是自己的孩子。在那次提问后，每每到不同的地方工作便会有人说：“你是不是提问唐委员的记者呀？”如果说我被更多人认识，或许就是因为这个“孩子”，感谢“委员通道”。但，这都微不足道。事实上作为当事人，在此后很长一段时间里，我感受到的“委员通道”上的这段答问所带来的影响力或许更多，可以说刷新了我对于代表委员发声在群众中分量的认知，那 4 分钟甚至对于一些偏远地区的家长、孩子而言，是光亮、是希望，因为这位委员用他们的语气精练地说出了他们想说的话。

“委员通道”上的热词——教育：国之大计，党之大计

我与更多观众通过“委员通道”结缘是 2021 年提问“网红唐校长”，而与“委员通道”结缘当然是从它创设起。

2018 年首次在人民大会堂北大厅（后改在新闻发布厅）设立“委员通道”，部分优秀全国政协委员走上通道回答中外记者提问、回应百姓关切。如果细数这 6 年来委员们答过的题，问最热的话题有什么，我想有一个词一定少不了：教育。

中国教育电视台作为唯一的国家级专业电视台，为教育发声，为师生、家长代言是我们的使命。北京四中校长马景林、北京史家教育集团原总校长王欢、西藏昌都市第一小学教师扎西……从 2018 年起，一位位教育领域的全国政协委员走上“委员通道”，为师生、为更好的教育鼓与呼，我们的节目一帧帧视频、一句句直播都是见证与记录。

2020 年的全国两会受新冠疫情影响首次在初夏召开，举世瞩目，记者首次与委员们隔着屏幕问答。如果有细心的观众会发现，那年我也抢到了“教育首问”。

2020年5月21日，全国政协十三届三次会议开幕，会前的首场“委员通道”，全国政协委员、上海交通大学党委书记杨振斌走上了通道。当时正值大学生就业季，但受疫情影响企业还在复工复产进行中，因此我向杨委员提出了问题：“在今年受疫情影响的特殊环境下，就业问题如何解决？到底什么样的工作才是好工作？”

杨振斌委员在回答中说道：“一个人能不能成为人才，最重要看他对社会的贡献，贡献大就是大人才，贡献小就是小人才，没有贡献你再聪明恐怕也不能称为人才”，“虽然就业有一定的压力，但是疫情终将过去，没有哪一代青年人能够像当代的中国青年这样离我们中华民族伟大复兴的中国梦如此之近，愿同学们把青春的激情燃烧在奉献民族复兴的伟大岁月”……在那样特殊的时期，这些话语拨开迷雾为大学生引导正确择业观、价值观，提振就业信心，也成为当年两会首日的“委员金句”。网友纷纷表示：“说得好！”“只要人人都有正能量，站对自己的位置，中国会越来越好。”而我也被网友们称为“替大学生发问的小姐姐”，更坚定了我要为学子们发声的信念。

教育是国之大计，党之大计。2021年7月24日，在“委员通道”上，我把“比如说学生作业的问题、比如说教育培训机构乱象的问题”这些家长困扰、教育难点痛点抛给唐江澎委员的四个半月后，中共中央办公厅、国务院办公厅印发《关于进一步减轻义务教育阶段学生作业负担和校外培训负担的意见》，即“双减”政策。“双减”政策的出台可以说开启了新时代中国教育改革的新起点，具有里程碑意义。这也自然是我们关注的重中之重。

2022年3月4日，全国政协十三届五次会议开幕，会前首场“委员通道”开启，全国政协委员、北京十二中联合总校校长李有毅就“双减”后学校和教育领域发生的变化回答了我们的提问。李委员说：“‘双减’的实质就是推动教育回归本质，让学生有时间、有动力全面发展。”“‘双减’减去的是不必要的、机械的、重复的学业负担，而个性、创造、责任、梦想和爱不会减。”如今“双减”落地两年多了，我想李委员的这番话，已经在全国各地成为现实。

记录　见证　向着新征程的荣光

记录者，见证者，也是参与者。全国政协委员履职五年一届，2022 年全国两会后，我拍了 Vlog《五年全国两会时光》，发声是委员们履职的重要一环，在对委员们的采访中我不断成长，媒体的报道方式也不断变化。“委员通道”作为记者采访全国两会的“高光时刻”，我们也在互相见证着成长。

2023 年 3 月 7 日早上 8 点 05 分，全国政协十四届一次会议第二场“委员通道”开启，两年后我再次抢到了首问。这次我提问了全国政协委员、民建中央常委、中华职业教育社副理事长苏华，关于“更好地发展职业教育、让职业教育在助力经济社会发展中发挥更大的作用”的话题。步入新时代踏上新征程，“委员通道”上对教育的关注也更加深入、细微，这不就是“高质量发展”吗？

…………

从人民大会堂北大厅到隔屏采访，再回到人民大会堂新闻发布厅，这六年在这条“通道”上见证与感受过无数的初心、暖心与信心，透过这扇窗的新形象与新气象，憧憬更多美好的未来。新闻工作者的日常奔波又繁忙，而每每想到那些能让百姓感受到我们职业使命的时刻，犹如一束光，扫除疲倦，照亮前路。

新征程是充满光荣和梦想的远征。实施科教兴国战略、推动全面建设社会主义现代化国家的路上，教育电视台、教育媒体人将会始终搭委员发声之媒，发人民教育之声，办好人民满意的教育，讲好中国故事。

“委员通道”：展现新时代人民政协新气象

全国政协办公厅新闻局　王仲淼

2018年召开的全国政协十三届一次会议首次设立“委员通道”，分别于3月3日开幕会、10日全体会议和15日闭幕会之前，举办了三场集中采访活动，引发国内外积极反响，获得社会各界普遍点赞和媒体记者广泛关注，展现了新时代人民政协的新气象。

彰显开放与自信

大会期间，在人民大会堂中央大厅北侧通往大礼堂的“委员通道”上，来自17个界别的33位全国政协委员与中外记者“零距离”接触，现场回答社会关心的话题，这在全国两会历史上还是第一次。“委员通道”精彩亮相，话题广、干货多、效果好，展现了委员风采，拉近了与公众的距离，充分展示了人民政协开放、自信的良好形象。中外记者共约800人次到现场采访。中央电视台新闻频道进行了全程直播。除传统媒体广泛报道“委员通道”以外，人民网、央视新闻、中国青年报、央广网、中国新闻网、中国网、澎湃新闻、封面新闻、新浪网等众多新媒体，或在微博和客户端发布了直播链接和入口，吸引网友关注直播并参与互动，或通过微博直播、秒拍等方式，吸引年轻网友观看和互动。融媒体多渠道宣传、广泛深入报道，社会反响积极，宣传效果良好。据央视新闻中心新媒体部对观看央视新闻网的统计，截至当年 3 月 16 日，“委员通道”微博最高在线 210.8 万人次，在微博、头条、移动网、百家号累计触达 5637.9 万人次，网上累计观看 2429.3 万人次（数据不包括其他网站的转载和央视新闻频道的收视情况）。

传递政协好声音

三场“委员通道”分别从综合、民生、经济三个角度切入。委员们回答了涉及载人航天、量子通信、高铁发展、特殊教育、社区医疗、职业教育、食品安全、工伤保险、粤港澳大湾区、北京冬奥会、人类命运共同体、文艺精品、教育发展、城市治理、群众体育、司法改革、医患关系、老年健康、健康中国、人工智能、科技创新、实体经济、民营经济、“一带一路”、基础研究、工匠精神、脱贫攻坚等多个方面的话题，覆盖面较广。很多答问成为媒体和社会关注的热点。

例如，第一场“委员通道”的“选拔第三批航天员”“建造空间站”“京张智能动车自动驾驶”“冬奥会”等话题信息含量高、传播效果较好；第二场“委员通道”最受关注的问题主要集中于教育发展和健康医疗，新华每日电讯、新华网以“回应人民美好生活新期盼”作为报道总标题，震撼人心；第三场“委员通道”，科技、创新成为高频词和关键词。

王欢、马景林、林忠钦三位委员分别就小学、中学、高校的学生培养分享“育人经”，深受学生家长认同。林忠钦委员就高校建设规划提出的“让中国孩子不出国门也能念世界一流大学”设想，让学生和家长看到了未来的广阔前景。凌锋、王建业、敖虎山三位委员分别从医患关系改善、老龄化问题、少数民族地区健康素养和医护人员培训等方面进行了分享。“医患之间应该并不是一个纯粹的供需关系，患者到医院里来是求医，不是来买医”“不要把衰老当病治”等表述得到了广大媒体和公众的赞赏与认同。黄艳委员关于城市规划的回应让人印象深刻。刘红宇委员关于司法体制改革的回答为广大公众再一次进行了普法教育。潘建伟委员有关我国量子通信技术的进展和苏权科委员关于港珠澳大桥建设的表述——“中国在超级跨海工程的技术、装备、管理等多个领域进入世界领先行列”，展现出我国科技进步的卓越成就。舒印彪委员关于电力基础设施建设的表述——“已经成为服务‘一带一路’建设最为活跃的领域之一，合作前景十分广阔”和赵红卫、卢春房委员关于高铁前景——我国将研发“智能高铁”“更快高铁”“绿色高铁”——的描述，绘制出我国科技创新的宏伟蓝图。而邓中翰说中国“芯”，杨卫说基础研究，为我国科技发展指引了方向，拓展了上升空间。刘永好、李新民、冯健身委员的回答则非常贴近民生，十分“接地气”。刘永好针对民营企业和农民未来的发展，提出“新型农民有知识敢拼搏，应该叫他们绿领，希望以后能成为让白领、金领、蓝领羡慕的职业”。李新民展现了新时代的“铁人精神”，生动宣传了中国石油人的良好形象。冯健身委员更是以“绣花精神”切入，讲述精准扶贫工作，让百姓对实现“真脱贫、脱真贫”充满期待。

展现委员新风采

在“委员通道”上，委员们在回答记者提问时，以个性化的语言、讲故事的方法，自信、简洁、生动地回应人民对美好生活的新期盼，展现了新时代政协委员的新风采。

杨利伟、杨扬、茸芭莘那、李彦宏、潘建伟等知名委员广受关注，来自祖国各地、基层一线的委员也让人眼前一亮。北京东城区特殊教育学校校长周晔委员现场教手语“谢谢你”，引得在场记者纷纷模仿。茸芭莘那委员身着普米族民族服装出场，在采访结束后唱响普米族民歌。张敏和李文俊关于少数民族地区职业教育和粤港澳地区就业问题的回答，都令人印象深刻。

在委员们的回答中，“社区医务人员的春天就是我们健康的春天”“时刻紧绷食品安全这根弦，坚持‘零容忍’”“我的职责就是让委员说话不白说”等金句频现，贴近民生、温暖民心，被媒体广泛引用。采访活动中，既有像吴为山委员一样“用经典作品构建人类命运共同体”高瞻远瞩的期盼，也有像戚建波委员一样“写出老百姓的心声，唱出他们的渴望”真情实意的表达。

经过精心筹备与组织实施，“委员通道”赢得了中外媒体的积极评价。《中国日报》发文《代表委员通道展现开放透明与自信》，评论称：“‘委员通道’和‘代表通道’……进一步彰显了新时代中国的开放、透明与自信。面对媒体提问，代表委员们成竹在胸、真诚作答，初心与责任在这个平台上绽放光彩。”一位外媒记者对能采访“委员通道”感到兴奋，她表示：“‘委员通道’体现了中国的开放包容，而自信开放的中国两会正越来越多地吸引世界的目光。”“部长通道”“代表通道”“委员通道”的亮相，充分展现了新时代新气象，集中展示了新时代中国开放、透明、自信的良好形象。

后 记

从 2018 年 3 月召开的全国政协十三届一次会议起，“委员通道”便以全新的采访形式亮相人民大会堂，赢得了中外新闻记者和社会各界广泛关注。

截至目前，“委员通道”已邀请 140 多位全国政协委员现场回应媒体记者的提问。通过与记者一问一答，通道委员以感人的故事、专业的见解、生动的语言，尽情讲述新时代以来党和国家取得的历史性成就和发生的历史性变革，也回应社会关切，达到了“通民心、道民意”的传播效果，彰显出人民政协在国家治理体系中的独特作用和优势。

《“委员通道”上的中国故事》由三个部分组成，第一部分选取 108 位通道委员回答媒体提问的原文实录，并附有二维码，可扫码观看直播视频；第二部分选取 16 位通道委员，以亲历者的视角，撰写“委员通道”台上台下的故事，或是对讲述话题的理解和看法；第三部分选取 11 家中央新闻媒体，由他们的记者从媒体的角度对“委员通道”的社会影响和意义进行解读。

本书得到全国政协领导和办公厅领导的关心指导，也得到广大政协委员的大力支持。参加本书编辑工作的有：周北川、彭远国、秦志勇、朱霞、杨灵、陈子玉、曹岚、卢祥秋、薛未未、韩建一、王楠、许珈玮等同志。唐柳成、侯兵臣、王仲淼、武葆春、邱忠宇、冯勇、郭淼等同志也参与了有关工作。人民政协网参与了视频编辑工作。在这里一并表示感谢。

编　者

2024 年 2 月

甄贞 胡国珍 杨安娣 李彦宏 余静 范扎根
周晔 王建业 迪丽娜尔·阿布拉 陈清霞 宋海良 黄欣荣
孙德宏 黄立 马景林 霍启刚 马志毅 顾学明 潘建伟 吴伟仁 古丽帕丽·阿不都拉
陈平禧 杨长风 玉克赛克·西加艾提 马普林 黎黄玲玲 吴为山 朱奕龙
海霞 赵金云 何超琼 余留芬 张海迪 李迎新 江尔雄 马怀德 丁佐宏
路步鸣 张敏 韦昌进 万建民 苏华 吴志良 宋纪蓉 潘新洋 吕红兵 张凯丽
冯远征 胡卫 范迪安 杨忠岐 武钢 姚明 朱征夫 杨利伟 梁华
张文宏 陈冯富珍 杨振斌 沈南鹏 阿拉坦仓 周玉梅
戴斌 苏权科 吴浩 刘伟 李书福 西西娟 杨洋 陈志列
周鸿祎 周清 曹鹏 江利平 杨杰 王辰 崔如昌 海尼扎提·托呼提
施一公 洛桑山丹 扎西 吴德刚 李有毅 贡觉曲珍 王贵齐 赵红卫
达久木甲 皇甫宜川 冯巩 许启金 敖虎山 琼色 王小川
齐向东 唐江澎 蒙曼 潘碧灵 达·巴特尔 凌锋 吴向东
林凡儒 欧彦伶 杨卫 唐长红 宋鑫 张宗真 韦朝晖 詹纯新